知識ゼロからの

聖書入門

The Holy Bible

大島 力

青山学院大学教授

An Introduction to The Holy Bible

幻冬舎

知識ゼロからの

聖書入門

なぜ、いま聖書なのか

聖書の魅力はどこにありますか？

聖書は「世界の隠れたベストセラー」だと言われます。実際、2009年度の日本聖書協会の報告によると、世界で頒布《はんぷ》されている聖書の数は年間4億3千万冊、その言語の数は2千500に及んでいます。これほど世界に広がっている書物は他に類例を見ません。そして、現在でもさらに多くの言語に聖書は翻訳され、その頒布数は年々増加しています。

なぜ、このように聖書は世界の人々によって読まれ続けているのでしょうか。その理由のひとつは、聖書がギリシアの古典と同様に、西洋の古典であるからです。特に近代になって西洋の文化と文明は世界に広がっていきましたが、その文化的影響は計り知れません。ヨーロッパやアメリカの宗教、思想、文学は聖書なしには語れません。また、「天地創造《てんちそうぞう》」や「出《しゅつ》エジプト」のストーリーは日本でも映画などによってよく知られています。さらには、音楽やサブカルチャーと言われる分野でも、聖書はその源となっています。例えば

聖書が人々に大きな影響を与えてきたのはなぜですか？

ザ・ビートルズの名曲「レット・イット・ビー」も、もとはイエス・キリストをその胎内《たいない》に宿すことになると告げられた母マリアの「御《み》心《こころ》のままに受け入れます」という言葉から来ています。

日本では明治時代にキリスト教の伝道《でんどう》のために多くの宣教師《せんきょうし》が欧米から来ましたが、彼らの多大な努力と協力により、かなり早い段階で聖書が日本語に翻訳され、現在では日本人による複数の日本語訳聖書を簡単に入手できるようになりました。

その聖書は、大きく分けて「旧約聖書」と「新約聖書」にわかれます。「旧約聖書」は紀元前の約１０００年間に、「新約聖書」は紀元後の約１００年間に書かれました。最初その多くは口伝《くでん》の形で伝えられ、文書化されてからも写本という形で書き写されてきました。ですからこれらの諸文書の最大の特徴は、一瞬間も途切れなく人から人へと伝えられてきたことです。

例えば考古学的発見によって偶然読めるようになった文書は、長い間忘れられていて、その存在を知られることはなかったのです。しかし、聖書はその内容を「神の言葉」であると信じる人々、具体的にはユダヤ教団やキリスト教会という信仰共同体によって伝達され、常に読まれ続けてきました。

このことは、どのような立場で聖書を読む場合でも考慮されてよい事実です。

ただし、聖書は決して特定の宗教を信じている人たちだけの「閉ざされた書物」ではありません。すべての人類に「開かれた書物」です。ですから、世界中の多くの人々に読まれ続け、大きな影響を与えてきたのです。それは、漫画やアニメーションの世界にも及んでいます。日本の漫画界の巨匠《きょしょう》である手塚治虫《てづかおさむ》氏も聖書をよく読んでいて、旧約聖書の創世記《そうせいき》の物語は優れたアニメ作品として残されています。

Q なぜ、今の時代に聖書が必要とされているのですか？

聖書を読むと思いのほか多くのことに目を開かれます。例えば、旧約聖書はユダヤ教やキリスト教だけでなく、イスラームにも大きな影響を与えています。イスラームの経典《きょうてん》である「クルアーン」には、創世記に登場するアブラハムについての章が独立して存在します。

また、西欧の多くの絵画には聖書の様々な場面が描かれています。レオナルド・ダ・ヴィンチの名画「最後《さいご》の晩餐《ばんさん》」などはその典型です。

その絵が示す内容は新約聖書の福音書《ふくいんしょ》を読まないとわかりません。
現代社会は、不透明で混沌《こんとん》とした状況が続いています。そのようななかで自分の人生に悩んだり、今後の生き方に不安を覚えているときに聖書を読むと、慰められたり励まされたり、問い掛けられたりします。

聖書の箇所を2つだけ紹介しましょう。

「二つのことをあなたに願います。わたしが死ぬまで、それを拒まないでください。むなしいもの、偽《いつわ》りの言葉をわたしから遠ざけてください。貧しくもせず、金持ちにもせず、わたしのために定められたパンでわたしを養ってください」

（旧約聖書　箴言《しんげん》30章7〜8節　アグルの言葉）

「疲れた者、重荷を負う者は、だれでもわたしのもとに来なさい。休ませてあげよう。わたしは柔和《にゅうわ》で謙遜《けんそん》な者だから、わたしの軛《くびき》を負い、わたしに学びなさい。そうすれば安らぎを得られる。わたしの軛は負いやすく、わたしの荷は軽いからである」

（新約聖書　マタイ福音書11章28〜30節　イエスの言葉）

さあ、漫画と文章で、豊かで面白く、また深くて広い聖書の世界を体験する旅に出かけましょう。

大島　力

旧約・新約聖書 登場人物と相関図

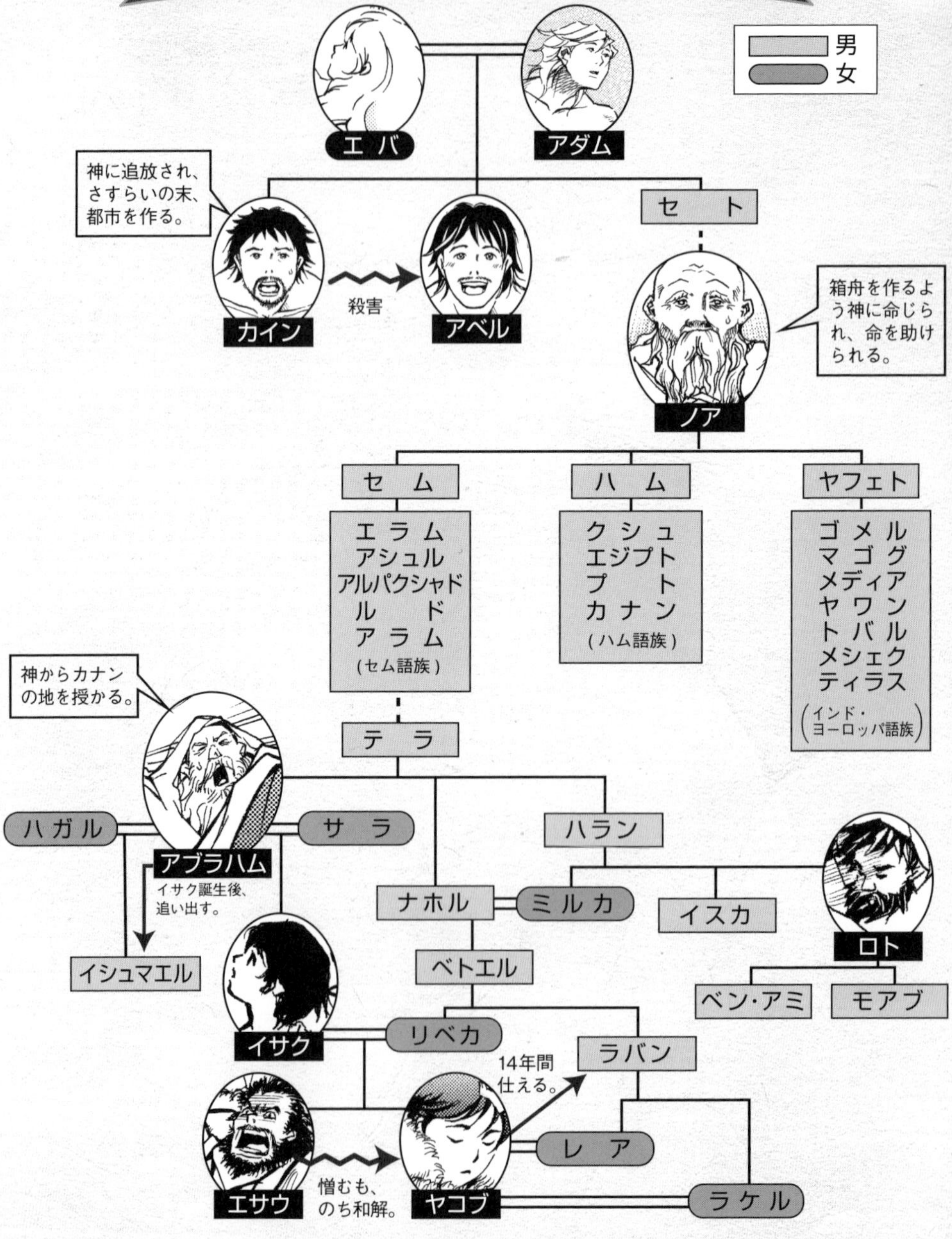

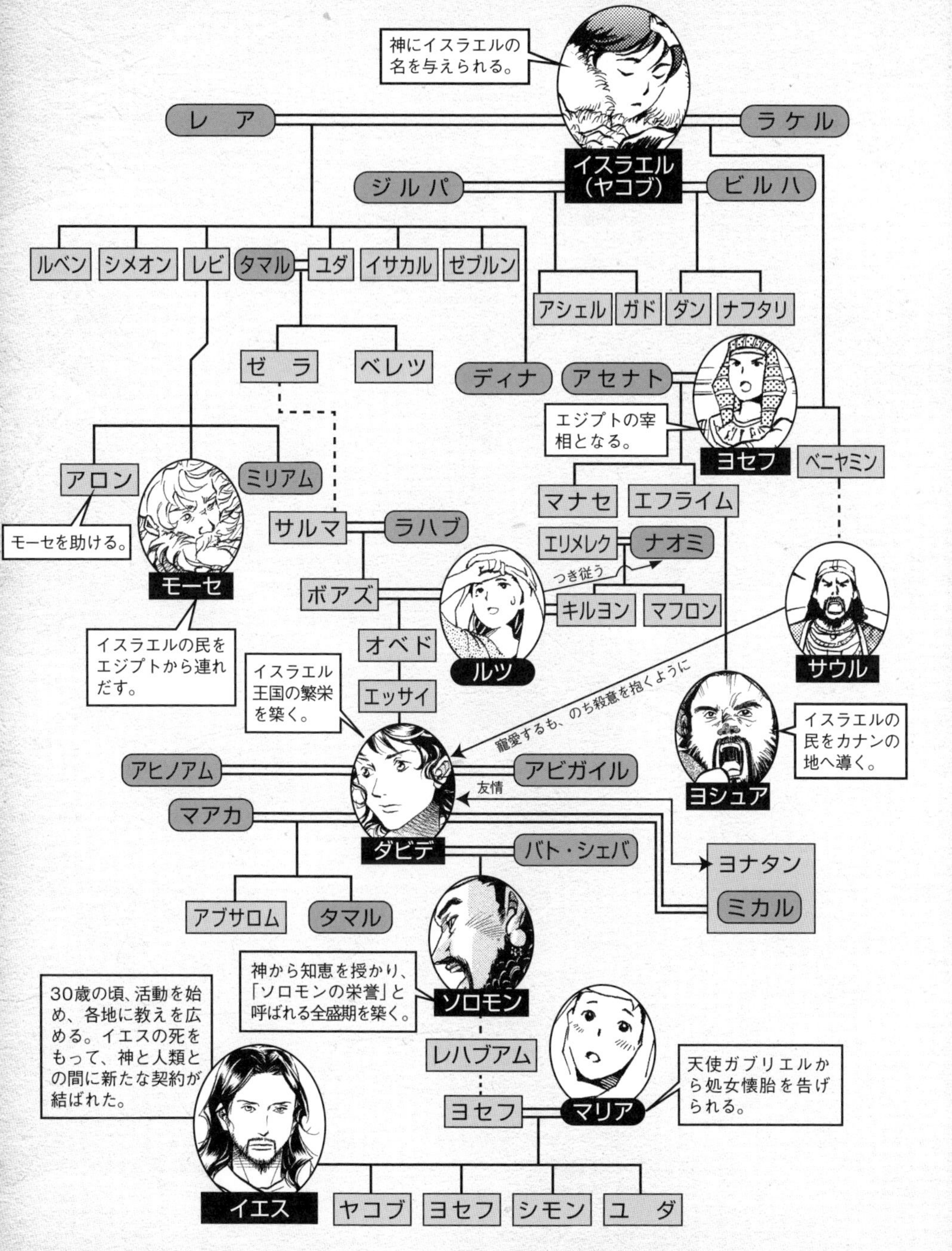
神にイスラエルの名を与えられる。
レ　ア
ラケル
イスラエル（ヤコブ）
ジルパ
ビルハ
ルベン
シメオン
レビ
タマル
ユダ
イサカル
ゼブルン
アシェル
ガド
ダン
ナフタリ
ゼ　ラ
ベレツ
ディナ
アセナト
エジプトの宰相となる。
ヨセフ
ベニヤミン
アロン
ミリアム
モーセを助ける。
モーセ
イスラエルの民をエジプトから連れだす。
マナセ
エフライム
サルマ
ラハブ
エリメレク
ナオミ
つき従う
ボアズ
キルヨン
マフロン
オベド
ルツ
サウル
イスラエル王国の繁栄を築く。
エッサイ
寵愛するも、のち殺意を抱くように
イスラエルの民をカナンの地へ導く。
ヨシュア
アヒノアム
アビガイル
友情
マアカ
ダビデ
バト・シェバ
ヨナタン
ミカル
アブサロム
タマル
神から知恵を授かり、「ソロモンの栄誉」と呼ばれる全盛期を築く。
ソロモン
30歳の頃、活動を始め、各地に教えを広める。イエスの死をもって、神と人類との間に新たな契約が結ばれた。
レハブアム
天使ガブリエルから処女懐胎を告げられる。
ヨセフ
マリア
イエス
ヤコブ
ヨセフ
シモン
ユ　ダ

目次

序章 聖書とは何か？

第1部 旧約聖書

第1章 世界の誕生

創世記

第2章 約束の地カナンへ

第3章 王の時代

第4章 イスラエルの興亡

断章 知恵文学と旧約聖書続編

第2部 新約聖書

第1章 救世主イエスの誕生

第2章 数々の奇跡を起こしたイエス

第3章 イエスの最期と復活

序章
聖書とは何か？

序章

Epilogue

聖書とは一体どういう書物なのか

聖書は、旧約聖書全39冊、新約聖書全27冊からなる書物である。キリスト教ではこれらすべてを正典としているのに対して、ユダヤ教では旧約聖書のみを正典としているところに大きな違いが見られる。

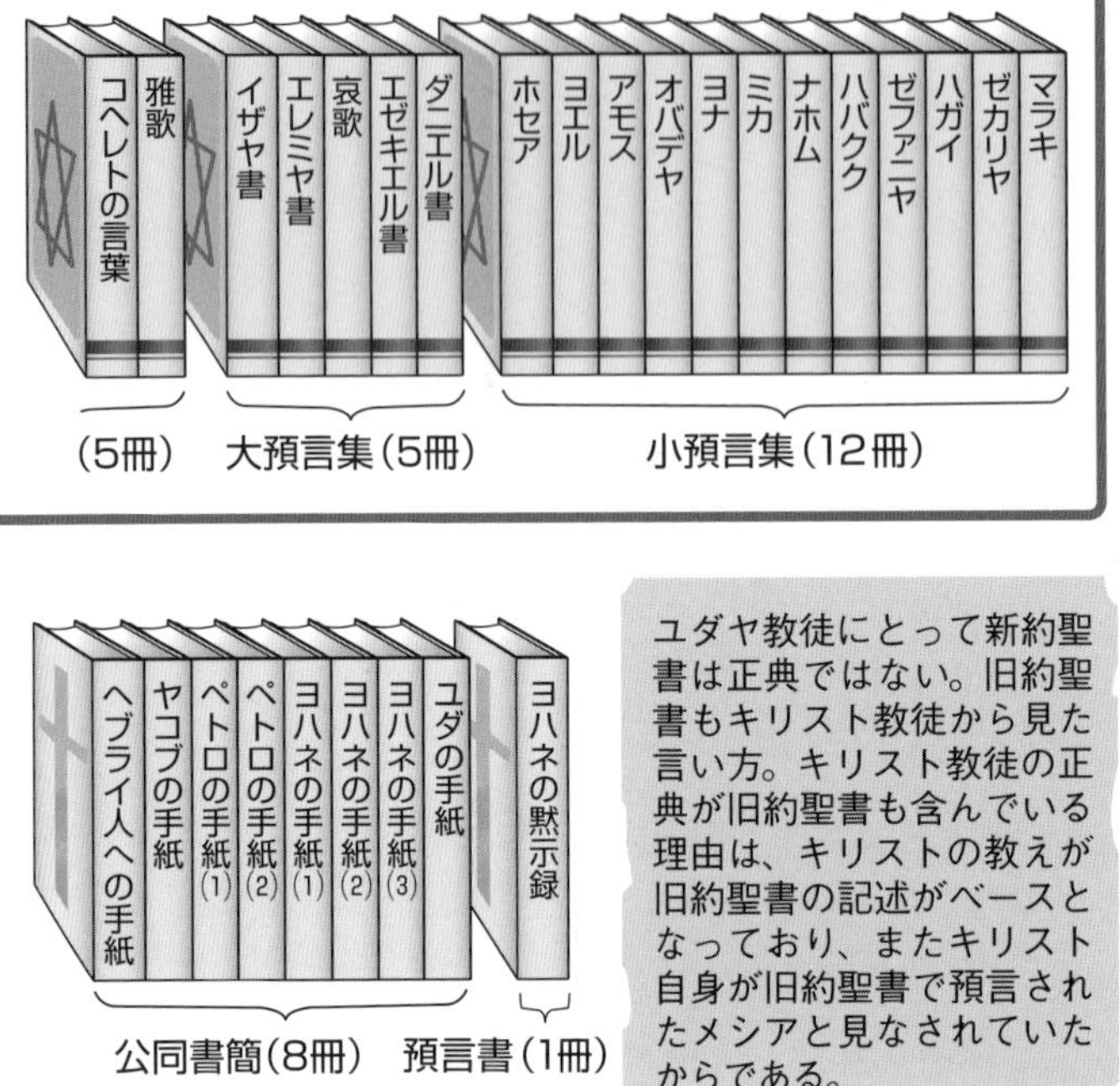

ユダヤ教徒にとって新約聖書は正典ではない。旧約聖書もキリスト教徒から見た言い方。キリスト教徒の正典が旧約聖書も含んでいる理由は、キリストの教えが旧約聖書の記述がベースとなっており、またキリスト自身が旧約聖書で預言されたメシアと見なされていたからである。

聖書は、「旧約聖書」と「新約聖書」からなる書物だ。神による世界の始まりから、人類の創造《そうぞう》、人類の神への反逆、神による救済などに加え、世界の終わりについても記述されている。

旧約聖書は紀元前1500年頃から書かれたとされ、ユダヤ人の公の正典《せいてん》となっている。全部で39冊からなり、そのほとんどがヘブライ語で書かれた。

その内容は、神によって選ばれた古代イスラエル民族（ユダヤ人）の歴史と神との関わりを記し、救世主《きゅうせいしゅ》の到来を預言《よげん》して締めく

複数の書物からなる聖書の構成

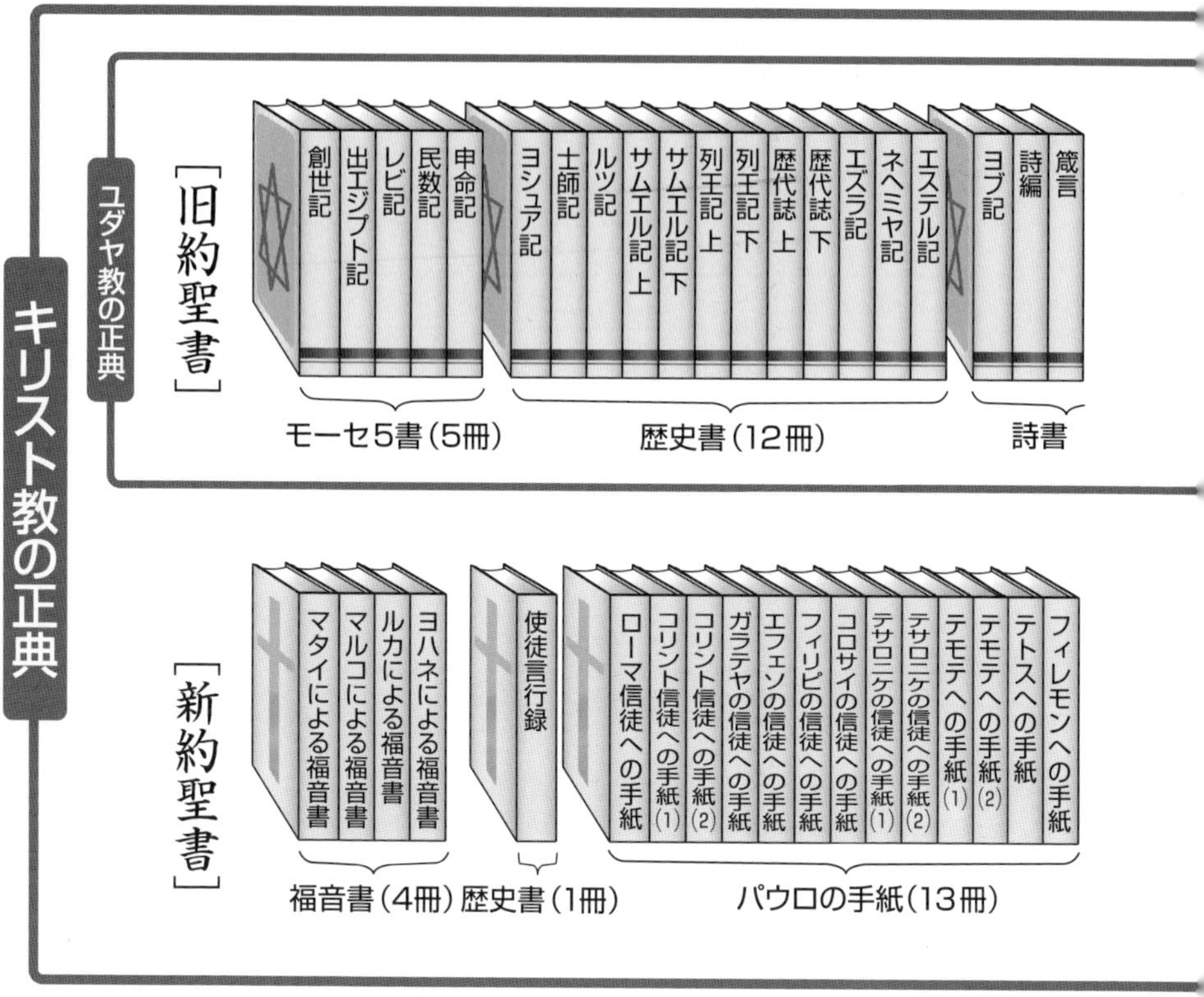

くっている。

一方、新約聖書は全27冊から構成され、ギリシア語で書かれている。口伝《くでん》されていたイエスの教えが文書にされたもので、その多くは教会や信者に宛てた手紙だ。

人々の罪を背負って死に、復活を遂げたイエスが救世主であるとし、そのイエスが活動したパレスチナ中央部と、イエスの使徒《しと》たちがたどったローマ帝国内の地中海東部沿岸地方を舞台に、イエスの教えがどのように伝わっていったのかをおもに記している。

キリスト教とユダヤ教では聖書への考え方が違い、「旧約聖書」と「新約聖書」を合わせて正典とするキリスト教徒に対し、ユダヤ教の正典とは、「旧約聖書」を指す。

序章
Epilogue

現代とは異なる神と人間との契約の定義とは？

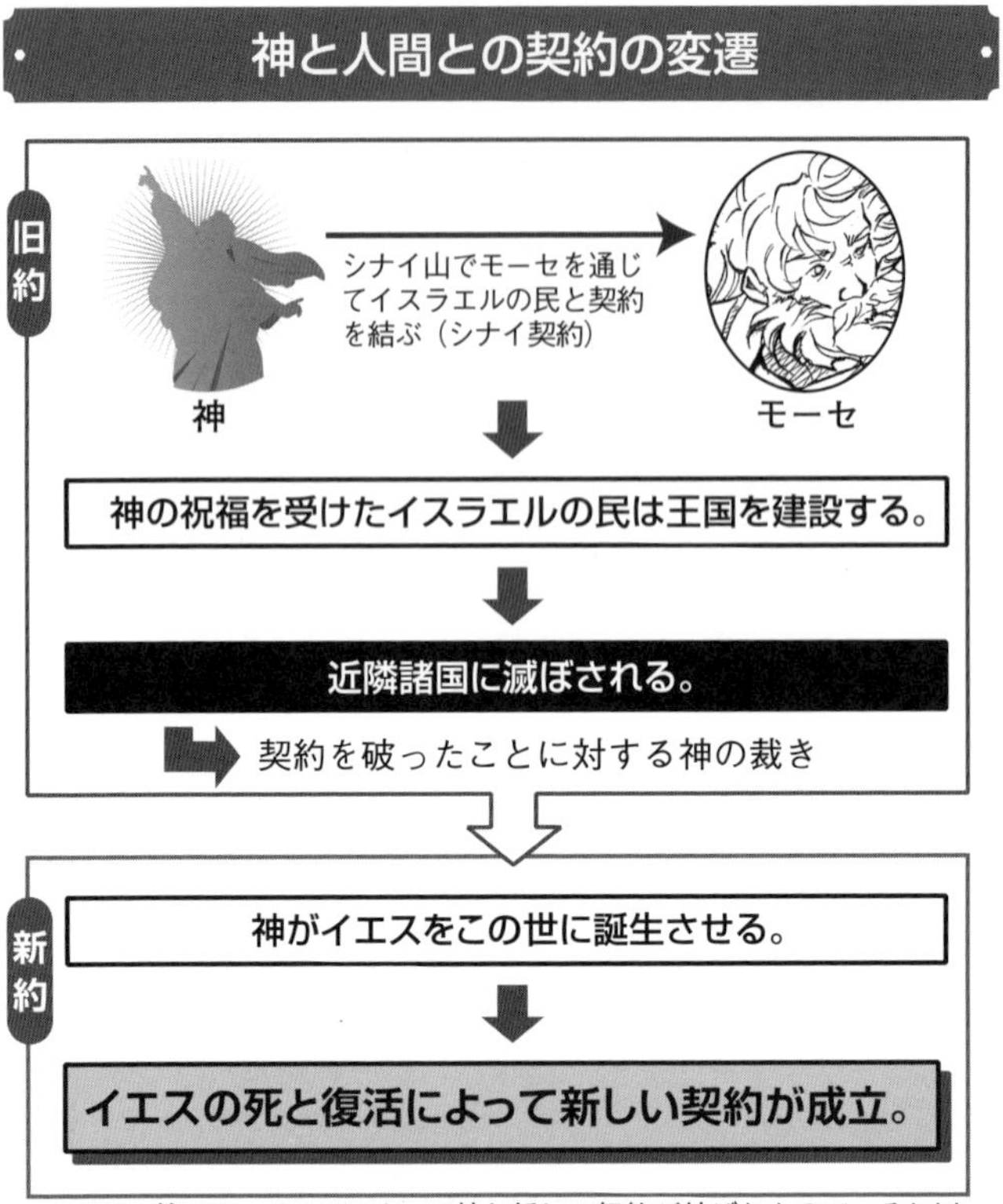
神と人間との契約の変遷
旧約
シナイ山でモーセを通じてイスラエルの民と契約を結ぶ（シナイ契約）
神
モーセ
神の祝福を受けたイスラエルの民は王国を建設する。
近隣諸国に滅ぼされる。
契約を破ったことに対する神の裁き
新約
神がイエスをこの世に誕生させる。
イエスの死と復活によって新しい契約が成立。

キリスト教では、イエスによって神と新しい契約が結ばれたので、それ以前にモーセとの間で交わされた契約を古い契約、「旧約」と呼ぶ。一方ユダヤ教では「旧約」という呼称を認めていない。

聖書の新約・旧約の「約」とは、「神との契約」を意味している。ただし、現代の人間同士の契約とはかなり異なり、神と人との関係は平等ではなく、上下関係があるのだ。それに基づいて、人が神の教えに従えば祝福が与えられ、救いと繁栄がもたらされる。一方、神の教えに背いた人間には、災いが与えられるのである。

また、新約とは、イエスが人間の罪を引き受けて十字架の上で亡くなり、復活したときをもって新たに結ばれた契約を指す。イエスが説くように、人種や民族を問わ

旧約と新約の概念の違い

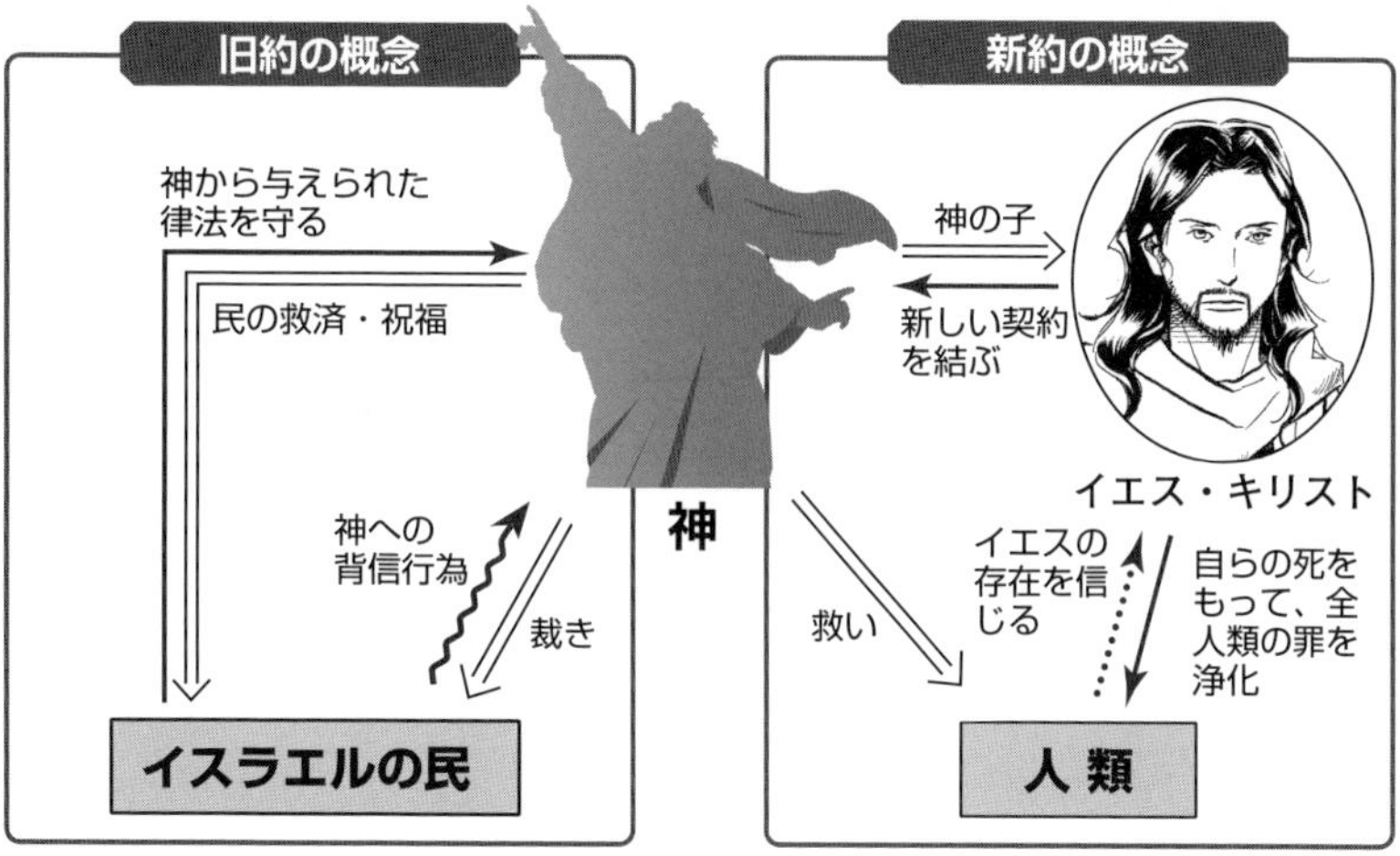

旧約では人々が正しい行ないをすれば神によって繁栄がもたらされ、神に背けば厳しい罰が与えられる。一方新約はイエスを信じることで神から救いが与えられるというもの。このように旧約と新約では契約に対する概念が違うのだ。

聖書の謎 The Bible Episode

神の名前

聖書には様々な神の名前が記されている。本来の名は「ヤハウェ」だとされるが、「エロヒーム」「ツェヴァオート」など複数の名前が登場する。ただし、ユダヤ教ではこれらはすべて同じ神であり、「エロヒーム」は審判者、「ツェヴァオート」は悪と戦う神というように、行為によって名前が変わると解釈されている。

ず自由に神の愛を信じ、身近な人にも神の愛を伝えれば、人類は救済されるというものである。

これに対して、新約以前に結ばれた神との契約を旧約と呼ぶ。旧約は人類すべてを対象にしたものではなく、神がシナイ山でモーセを通じてイスラエル民族との間に結んだものだと解釈されている。神から与えられた律法《りっぽう》を守っていれば、救いが訪れるのである。

このように旧約と新約では、神の契約に対する考え方が違う。

ただし、旧約という呼称は、あくまでもキリスト教側の解釈で、ユダヤ教ではこの呼称を受け入れていない。ユダヤ教徒にとって、シナイ山の契約こそが唯一なのである。

神に仕える天使と神に反逆した天使

聖書には、天使が登場する。天使は神の御使《みつか》いであり、神に代わってその意思を人々に伝える役割を果たす。聖書の初めの部分では、天使は人間の姿をしていて、「人」とか「男」と呼ばれることもある。そのため人間のもとを訪れても、気づかれないこともあった。

聖書には、旧約聖書続編も含めて、ミカエル、ガブリエル、ラファエル、ウリエルという4人の天使の名前が現われる。そのうち天使長のミカエルは、神の軍勢を率いる長、あるいはイスラエルを守る守護天使《しゅごてんし》だった。また、天使長ガブリエルは、ナザレの町に住むマリアのところへ行って、イエスが誕生することを伝えるという重要な役割を果たしている。

その一方で神に背《そむ》いた天使は、神によって天の国から追い出され、悪魔になったとされる。たとえば、ルシフェルはもとは天使の中でも最も高い地位にあったが、自分の美しさと力のために高慢《こうまん》になり、他の天使たちをそそのかして軍隊を作り、神に反逆してその地位を奪おうとした。だが、それが失敗したため、地に堕《お》ちていったのである。

聖書によれば、天使と悪魔は今でも戦いを続けており、それが終わるのはこの世の終わりだとされている。

その場面が描かれているのが『ヨハネの黙示録《もくしろく》』だ。

Episode エピソード

悪魔とは？

聖書では、サタンと呼ばれる悪魔は、神に対するあらゆる敵対者の化《け》身《しん》として描かれている。イエスは自分に敵対するユダヤ人指導者たちを「悪魔の子ら」と呼んでいた。人々は誘惑や悪にはまりそうになると、それを悪魔との戦いになぞらえて考えたのである。

聖書に出てくる天使

大天使ミカエル
イスラエルの守護天使。ミカエルという名前はヘブライ語で「勝利する」「圧倒する」を意味する「ミガカル」から派生したとされる。

大天使ガブリエル
『新約聖書』でマリアにキリストの降誕を告知した天使。ガブリエルという名前は、ヘブライ語で「神の人」あるいは「神が姿を現わした者」。

ラファエル
旧約聖書続編『トビト記』で、死を願うトビトとサラを救うために神に派遣される。

ウリエル
すべての光の支配者として現われる。ウリエルは「神は光なり」という意味。

天使と悪魔

サタンは絶対的な悪として描かれるが、神に反逆し、天から堕ちた天使をサタンとする考え方もある。

悪　魔
神に背いた天使は天から落とされる（ペトロの手紙(2)2章4節)。そしてサタンとなり、1000年間底なしの淵に封印された。

聖書の世界では、今現在も
天使と悪魔の戦いが続いている——

天　使
神の意志を伝えたり、神に代わって人々の祈りに応えるなどの役割を果たす。

『ヨハネの黙示録』(20章１～10節）には天の軍勢とサタンとの戦いが描かれている。そこには1000年間の平和ののちにサタンが復活し、天の軍勢に敗北する様子が記されている。

第1部

旧約聖書

「産めよ、増えよ、地に満ちて地を従わせよ。海の魚、空の鳥、地の上を這う生き物をすべて支配せよ。」

（旧約聖書　創世記1章28節　神の言葉）

第1章
世界の誕生

創世記
Genesis

どうやって神はこの世界を1週間で造り出したのか？

神による天地創造の７日間

はじめに神は天と地を造られ
世界に光をもたらした
2日目には空を
3日目には海と陸地を
4日目には太陽と星を造られ
5日目に海と空の生き物を
6日目には動物と人を造られた
そして7日目に安息された

聖書では天地万物が神によって創造されたことを記しているが、これは神が無からすべてを造り出したということであり、神が絶対の存在であることを示している。

「光あれ」。これが、神が最初に言ったという言葉である。天地を創造された神は、闇に包まれた世界に光をもたらした。そしてその光を昼と名づけ、闇を夜と名づける。こうして、この世に時間というものが誕生したのだった。

２日目には、世界の屋根となるように天を造り、この世に空間というものを造った。３日目には、神は天の下にあった水を１か所に集めて海とし、乾いた部分を陸地とする。陸地には草木が芽生え、それらはたちまちにして地上に広がった。４日目には、天に太陽と

なぜ１週間は７日なのか？

６日目までにすべてを造り終えられた神は、それらを見てよしとされた。

↓

第７日 この日に神はすべての創造の仕事を離れ安息なさったので、第７の日を神は祝福し、聖別された。

▼

安《あん》息《そく》日《び》の誕生

ユダヤ教	キリスト教
１週７日の最終日、金曜日の日没から土曜日の日没までを安息日とする。家畜にも適用。	ユダヤ教徒の安息日の習慣を受け継ぐ。日曜日が休日にあてられている理由は、イエス・キリストが日曜日に復活したことによる。

１週７日制の起源はこの「天地創造《てんちそうぞう》」にある。当初キリスト教でも土曜日を安息日としていたが、イエスの復活と絡めてのちに日曜日を安息日とするようになった。

聖書の謎 The Bible Episode

聖書にまつわる数字

聖書にはさまざまな数字が出てくるが、その中でも40は苦しみと忍耐を表わすことが多い。エジプトを出たモーセが流浪《るろう》したのは40年間、エゼキエルが国の罪を負って横たわっていた期間は40日間、イエスが荒野《こうや》で修行をした期間も40日間だ。神が人類を滅ぼすために起こした洪水も、40日間続いている。

月と星を造り、太陽が昼を、月が夜を司《つかさど》るようになる。

５日目には海に魚を、空に鳥を造った。そして６日目、神は陸地に住むすべての動物を造る。そののち自分にかたどって人を造り、すべての生き物を治めるように命じた。こうして最初の人間が造られたのである。

すべてを造り終えた神は、７日目に休息した。これが神の大いなる１週間だ。

このように、聖書の創造神話においては天も地もすべてが神によって造られている。そしてそれは、神以前には何もなかったという「無からの創造」を意味しており、神が唯一無二《ゆいいつむに》の存在であることを強調しているのだ。

アダムの願いを聞き届けた神は、最初の女性・エバを創造する

アダムとエバの誕生

「天地創造」第6日目に神は人類を創造する。

神は自分をかたどった人間アダムを創造された

神は土の塵で人を形作り、鼻から命の息を吹き込み、生命を与える。ヘブライ語で「アダマー」を意味する「土」から造られたので、「アダム」と名づけられた。

しかしアダムは話し相手がいないことに不満を持つように……。

そして神は、アダムを助ける者としてエバを創造された

神

アダムの願いを聞き入れ、アダムのあばら骨から女性を創造。

こうして世界に男女が誕生し、「ふたりは一体となった」（創世記2章24節）。

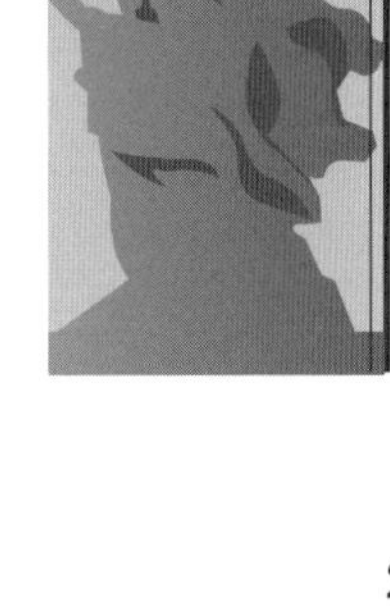

天地創造《てんちそうぞう》において、神は土の塵《ちり》から人を造り、その鼻から息を吹き込んで、生命を与えた。アダムの誕生である。

神はエデンの園《その》を造って、そこにアダムを住まわせることにした。エデンとはヘブライ語で「楽しみ」、シュメール語やアッカド語では「楽園」そのものを意味する言葉である。

エデンの園には豊かな川が流れ、生い茂った木々は果実をたわわに実らせていた。神はアダムに、ここに住む動物たちの名前をつけることと、園全体を見回って管理す

神とのただひとつの約束

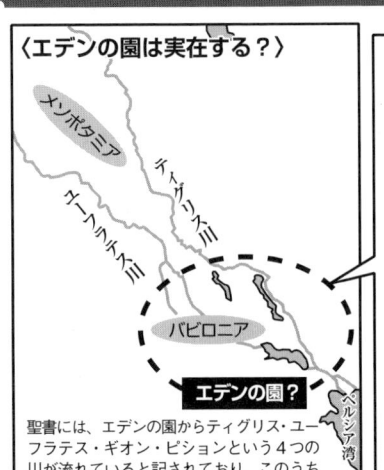

〈エデンの園は実在する？〉

聖書には、エデンの園からティグリス・ユーフラテス・ギオン・ピションという４つの川が流れていると記されており、このうちティグリス・ユーフラテス川は実在することから、エデンの園はメソポタミア南部にあったとする説がある。

エデンの園はあらゆる木や植物、果実に満ちあふれるまさに楽園だった。

「この園のすべての木から自由に採って食べるがよい」

ただひとつの制約

「善悪の知識の木からは決して食べてはいけない。食べると必ず死ぬ」

↓

アダムには神によって住む場所や食べ物、自由などが与えられたが、神はアダムに対してひとつだけ制約を課した。

聖書の謎 The Bible Episode

のどぼとけの語源

神から食べてはいけないとされた「善悪を知る知識の木の実」は、一説によるとりんごだったとされるが、定かではない。また、のどぼとけを英語で「Adam's apple」というが、これは禁断の果実をアダムが食べてしまったときに、そのかけらがのどに引っかかり、取れなくなったことに由来する。

るという仕事を与えた。

そして、それとともに神はアダムにひとつの制約を与えたのである。それは、園の中央にある善悪の知識の木からだけは決してその実を採って食べてはいけないということだった。

さて、そこで幸せな日々を送っていたアダムだが、次第に語り合える者がいないことに寂しさを感じるようになる。

その願いを聞き届けられた神はアダムを深く眠らせ、その間に彼のあばら骨を取って、その骨からひとりの女を造ったのだった。彼女は「すべての生き物の母」という意味のエバと名づけられ、アダムの妻となった。こうして人類最初の男女が誕生したのである。

創世記
Genesis

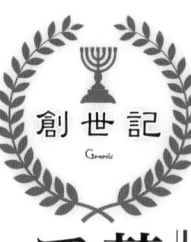

禁断の果実を食べてしまったアダムとエバに与えられた罰とは？

エデンの園で幸せに暮らしていたアダムとエバだったが、ある日、1匹の蛇がエバの前に現われ、善悪の木の果実を食べると神のように賢くなれると彼女を誘惑した。エバはその誘惑に勝てず、神に食べることを禁止されていた果実を食べてしまい、そしてそれをアダムにも分け与えてしまう。

禁断の果実を食べた瞬間、ふたりは自分たちが裸であることを恥ずかしく思うようになった。聖書は、こうして「恥」という感情が生まれたことを記し、そしてあわせて善悪の意識が芽生えたことを示している。

このことを知った神は怒り狂った。そしてエバをそそのかした蛇に対して、一生地面を這《は》いずりまわり、塵を食らって生きるよう命じたのである。そしてエバには、苦しんで子を産むこと、男に支配されることという罰を与え、アダムには苦労しながら食物を得、ついには土に還《かえ》らなければならないという罰を与えた。これは、それまで永遠の命を持っていた人間に、寿命というものが与えられたことを意味する。

さらに神は、ふたりが不死を保つことのできる命の木の果実を食べないようにエデンから追放し、エデンの東側にケルビムという守《しゅ》護天使《ごてんし》と剣の炎を置いて監視した。剣の炎とは「力」と「死」の象徴を意味する。

Episode エピソード

『失楽園』

17世紀イギリスの詩人ジョン・ミルトンは叙事詩《じょじし》『失楽園《しつらくえん》』を書いた。禁断の果実を食べたアダムとイブは楽園を追放されるが、人間が罪を犯したにもかかわらず、神は自らの子であるキリストを生けにえとすることで人間を救おうとしているという神の偉大さを描いた物語だ。

禁断の果実を食べたふたりに与えられた罰とは

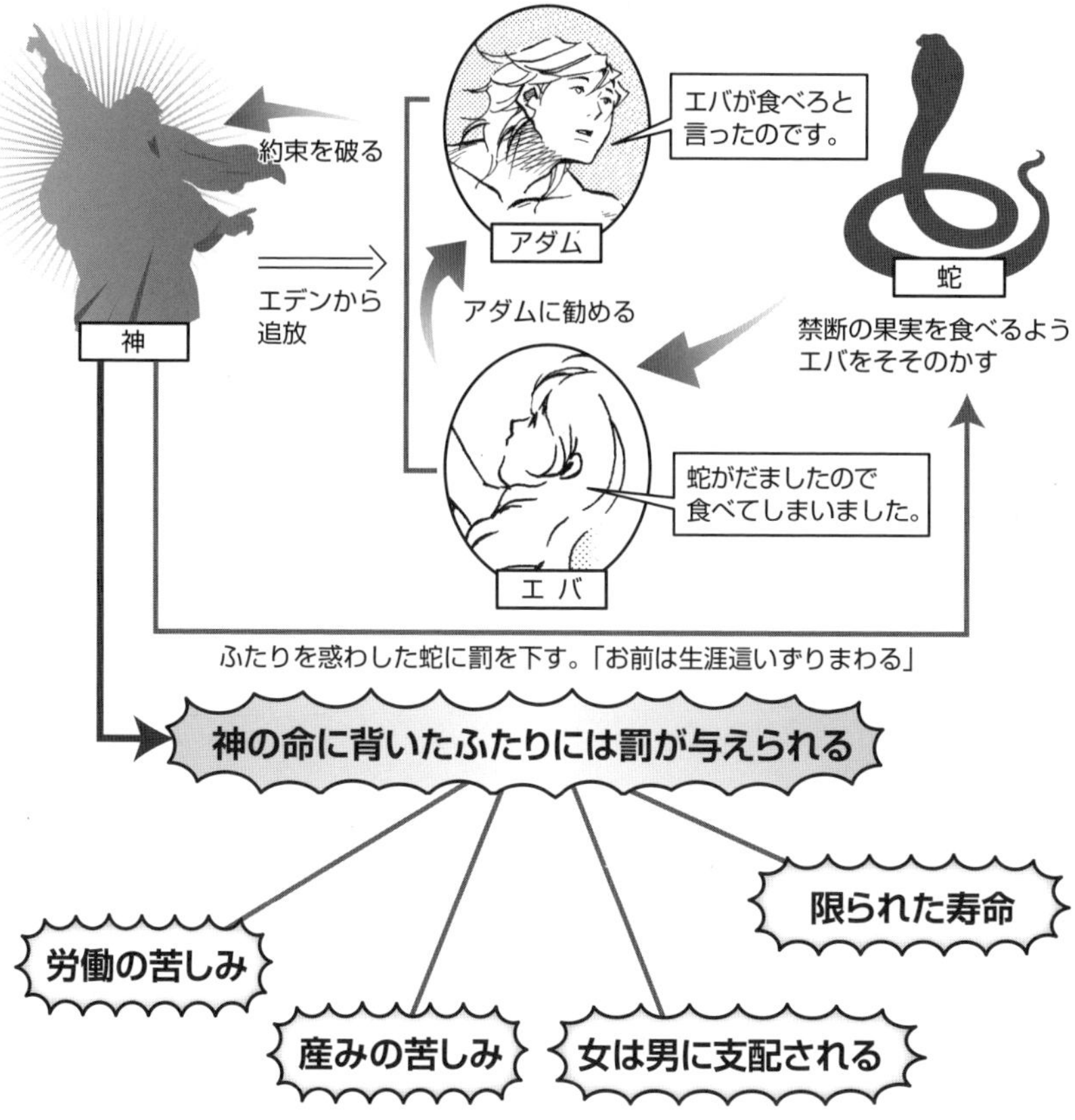

ふたりに科せられた罰は全人類に及ぶことに。

原罪

こうしてアダムとエバは、神によって生きる苦しみを与えられた。そしてこの苦しみが、アダムとエバの子孫である現代人にも及ぶため、このアダムとエバが犯した罪を原罪と呼ぶ。

創世記
Genesis

カインとアベル兄弟の間で起きた人類最初の殺人事件

エデンの園を追われたアダムとエバの間にはカインとアベルというふたりの子どもが生まれた。その後カインは農耕に従事する者、アベルは羊飼いとなり、アダム一家は幸福に暮らしたのである。

ある日兄弟は、恵みを与えてくれる神への感謝の気持ちとしてそれぞれ捧げ物を持っていったが、神はアベルが捧げた初仔《ういご》の羊を喜び、カインが捧げた農作物を拒否したのだ。そのことに激しく嫉妬《しっと》したカインは、アベルと言い争いになり、ついに野原で弟を殺してしまう。

カインの捧げ物を受け入れなかった神

神への捧げ物として兄のカインは農作物を
弟のアベルはよく肥えた初仔の羊を差し出した

アベルの捧げ物
一番大きく育った初仔の羊

カインの捧げ物
大地の実り（農作物）

喜んで受け入れる

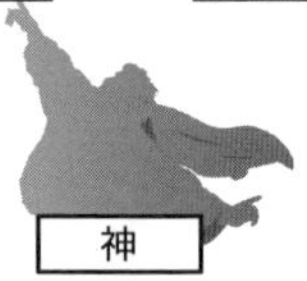

神

捧げ物を拒否

新約聖書の『ヘブライ人への手紙』によると、カインには神に対する信仰がなかったため、神は受け入れなかった。

人類最初の殺人事件

カイン
アベル
自分の捧げ物を受け入れられなかったカインは、アベルへの嫉妬から弟を殺害してしまう。
神
「お前の弟アベルはどこにいるのか」
「知りません。わたしは弟の番人でしょうか」
カイン
（創世記4章9節）

殺人の罪を犯したカインは、神によって追放される。

聖書の謎 The Bible Episode

カインのその後

神に追放されたカインは、エデンの東・ノドの地へと向かった。そこでカインは結婚し、遊牧民《ゆうぼくみん》ベドウィンや鍛冶《かじ》屋、楽器演奏者、あるいは都市を建設する者の祖先となったといわれる。カインとその子孫によって、文明と文化が作られていったのである。神は罰を与えながらもカインを見守り続けたのだ。

神はこれを知って大いに悲しんだ。そして「おまえのゆえに大地は呪われる。おまえは大地のさすらい人となるだろう」とカインを自分の前から追放した。こうして嫉妬や憎しみを知り、殺人を犯してしまったカインは地をさまようこととなる。

だが誰かに殺害されることを非常に恐れ、それを神に訴えたため、神はカインが人に殺されることのないようしるしをつけたのであった。

子どもをふたりとも失ってしまったアダムとエバは嘆き悲しんだ。しかしやがてふたりの間には3人目の子ども・セトが生まれた。

セトとは「もうひとりの子を授ける（シャト）」という言葉に由来する。

創世記

Genesis

堕落した人類を滅亡させた大洪水とノアの箱舟伝説

セトが生まれてから長いときが経ち、世界中にアダムとエバの子孫である人間が増えていった。しかし、数が増えるに従って人は欲望のままに行動するようになり、殺人、泥棒といった悪行《あくぎょう》を繰り返すようになる。神はそのような人間たちの姿を見て、人間を造ったことを後悔するようになった。そしてついに、地上の生き物すべてを抹殺《まっさつ》しようと決意したのだった。

それでも神は、人間の中で唯一、無垢《むく》で正しい行ないをしていたノアとその家族だけは救おうと考えた。そこで神は、地上に大洪水を起こすことをノアに打ち明けたのである。ノアに3階建ての巨大な木の箱舟《はこぶね》を作るように命じ、その箱舟にすべての生き物の雄《おす》と雌《めす》を1つがいずつ入れるように言った。やがて雨が降り始め、それは40日40夜続いた。こうして地上は水に満ち溢れ、ノアの家族以外の人類は滅亡したのだった。

神に助けられたノアは、まず神への感謝のために祭壇《さいだん》を設け、捧げ物をした。これを見た神は大洪水を起こしたことを反省。そしてノアに、2度とこのようなことをして生き物を絶滅させるようなことはしないと約束し、ノアとその家族を祝福したのである。そして、その契約のしるしとして空に美しい虹をかけた。この契約は、ユダヤ教、キリスト教において、ノア契約と呼ばれている。

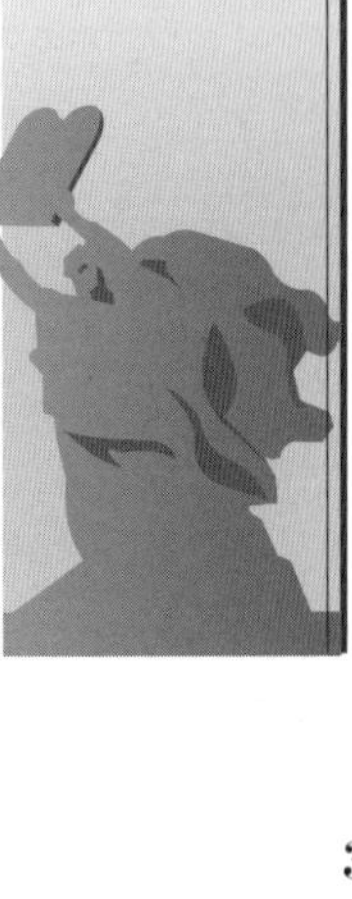

Episode エピソード

洪水伝説

紀元前3～4000年頃の古代バビロニアでは大洪水が頻発していたことが明らかにされており、ノアの箱舟はこうした出来事が基となっているとされる。叙事詩『ギルガメシュ』は、英雄ウトナピシュティムが箱舟で洪水から救われるという話で、ノアの箱舟物語に類似している。

・救いを与えられたノアの家系がすべての民族の祖となる・

堕落した人間の姿を見て
そのすべてを滅ぼすことを決めた神だったが
唯一正しい人だったノアとその家族だけは救うことにした
7日後に大洪水を起こす
ノアよ、箱舟をつくるのだ
その舟にお前の家族と
そして命あるすべての鳥獣をつがいで乗せよ
7日後
神は地上のすべてを洗い流した

生き残ったノアの一族は、その後子孫を増やし、数多くの民族が誕生した。

ノア

セム（セム語族）
- ヘブライ語
- フェニキア語
- アラム語
- アラビア語
- エチオピア語

など

ハム（ハム語族）
- 古代エジプト語派
- ベルベル諸語
- クシュ諸語
- チャド諸語

など

ヤフェト（インド・ヨーロッパ語族）
- インド語派
- ギリシア語派
- イラン語派
- イタリア語派
- トカラ語派
- ケルト語派
- ヒッタイト語派
- ゲルマン語派
- バルト語派

など

創世記

Genesis

神に逆らってバベルの塔を建築した人類に罰が下される

バベルの塔の建設

洪水から何世紀も経ち、再び地上には人々が満ち溢れていた
彼らは、ひとつにまとまるために、天まで届くほどの高い塔を建設し始めた
成功は自分たちの才能と努力の結果！
農業や商売がうまくいき、都市や文明が発達
各地に散らされることのないようにひとつにまとまろう!
当時人々はひとつの言語を使い生活をしていた

自分たちの力を過信し、神への信仰心が薄れる。

神によって引き起こされた未曾《みぞ》有《う》の大洪水のあと、ノアの子孫はたちまち増えていった。彼らはシンアル地方に住み、共通の言語を用いて文明や都市を発達させていったのである。しかし世代を経《へ》るごとに神への信仰心が薄れ、人間の才能と努力だけで何でもできるという傲慢《ごうまん》さを持つようになっていった。

彼らはすでに石ではなくレンガを、漆喰《しっくい》ではなくアスファルトを使う技術を持っており、やがてその技術によって、天まで届くような巨大な塔を建設することを夢見

増長した人々に対する神の怒り

神の存在をないがしろにして塔を建設する人々に対して、神は裁きを下すことに！

再び人類を絶滅させないとノアに約束をしていた神は、別の手段で人々に罰を与える。
「直ちに彼らの言葉を混乱させ、互いの言葉が聞き分けられぬようにしてしまおう」（創世記11章7節）

↓

互いの言葉が通じなくなった人々は諍《いさか》いを繰り返す。

↓

塔の建設は中止され、人類は各地に散らばることに。

聖書の謎 The Bible Episode

バベルの塔は実在した？

　バベルとは、古代都市バビロンを指す。バビロンにはジグラッドと呼ばれる巨大な塔があり、メソポタミア一帯には、30基《き》以上のジグラッドが発掘されている。バベルの塔は、このジグラッドをモデルとしており、約100mの高さの塔が新バビロニアのネブカドネザル２世のときに完成したという碑文《ひぶん》も残っている。

るようになる。これは、人々がひとつにまとまることで、神に頼らずに生きるという意思の表われでもあった。やがてこの塔は完成に近づいたが、人間が神をないがしろにするこの行為に神は憤《いきどお》った。

　しかしノアと人類を絶滅させないという約束をしていたため、神は彼らの言語をばらばらに混乱させて、互いに理解することができなくなるようにしたのである。そのため塔の建設はたちまち進まなくなり、人々はあきらめて各地に散らばっていった。

　この塔は「神の門」を意味するバブ・イリという町に建てられていたともいわれるが、この出来事から、町の名前は「混乱」を意味するバベルに変わったとされる。

創世記
Genesis

信仰の人・アブラムに与えられた大いなる祝福と約束の地・カナン

ノアの息子のひとり・セムの子孫にアブラムがいた。彼はバベルからそう遠くないウルの町で生まれ、父に連れられてハランへ移り住んでいた。

そんなある日、神からアブラムにお告げが下《くだ》る。「わたしが示す地に行きなさい」。そしてカナンの地を子孫に与える契約をアブラムと交わした。こうしてアブラムは、妻サライと甥《おい》のロトを連れてカナンの地を目指すこととなったのだ。その契約のしるしとして、神はアブラムおよびその子孫の男子全員に割礼《かつれい》を施《ほどこ》すよう命じたの

アブラハムの旅

アブラムは75歳のときに、神からカナンへ行くよう告げられる。その後ヘブロンの地に安住したアブラムは、神からアブラハムという名を授かり、100歳のときにイサクを授かった。

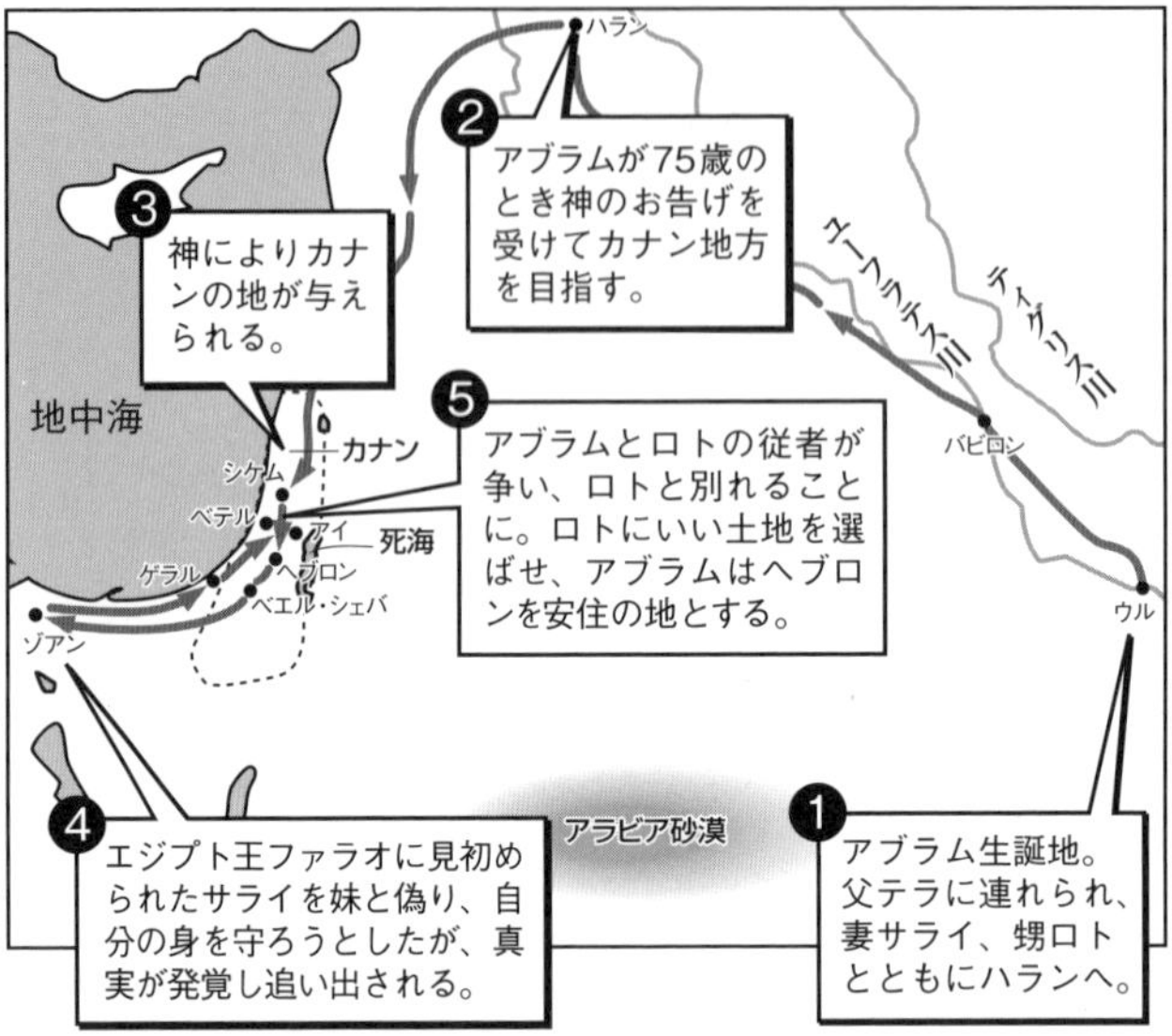

ハラン
ユーフラテス川
ティグリス川
バビロン
ウル
地中海
カナン
シケム
ベテル
アイ
死海
ゲラル
ヘブロン
ベエル・シェバ
ゾアン
アラビア砂漠
1 アブラム生誕地。父テラに連れられ、妻サライ、甥ロトとともにハランへ。
2 アブラムが75歳のとき神のお告げを受けてカナン地方を目指す。
3 神によりカナンの地が与えられる。
4 エジプト王ファラオに見初められたサライを妹と偽り、自分の身を守ろうとしたが、真実が発覚し追い出される。
5 アブラムとロトの従者が争い、ロトと別れることに。ロトにいい土地を選ばせ、アブラムはヘブロンを安住の地とする。

神によって旅を命じられ、カナンの地を与えられたアブラハムは、最終的にヘブロンの地に定住した。

アブラハムの系図

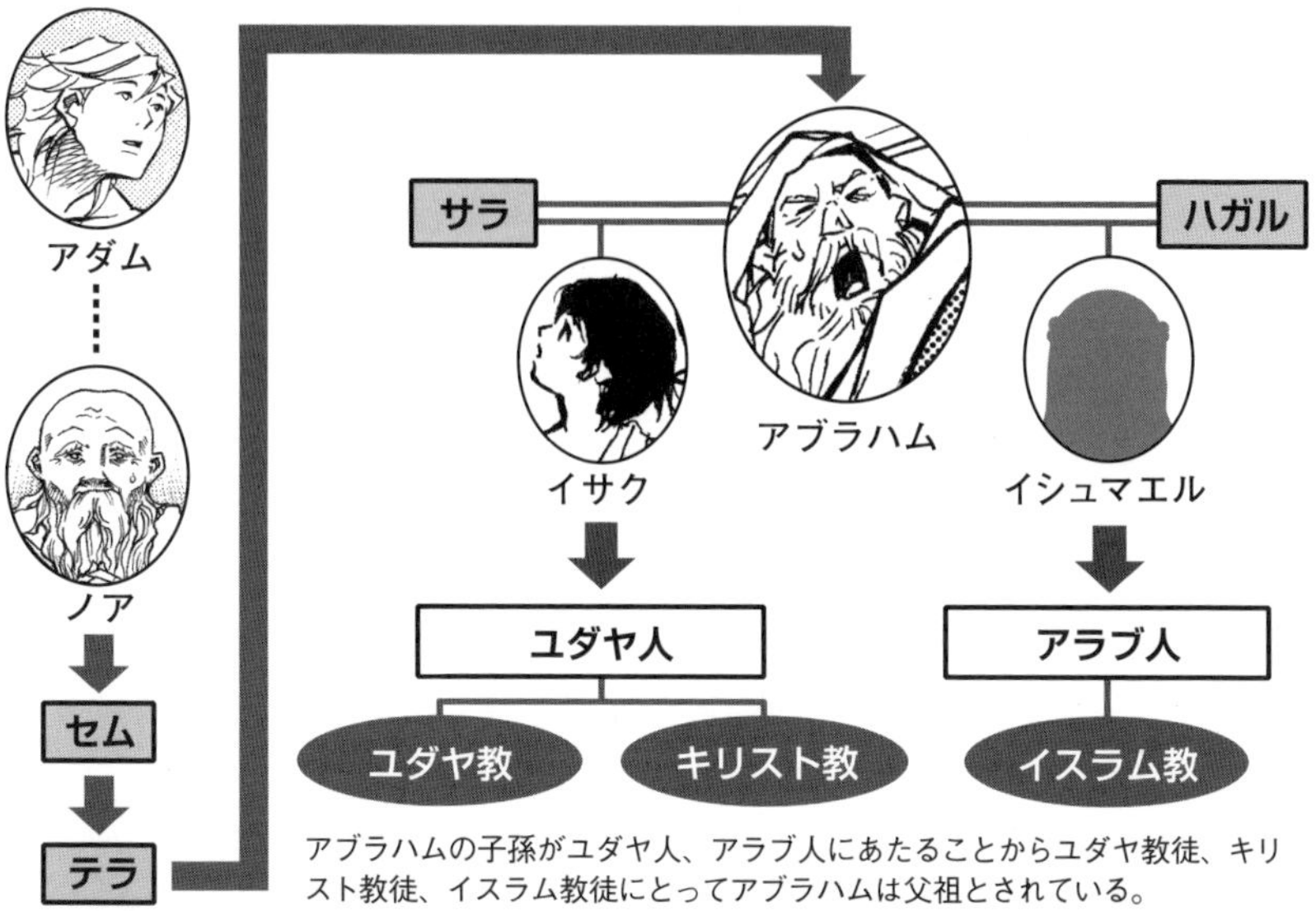

アダム
ノア
セム
テラ
サラ
アブラハム
ハガル
イサク
イシュマエル
ユダヤ人
アラブ人
ユダヤ教
キリスト教
イスラム教

アブラハムの子孫がユダヤ人、アラブ人にあたることからユダヤ教徒、キリスト教徒、イスラム教徒にとってアブラハムは父祖とされている。

聖書の謎 The Bible Episode

イシュマエルのその後

　イシュマエルは、イサクが産まれると家を追い出されるが、のちにメッカに住みつきアラブ人の父祖となったという。イスラム教の祖ムハンマドもその子孫にあたる。そしてイスラム教の正典『コーラン』では、イサクとイシュマエルの役割は逆になっており、イシュマエルがアブラハムの跡継ぎとされている。

であった。

　神との契約通りカナンのヘブロンの町に落ち着いたアブラムだったが、サライとの間にはまだ子どもがいなかった。そこで彼は女奴隷のハガルとの間に息子イシュマエルをもうけるが、アブラムが99歳のとき、神はアブラムに「諸国民の父」という意味のアブラハム、サライには「高貴な女性」の意味を持つサラという名前を与え、そして男の子を授かるということを伝えた。

　神の言葉通り、アブラハム100歳、サラが90歳のときに男の子が誕生。このとき産まれた子は、ずっと子どものなかったサラを笑顔にしたということで、「笑う」を意味する「イサク」と命名された。

創世記
Genesis

ソドムとゴモラの住民の素行に神の怒りが爆発

ソドムとゴモラに対する神の決意

腐敗した町・ソドムとゴモラを見て、ふたつの町を滅ぼすことに決めた神はアブラハムに真実を打ち明けた。

↓

ソドムに住む甥のロトを心配したアブラハムは、神に懇願する。

もしたった10人でも
正しい人が住んでいたら……

アブラハム

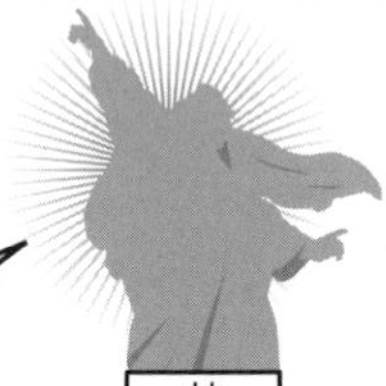

その10人のためにわたしは
滅ぼさない（創世記18章32節）

神

↓

こうしてアブラハムと約束を交わした神であったが、天使を待ち受けていたのは彼らに暴行を働こうとする住民の姿だった……！

↓

しかし、アブラハムの願いが聞かれ、天使たちはロト一家を逃がして助ける。

アブラハムと別れたロトは、ソドムという町に住みついた。しかし、このソドムと近隣のゴモラという町の住人は悪行の限りを尽くしていたのである。ついに神はこの町を滅ぼす決心をし、アブラハムにその計画を打ち明けた。だが、甥のロトの身を案じたアブラハムの願いにより、この町に10人でも正しい人がいれば中止することを約束したのであった。

神はふたりの天使をソドムに遣わした。ふたりを旅人だと思ったロトは、彼らを町の人々から守るために自宅へ泊まるよう促す。し

塩の柱と化したロトの妻

ソドムとゴモラの町を滅ぼすために天使を遣わした神は、ロト一家だけは助けることにした
ゴオオオオ
ドオオオオ
ま…町はどうなってしまったの……!?
……………!!
ああっ!!……なんということだ……!?
天使の忠告を聞かずに後ろを振り返ったロトの妻は、塩の柱になってしまった

ロト一家は神によって救いを与えられたが、ロトの妻だけ助からなかった。

かし旅人の存在を知ったソドムの住民は、ふたりに暴行を加えるためにロトの家を取り囲み、旅人を引き渡すよう要求した。

天使たちはロトが神を信じる人であったため、この一家だけを助け、ソドムを滅ぼすことにした。そこで天使たちはロトに、まもなくソドムの町が崩壊するから決して振り返らず逃げるようにと告げたのだった。

逃げ出したロトたちだったが、ロトの妻だけは逃げる途中で思わず振り返ってしまい、たちまち塩の柱に変わってしまい助からなかった。ソドムがあったとされる死海《しかい》周辺には現在もさまざまな形の岩塩があり、その中に「ロトの妻」と名づけられたものもある。

創世記
Genesis

アブラハムの信仰心を試した神の真意とは？

アブラハムの息子イサクは、すくすくと育っていた。年老いてからできたイサクをアブラハムは宝物のようにかわいがり、一家は幸せの絶頂にあった。しかしイサクが15歳のとき、なんとアブラハムはイサクを神への生けにえとして差し出すよう要求されたのである。そのときのアブラハムのショックは計り知れないものだった。しかし彼は、神にその理由を問いただすことさえせず、神の命に従順に従った。

　神からのお告げがあった日の翌早朝、アブラハムは生けにえのための薪《まき》を割り、イサクとともにロバに乗ってモリヤ山に向かった。そして山頂でアブラハムは祭壇を築き、イサクを縛って祭壇の上に置いたのである。

　刀を振り上げようとしたその瞬間、天使が現われてアブラハムを止め、こう言った。「その子を殺してはならない」。そして神はアブラハムとイサクを祝福し、「あなたの子孫を星くずのようにいっぱいにする」と告げたのであった。

　この出来事はアブラハムの信仰心を試す最大の試練だった。このアブラハムの信仰心を称え、教徒たちは、アブラハムを「神の友」と呼ぶ。

　その後イサクは信仰心の篤いリベカという娘と結婚し、アブラハムは175歳の長寿をまっとうしたのだった。

Episode エピソード

信仰者の父・アブラハム

　イサクの子孫がユダヤ人で、イシュマエルの子孫がアラブ人の祖先とされているため、アブラハムは多くの国民の父と呼ばれる。また、宗教的にも『創世記』の部分はキリスト教・ユダヤ教・イスラム教の信徒にとって重要な正典であることから、信仰者の父としても仰がれている。

アブラハムに課せられた神の試練

イサクが生まれて幸せな暮らしを送っていたアブラハムに、神から残酷なお告げが下される。

神様への捧げ物は どこにあるの？
それは きっと神が
用意して くださる――！
アブラハムよ！ その子に 手を出しては いけない……！
あなたの神を 敬う気持ちは わかった
神は言われる あなたを祝福しよう

アブラハムの忠誠心を見た神は、アブラハムを祝福する

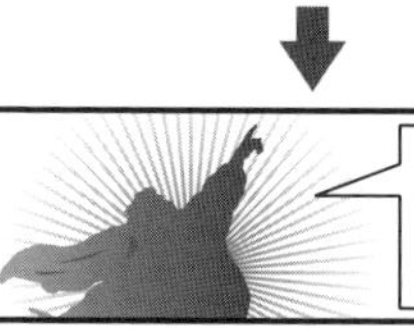

わたしは誓う。わたしはあなたを祝福し、あなたの子孫を夜空に輝く星くずのようにいっぱいにする。

こうして神による祝福を受けたアブラハムの一族は繁栄を約束された。

創世記

Genesis

兄エサウになりすましたヤコブが父から祝福を授かる

イサクの祝福を巡る兄弟間の争い

エサウに祝福を与えようとする。
イサク
当時財産は長男に受け継がれていたため、策をめぐらせてエサウから長子権を得る。
エサウ（長男）
ヤコブが作った煮豆と引き換えに長子権を譲ってしまう。
ヤコブ（次男）
イサクがエサウに祝福を与えることを聞いたリベカの案で、ヤコブはエサウになりすまして祝福を得る。
どうか神がお前に豊かな大地を与えてくださるように。お前を祝福する者は祝福されるように
何も知らないイサクはエサウになりすましたヤコブに祝福を与えてしまう
それを知ったエサウは泣き叫び、ヤコブを恨むようになった
わーっ!!
ヤコブめっ！許さん!!いつか殺してやるっ!!
殺意を抱くエサウから逃れるためヤコブは旅に出る。

幸福な結婚生活を送っていたイサクとリベカは、結婚してから20年後に双子の男の子を授かる。

ある日、年を取ったイサクがエサウを呼びつけ、狩りでしとめた獲物で料理をしてくれたらすべての財産を譲り、祝福を与えようと言った。それを立ち聞きしていたリベカは、愛するヤコブに財産を受け継がせるため、ヤコブに策を授ける。

イサクの視力が弱くなっていたのをいいことに、ヤコブはエサウになりすました。そして兄が受けるべき祝福を奪ったのだ。狩りか

ヤコブの逃亡の旅

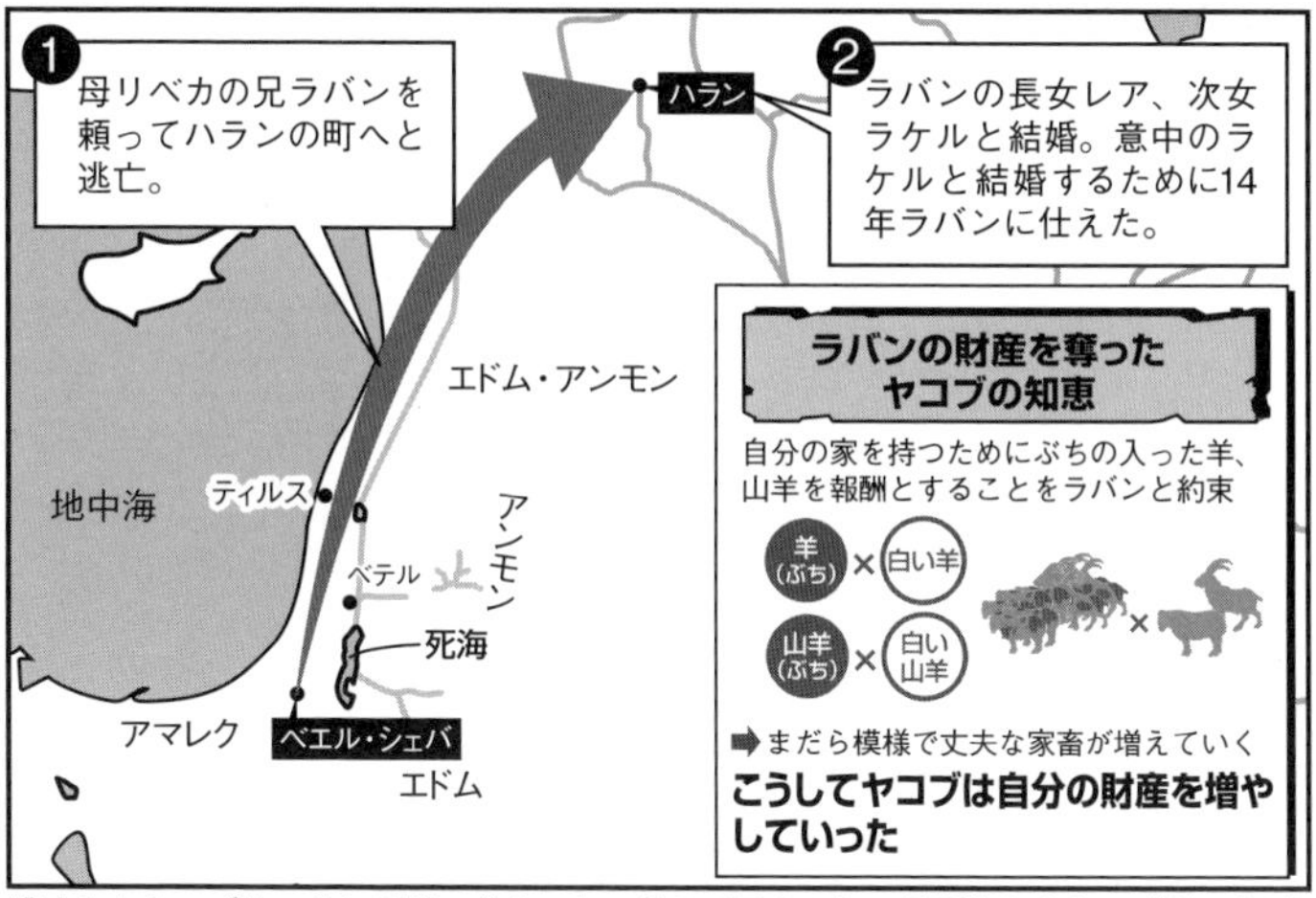
1
母リベカの兄ラバンを頼ってハランの町へと逃亡。
2
ラバンの長女レア、次女ラケルと結婚。意中のラケルと結婚するために14年ラバンに仕えた。
ハラン
エドム・アンモン
地中海
ティルス
アンモン
ベテル
死海
アマレク
ベエル・シェバ
エドム
ラバンの財産を奪ったヤコブの知恵
自分の家を持つためにぶちの入った羊、山羊を報酬とすることをラバンと約束
羊(ぶち)×白い羊
山羊(ぶち)×白い山羊
➡まだら模様で丈夫な家畜が増えていく
こうしてヤコブは自分の財産を増やしていった

逃亡したヤコブはハランの町へ向かった。そこでラケルに一目ぼれしたヤコブだったが、ラバンにだまされ、14年間仕えることでようやくラケルと結婚することができた。

聖書の謎 The Bible Episode

ラケルの墓

ラケルは、ふたり目の息子ベニヤミンを産んだときに死んだ。彼女の墓はベツレヘムへ行く道に築かれたが、のちにバビロン捕囚の憂《う》き目に遭《あ》うイスラエルの民がこの道を通ってバビロンに行くことをヤコブが予見《よけん》したからだという。イスラエルでは、ラケルの嘆きを見た神が彼らを捕囚から帰還させたと信じられている。

ら戻ったエサウはこれを知り激昂《げっこう》。リベカは殺意を抱くエサウからヤコブを逃がすために、リベカの兄ラバンのところに行かせた。

しかし兄をだましたヤコブが、今度はこの伯父《おじ》にだまされることになる。ラバンの娘・ラケルに一目ぼれしたヤコブは、7年間ラバンのもとで働くという条件で、ラケルと結婚するという約束を交わした。7年後、ラケルと念願の結婚式を挙げたヤコブだったが、翌朝ヤコブの隣にいたのはなんと姉のレアだったのだ。

ラバンはもう7年働けばラケルも嫁がせると言い、結局ヤコブは14年間働いてやっとラケルと結婚したのだった。因果応報《いんがおうほう》とは、まさにこのことだろう。

・ヤコブの帰還ー神にカナンを与えられるー・

逃亡してから20年後、ついにヤコブはカナンへ帰る決意をする。

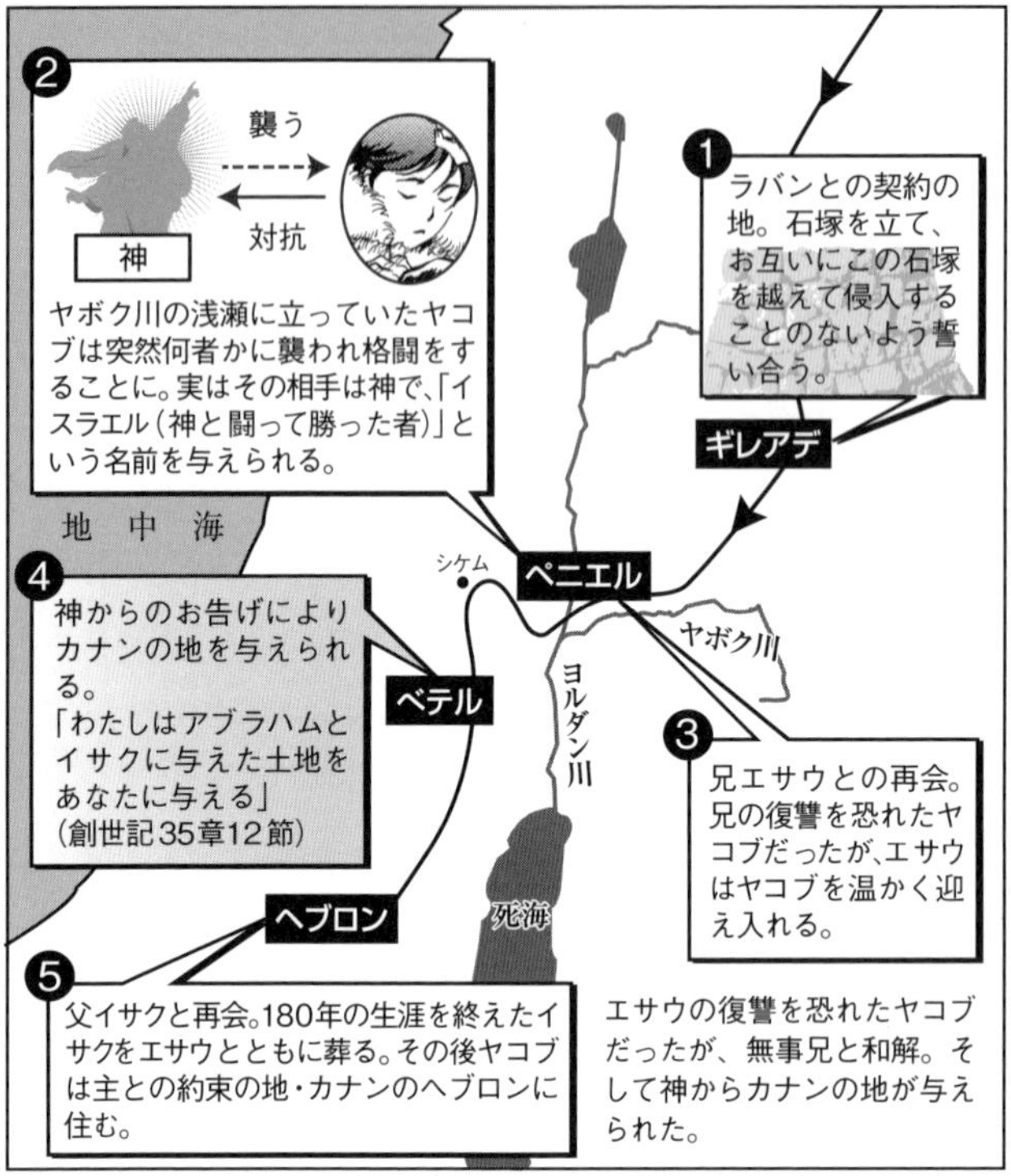
2
襲う
対抗
神
ヤボク川の浅瀬に立っていたヤコブは突然何者かに襲われ格闘をすることに。実はその相手は神で、「イスラエル（神と闘って勝った者）」という名前を与えられる。
1
ラバンとの契約の地。石塚を立て、お互いにこの石塚を越えて侵入することのないよう誓い合う。
ギレアデ
地 中 海
シケム
ペニエル
ヤボク川
4
神からのお告げによりカナンの地を与えられる。
「わたしはアブラハムとイサクに与えた土地をあなたに与える」
（創世記35章12節）
ベテル
ヨルダン川
3
兄エサウとの再会。兄の復讐を恐れたヤコブだったが、エサウはヤコブを温かく迎え入れる。
死海
ヘブロン
5
父イサクと再会。180年の生涯を終えたイサクをエサウとともに葬る。その後ヤコブは主との約束の地・カナンのヘブロンに住む。
エサウの復讐を恐れたヤコブだったが、無事兄と和解。そして神からカナンの地が与えられた。

神からイスラエルの名を与えられたヤコブ

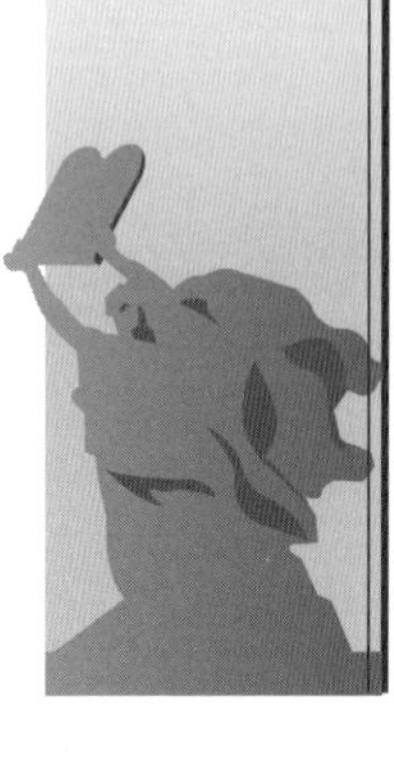

ヤコブが故郷のカナンを離れて20年ほどの月日が経っていた。ラケルとの幸福な日々の中でも、ヤコブはラバンやその息子たちの仕打ちに耐えられず、ついに、ふたりの妻と子どもたちとたくさんの家畜を連れて逃げるようにカナンに出立する。しかし、故郷の兄は、まだ昔の自分の罪を許してくれないかもしれない。そこでヤコブは、多くの家畜を兄への贈り物とし、先に従者を家畜とともにエサウのもとへと遣わした。

ヤコブたちがカナンとの国境にさしかかったとき、ヨルダン川の

アブラハムから続くイスラエル一族の家系図

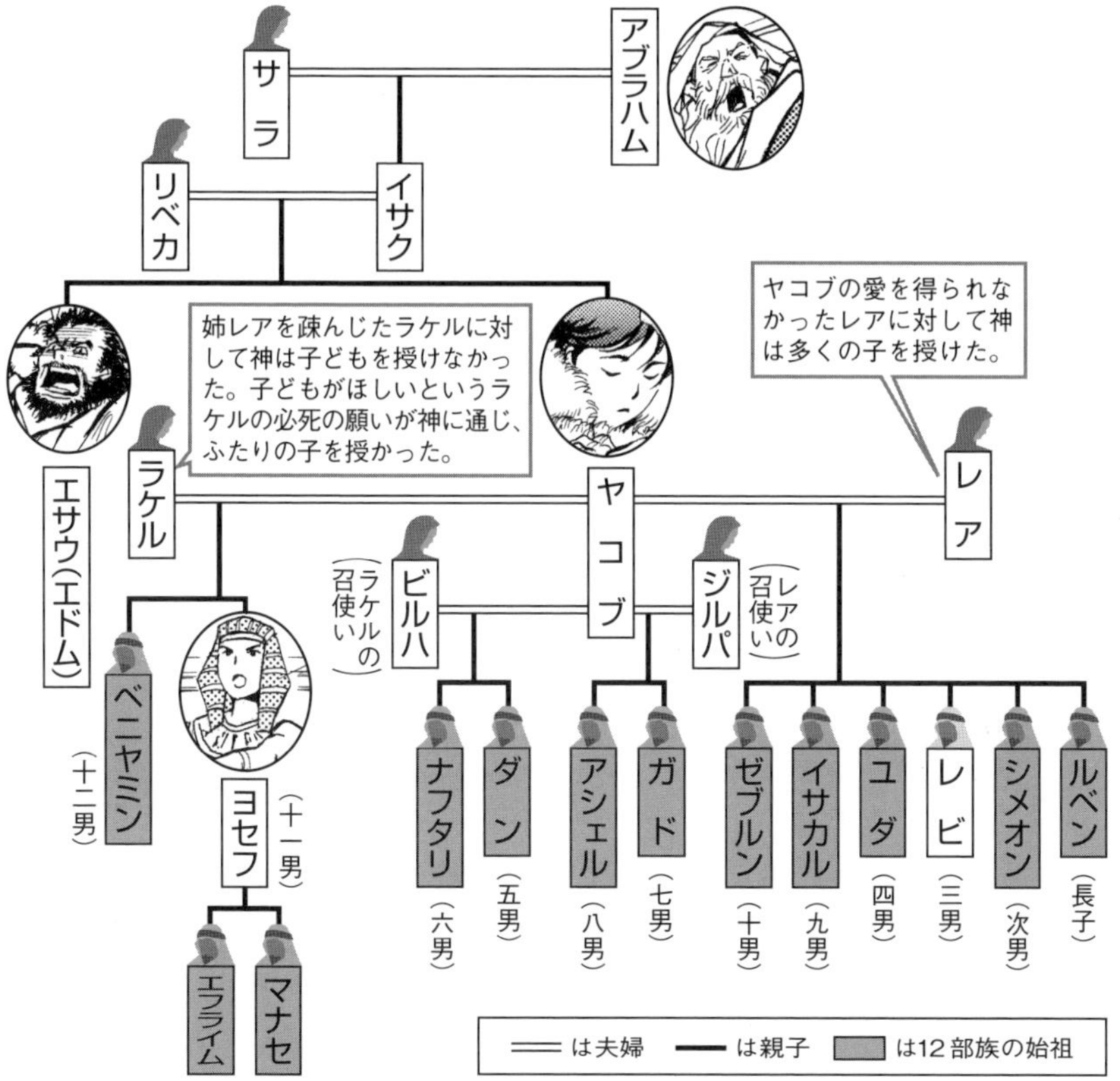

アブラハム
サラ
イサク
リベカ
ヤコブの愛を得られなかったレアに対して神は多くの子を授けた。
姉レアを疎んじたラケルに対して神は子どもを授けなかった。子どもがほしいというラケルの必死の願いが神に通じ、ふたりの子を授かった。
エサウ(エドム)
ラケル
ヤコブ
レア
ビルハ
(ラケルの召使い)
ジルパ
(レアの召使い)
ベニヤミン
(十二男)
ヨセフ
(十一男)
エフライム
マナセ
ナフタリ
(六男)
ダン
(五男)
アシェル
(八男)
ガド
(七男)
ゼブルン
(十男)
イサカル
(九男)
ユダ
(四男)
レビ
(三男)
シメオン
(次男)
ルベン
(長子)
は夫婦
は親子
は12部族の始祖

ほとりのヤボクの渡しで不思議な出来事が起こる。妻と子どもたちに先に川を渡らせ、ヤコブはひとり後に残った。すると突然何者かがヤコブに襲いかかってきたのだ。両者は激しく格闘し、それは夜明け近くまで続いた。

その不思議な何者かは、ヤコブに勝てないとみるや、彼のももの関節を打ってはずし、こう言った。「おまえは、イスラエルと呼ばれる。お前は神と闘って勝ったからだ」。そしてヤコブを祝福し、姿を消した。ヤコブを襲ったのは、神だったのだ。

その後、ヤコブは、兄エサウと和解した。そして神に祝福されたヤコブは、のちイスラエル12部族の祖となるのである。

創世記
Genesis

兄たちの嫉妬を買いエジプトへ売り飛ばされるヨセフ

ヨセフは、ヤコブの12人の息子のうちの11番目の子である。最愛の妻ラケルが産んだヨセフをヤコブは最もかわいがり、彼は兄たちの誰も持っていない晴れ着を作ってもらうなど、父に甘やかされて育った。

そんなヨセフには、予知夢を見るという異能があった。ある日、自分がいつか兄弟たちを支配するということを暗示する夢を見たと無邪気に話すヨセフを、次第に兄たちは憎らしく思うようになっていく。

さらに、一族の中でも最も上に立つことを暗示する夢を話すと、兄たちの憎しみはより深まり、ヨセフの殺害を計画するまでになったのだ。

そんなある日、ヨセフは父から山で牧羊《ぼくよう》をしている兄たちのところに使いに出された。兄たちはいい機会とばかりにヨセフを乱暴に捕まえ、着ていた晴れ着を剥《は》ぎ取ると、そこにあった穴に投げ込んでしまうのである。そこに通りかかったミディアン人の商人がヨセフを引き上げ、イシュマエル人に奴隷《どれい》として売ってしまったのだった。

こうしてヨセフは、命こそ助かったものの、銀貨20枚で商人に売り飛ばされ、奴隷としてエジプトに連れて行かれてしまった。しかしこのヨセフが、一族を危機から救うことになる。

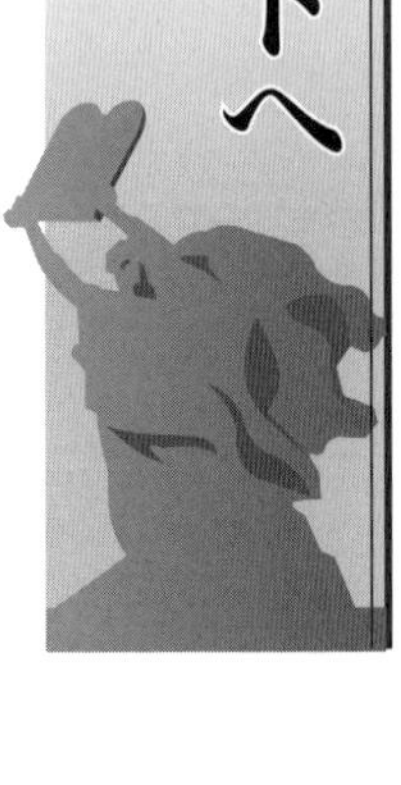

Episode エピソード

ヨセフが落とされた穴

ヨセフが落とされた穴は、ヘブライ語でボールという岩盤を円筒形に掘り抜いた貯水槽のことである。これは今でも残り、直径も深さも約3mあるという。また、古代エジプトには国有奴隷と私有奴隷がおり、私有奴隷はよい主人に巡り合えば、家族のような待遇を受けたといわれる。

兄の嫉妬を買ったヨセフの晴れ着

〈ヨセフの上着を染めたと思われる染料〉

軟体動物の殻
紫色
タマカイガラムシ
赤
サフラン
オレンジ
コチニールカイガラムシ
ピンク
ザクロ
水色

12人兄弟の中で最もかわいがっていたヨセフに、ヤコブは美しい上着を作る。

↓

兄たちのヨセフへの嫉妬心、憎しみを生む！

ヨセフの夢占い

ヨセフが見た夢

畑で麦の束を結わえているときに兄たちの束が集まり、自分の束にひれ伏す

➡ヨセフを伏し拝む

太陽と月と11の星が自分にひれ伏す

➡家族全員がヨセフにひれ伏す

ヨセフがエジプトで解いた夢

夢の内容	ヨセフの夢解きの結果
ぶどうの木の３本の枝が花を咲かせ、房がなった。給仕長がその果汁を搾り、ファラオに捧げた。	３日後、ファラオによって無罪とされ、元の役職に戻る。
３つの籠の中にファラオに捧げる料理を入れて運んでいたら、鳥に食べられてしまった。	３日後、ファラオによって絞首刑にされ、遺体を鳥についばまれる。
豊かに実った７つの穂が実のない７つの穂に食いつぶされた。	７年の豊作ののち、凶作が７年続く。

ヨセフには夢を解くという異能があったが、これも兄たちの反感を買う原因となった。

創世記
Genesis

奴隷からエジプトの為政者へと成りあがったヨセフ

ヨセフがエジプトの宰相へ

無実の罪を着せられ監獄に入れられたヨセフだったが、ファラオの夢を解き明かしたことで能力が認められ、奴隷から一転エジプトの宰相となる。

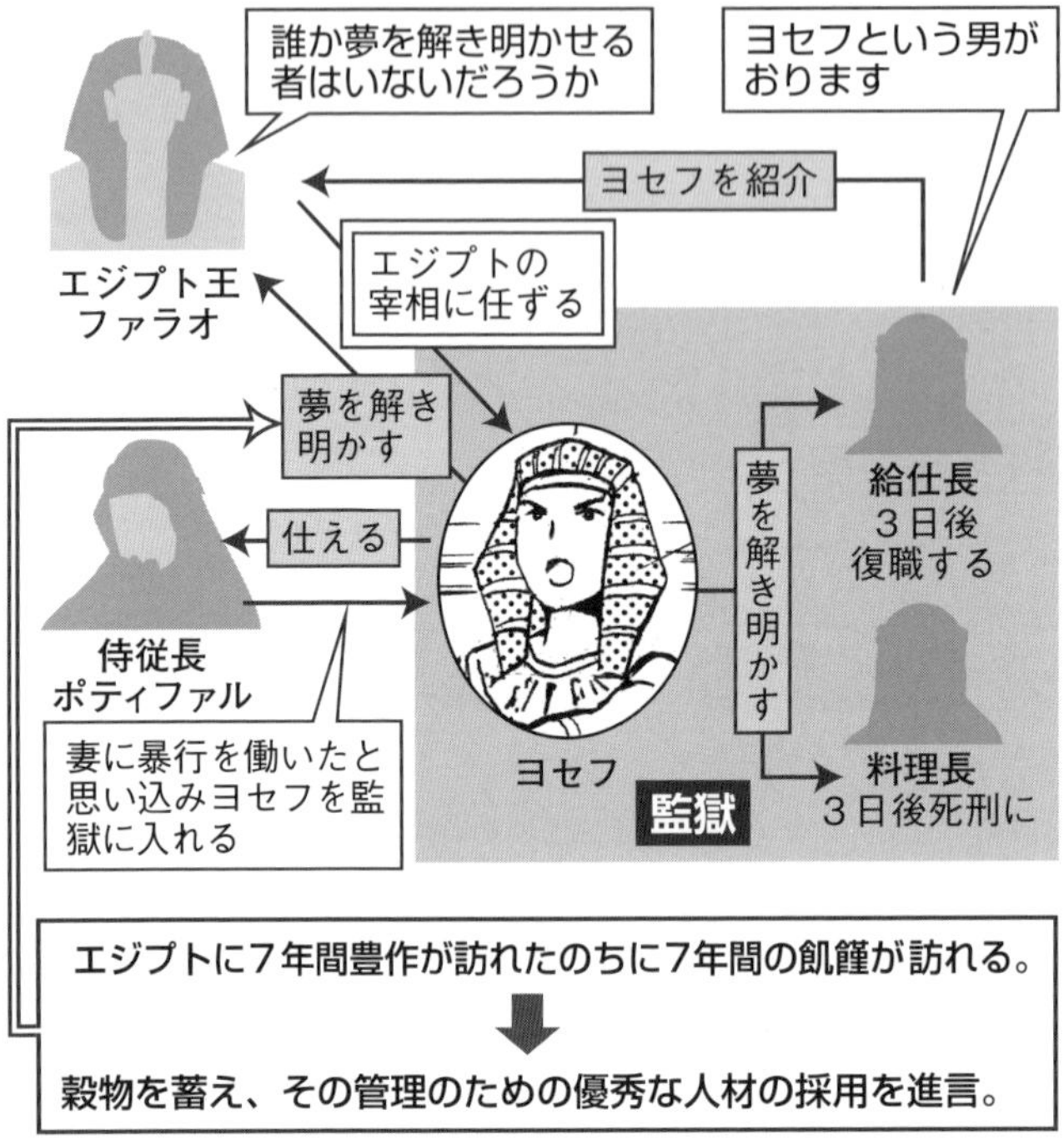

誰か夢を解き明かせる者はいないだろうか
ヨセフという男がおります
ヨセフを紹介
エジプト王 ファラオ
エジプトの宰相に任ずる
夢を解き明かす
仕える
侍従長 ポティファル
妻に暴行を働いたと思い込みヨセフを監獄に入れる
ヨセフ
監獄
夢を解き明かす
給仕長 3日後復職する
料理長 3日後死刑に
エジプトに7年間豊作が訪れたのちに7年間の飢饉が訪れる。
穀物を蓄え、その管理のための優秀な人材の採用を進言。

エジプトへ連れて行かれたヨセフは、ファラオに仕える侍従長《じじゅうちょう》ポティファルのもとで働くこととなった。しかしヨセフは、その妻の誘惑を退けたために強姦《ごうかん》の罪を着せられ、牢獄《ろうごく》に入れられてしまう。

しかしその2年後、ヨセフは夢を解き明かす能力が認められ、国中の誰も解けなかった王の不思議な夢を解き明かすため王に召された。ヨセフは、今後エジプトに7年間の豊作と7年間の飢饉《ききん》が訪れると告げ、そしてそのための政策をも提言したのである。

その賢明さが王に認められ、何

兄を試すヨセフ

ヨセフの夢占いの通りに飢饉が訪れた。そして食料を求めてやってきた兄たちを見かけ、ヨセフはわざとベニヤミンに泥棒の罪を着せ、兄たちを試すことにした。

杯を盗んだベニヤミンのみ奴隷にする！

！

どうかベニヤミンをお助けください!!

代わりにこのわたくしを奴隷に!!

弟の代わりに私を残してください!!

自分を陥れたときとは違う兄たちの対応にヨセフはついに自分の身を明かす。

わたしはヨセフです。エジプトへ来てください。
命を救うために神がわたしをあなたたちより先にお遣わしになったのです。　（創世記45章5節）

こうして再び家族がひとつになる。

エジプトへ移り住んだヤコブの家族は総勢70名だった。

聖書の謎 The Bible Episode

ヨセフ物語

　ヨセフは、聖書以外にも多くの物語に登場する人物だ。ユダヤ教の文書では、ヨセフは敬虔《けいけん》かつ完全なる人物として描かれて、その後の歴史物語では、正しい人間の典型として神によってあらゆる災害から守られるとされた。新約聖書はヨセフを信仰深い者のひとりとしてその名を挙げている。

と奴隷から王に次ぐ地位の宰相《さいしょう》として引き立てられるという驚くべき出世を果たしたのだった。ヨセフはこのとき30歳で、これはエジプト第12王朝の頃の出来事とされる。

　7年の豊作の後、ヨセフの解き明かし通りエジプトを飢饉が襲った。飢饉はカナンでも起き、ヨセフの兄たちは食料の調達をするためエジプトへ向かう。

　訪れた兄たちをヨセフは一目で思い出し動揺したが、彼らはまったく気づかない。そこでヨセフは、兄たちに試練を課すが、彼らを許し、自分の素性《すじょう》を明かす。そして、父ヤコブら一族70人をエジプトに移住させるよう勧めたのである。こうしてイスラエルの民はエジプトへ移住することとなった。

聖書の祭り① 仮庵祭

荒野をさまよった祖先を想い起こして行なわれる祭り

仮庵祭《かりいおさい》は、「過越祭《すぎこしまつり》」「七週祭《ななしゅうさい》」と並ぶユダヤ教の三大祭のひとつで、ユダヤ暦でティシュレ月（9～10月）の15日から行なわれる。かつては7日間の祭りだったが、その後8日間に拡大した。

仮庵祭は、ユダヤ人の「出エジプト」にちなんだ祭りだ。ユダヤ人の祖先がエジプトを脱出してカナンに入るまでの約40年間、シナイやネゲブの荒野をさまよいながら仮設の家に住んだことに由来する。

紀元70年の第一次ユダヤ戦争の頃まで、イスラエルに住む成人のユダヤ教徒は仮庵祭のときエルサレムの神殿に巡礼するのが通例だった。旧約聖書の『レビ記』にもそうした規定がある。

だが、現在ではかつての祖先の苦労を想い起こすために、祭りの期間中は仮小屋を作ってそこに住むのが一般的な過ごし方である。仮庵祭は「スコット」とも呼ばれるが、これはヘブライ語の「仮庵」を意味する。

祭りが近づくと、人々は庭やベランダ、屋上などに、屋根を草木で葺《ふ》いた仮小屋を建て、その中で三度の食事を摂ったり祈りを捧げたりするのだ。温暖な地方では、祭りの間中ここで暮らす人もいるという。

仮小屋では、ヤシの葉、シトロン、ギンバイカの小枝、柳の葉といった秋の収穫物を天井から下げたり、新鮮な草木や果物、木の実などで飾りつけを行なう。「ハグ・ハァスイーフ（収穫の祭り）」と呼ばれることからもわかるように、仮庵祭は人々にとって秋の収穫を祝う祭りでもあるのだ。

現在も、仮庵祭の期間中にイスラエルを旅すると、一般家庭や企業のオフィス、駐車場や芝生にまで仮小屋が並ぶ光景を目にするはずだ。イスラエル軍の基地でも、仮小屋を建てて祭りを行なうという。

世界のほかの場所ではまず見られない、ユニークな光景である。

第2章
約束の地
カナンへ

出エジプト記
Exodus

イスラエル人の大迫害のもと生まれた モーセに神の使命が下される

ヨセフに導かれてエジプトに移住したイスラエルの民だったが、月日が経ち、次第にその子孫たちが弾圧されるようになる。ファラオは彼らを奴隷《どれい》とし、ついにはイスラエル人に男児が生まれたら殺害するようにとの命を下した。そんな状況下、モーセは誕生した。

母は3か月間こっそりと育てたがもはや隠しきれなくなったため、モーセをナイル川へと流す。そのとき川下にはファラオの娘が水浴びに来ており、流れてくる赤ん坊を見つけた彼女は、モーセを自分の子として育てることにした。

モーセ家系図

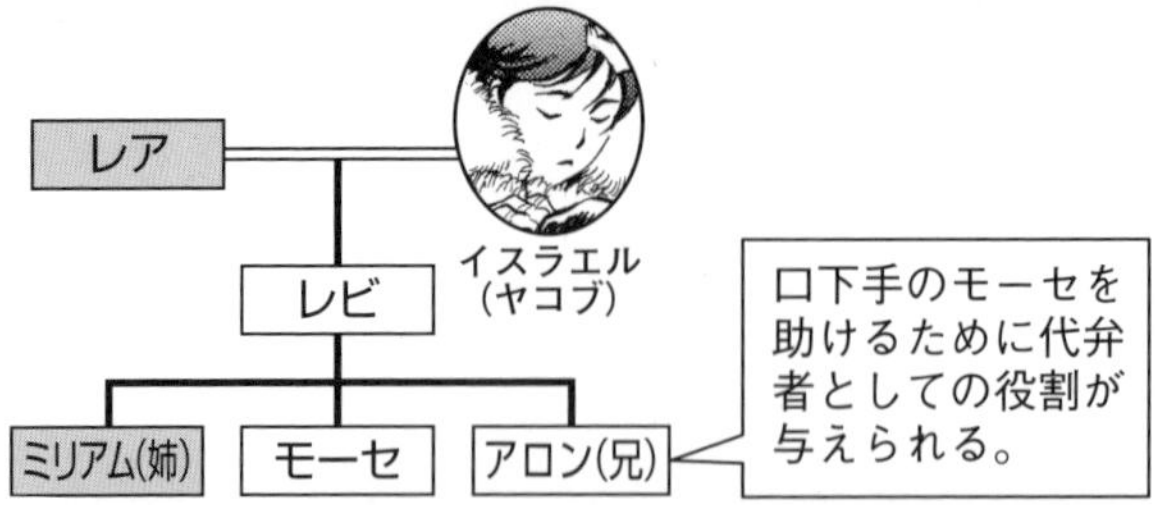
レア
イスラエル（ヤコブ）
レビ
ミリアム(姉)
モーセ
アロン(兄)
口下手のモーセを助けるために代弁者としての役割が与えられる。

神から使命を与えられるモーセ

モーセよ 私はお前と ともにいる エジプトに行き 私の民を 連れてくるのだ
ボウッ

ホレブ山で、モーセは神から、エジプトの圧政に苦しむイスラエルの民を救い出してカナンへ導く使命を与えられる。

モーセが神のお告げを得るまで

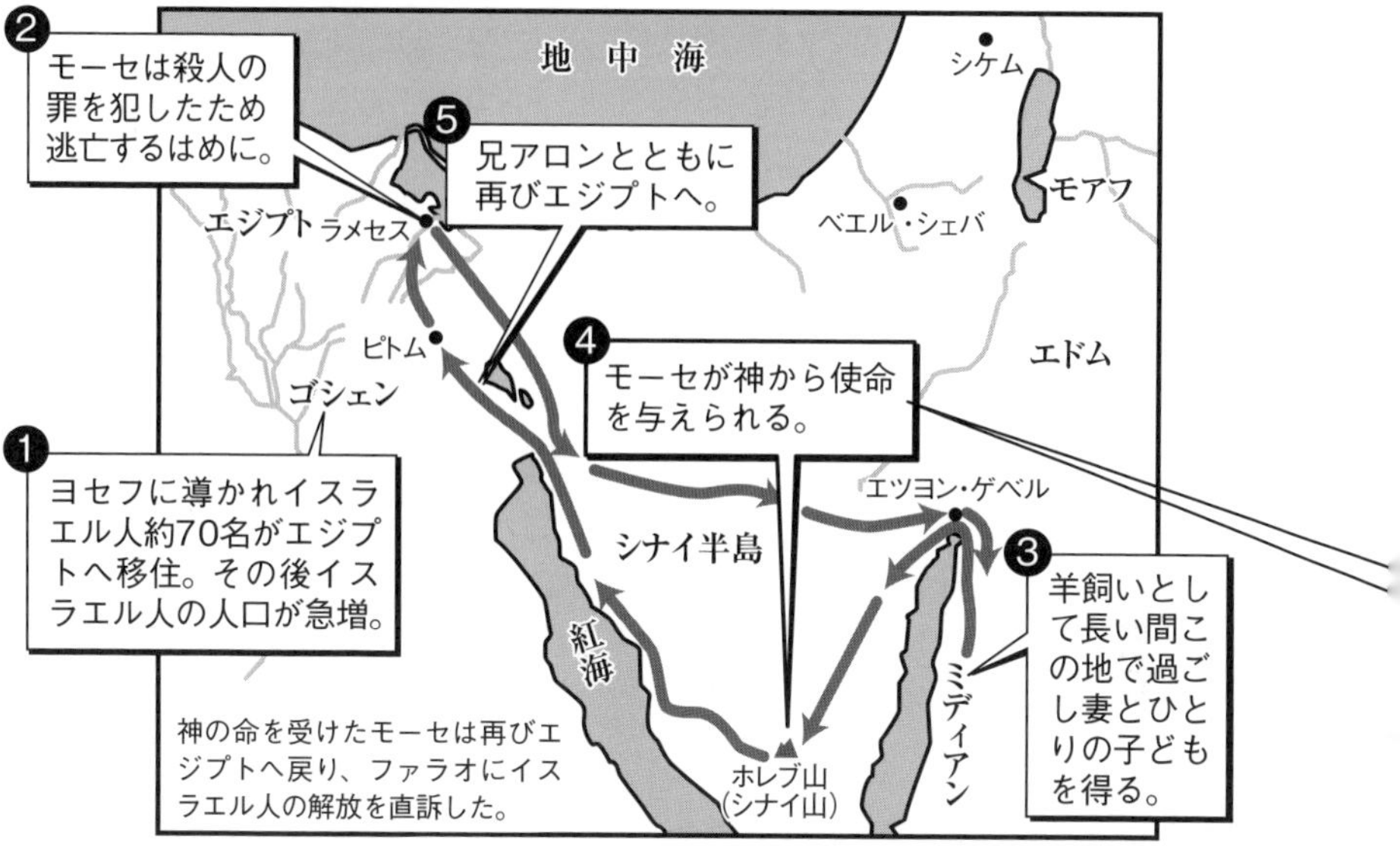

地中海
シケム
モアブ
ベエル・シェバ
エジプト
ラメセス
ピトム
ゴシェン
エドム
シナイ半島
紅海
エツヨン・ゲベル
ミディアン
ホレブ山(シナイ山)
❶ヨセフに導かれイスラエル人約70名がエジプトへ移住。その後イスラエル人の人口が急増。
❷モーセは殺人の罪を犯したため逃亡するはめに。
❸羊飼いとして長い間この地で過ごし妻とひとりの子どもを得る。
❹モーセが神から使命を与えられる。
❺兄アロンとともに再びエジプトへ。
神の命を受けたモーセは再びエジプトへ戻り、ファラオにイスラエル人の解放を直訴した。

聖書の謎 The Bible Episode

エジプト下りの年代は？

イスラエル人がエジプトに下った年代は、エジプトがセム系のヒクソスに支配されていた紀元前1720年から150年の間のことではないかという説がある。ヨセフは同じセム系のヒクソスの支配下にあったからこそ優遇され、実際エジプトに新王朝が成立するとヨセフ一族が奴隷とされたというのがその理由だ。

こうしてエジプトの王子として不自由なく育ったモーセだったが、ある日イスラエル人の同胞《どうほう》がエジプト人監督に鞭で打たれているのを見て、その監督を殺害してしまう。追われる身となったモーセはミディアンの地に逃れ、そこで羊飼いとして暮らした。

あるとき、羊を追ってホレブ山に登ったモーセは、燃えている柴《しば》を見つけた。近寄ってみるとそこに神が現われ、モーセにイスラエルの民をエジプトから救い出すよう命じたのである。このとき、神は「私は（ともに）ある者だ」と、聖書において初めてその名を明かしている。こうしてモーセは、兄アロンとともにエジプトに向かったのであった。

出エジプト記
Exodus

海を割ってイスラエルの民を救ったモーセ

神から使命を与えられたモーセは、ファラオのもとへ向かい、エジプトを去る許しを得ようとした。しかしファラオはこれを拒んだどころか、イスラエルの民にさらなる重労働を課したのだった。

そこで神はモーセに命じて、ナイル川の水を血に変えるなどエジプトに数々の天災を下し、さらにはすべてのエジプト人の長子が命を落とすという災いをもたらした。エジプト中で死者の出ない家が一軒もないという悲惨な状況を受けて、ついにファラオは早く立ち去るようモーセに伝える。こうしてモーセとイスラエルの民は、一族が430年間住みついていたエジプトを離れ、神との約束の地・カナンを目指し旅立ったのだった。

しかしファラオはすぐさま奴隷がいなくなったことを後悔し、彼らを連れ戻す命を下すと、大軍を率いてイスラエルの民を追った。

その頃葦《あし》の海のほとりで野営していたモーセらは、前は海、後ろはエジプト軍に挟まれるという絶体絶命の状況に陥ってしまう。だが、神は彼らを見捨てなかった。モーセが海に向かって杖を掲げると、海は真っ二つに割れ、左右に水の壁が立ち上がったのだ。イスラエルの民は海底を渡り、エジプト軍から逃げ切ることができた。

旧約聖書ではこの場所を「葦の海」と記すが、それがどこにあるのかは明らかになっていない。

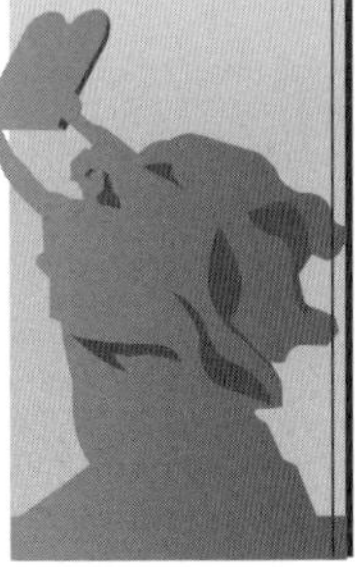

Episode エピソード

葦の海はどこにあった？

「出エジプト」のコースについてはおもに2説ある。原始キリスト教の伝承に基づいて南方説をとると、葦の海とは紅海《こうかい》で、シナイ山はシナイ半島南部のジェベル・ムーサとなる。これに対して、葦の海とはセルボニ湖のことで、シナイ山とはジェベル・ヒラルだという北方説を唱える学者もいる。

モーセが起こした奇跡

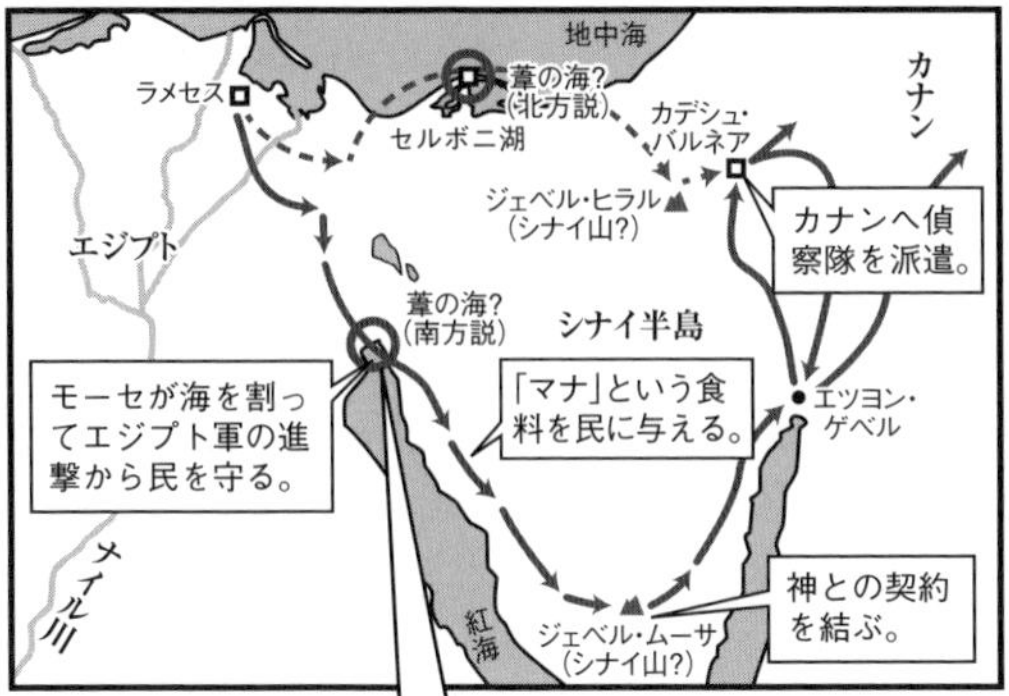
地中海
ラメセス
葦の海?
(北方説)
セルボニ湖
カデシュ・
バルネア
カナン
ジェベル・ヒラル
(シナイ山?)
エジプト
カナンへ偵
察隊を派遣。
葦の海?
(南方説)
シナイ半島
モーセが海を割って
エジプト軍の進
撃から民を守る。
「マナ」という食
料を民に与える。
エツヨン・
ゲベル
ナイル川
紅海
ジェベル・ムーサ
(シナイ山?)
神との契約
を結ぶ。

北方説ルート　北方説のまち
南方説ルート　南方説のまち

モーセ一行がエジプトを脱出して進んだルートには北方説と南方説がある。

エジプトを脱出しカナンを目指すモーセ一行だったが行く手が海に阻まれたところにエジプト軍がやってきた
エジプト軍だ!!
モ、モーセ、どうしたらいいんだ……!
ああっ……! もうだめだっ!!

主があなたがたを
お守り下さる!

おおっ!!

神はこうしてイスラエルの民をエジプト軍から救われた。そして彼らはカナンを目指して旅を続ける

エジプトを脱出しカナンを目指したモーセ一行だったが、葦の海でエジプト軍に追いつかれる。しかしモーセが海に向かって杖を掲げると、海はふたつに割れ、エジプト軍から無事逃げ切ることができた。

出エジプト記
Exodus

神から人が必ず守るべき10の戒めが与えられる

モーセとイスラエルの民がエジプトを出発してから3か月が過ぎた頃、一行はシナイの荒野に到着し休息を取っていた。そのとき、神がモーセにシナイ山の頂上に来るよう命じる。もうもうと煙が立ち上がり、稲妻が光る中、神はモーセに「十戒《じっかい》」といわれる10の戒《いまし》めを与えた。それは人が必ず守らなければならない掟《おきて》（律法《りっぽう》）で、この瞬間、神がイスラエル民族と契約を結んだことを意味していた。

一方、モーセが山にいた40日の間、不安に駆られた人々は、神を象徴する金製の雄牛を造って礼拝していた。山から下りてきたモーセはこれを見て憤慨。偶像崇拝《ぐうぞうすうはい》は、まさに十戒で禁止されていた行為のひとつだったからだ。モーセは金の雄牛を粉々に砕き、その首謀者と同調者を処罰した。その数何と3000人以上にのぼった。

モーセはシナイ山で、2枚の石板に神の言葉を刻んでもらっていた。そして幕屋《くや》という持ち運びができる礼拝所と十戒の刻まれた石板を納める「契約の箱」を作り、それを礼拝所の奥、最も神聖な場所である至聖所《しせいじょ》に置いた。

その後40年間、荒野をさすらったイスラエルの民は、ようやく約束の地・カナンにたどりつくことになる。しかし、モーセはカナンを目前にしながら、そこに入ることなく生涯を終えた。未完の人生であったと聖書は記している。

Episode エピソード

契約の箱

ユダヤ教では、十戒を刻んだ石板とマナの壷、アロンの杖を三種の神器としており、これらを入れた契約の箱は、神とイスラエル人の契約の記念として最も神聖なものとされる。

しかし、この箱はのちに行方不明となり、現在も消息は不明のままである。

神から与えられた十戒

十　戒

- あなたにはわたしをおいてほかに神があってはならない
- あなたは自分のために偶像をつくってはならない
- あなたはわたしの名をみだりに唱えてはならない
- 安息日を覚えてこれを聖なる日としなさい
- あなたの父と母を敬いなさい
- 殺してはならない
- 姦淫《かんいん》してはならない
- 盗んではならない
- あなたの隣人に対して偽りの証言をしてはならない
- あなたは隣人の家をむさぼってはならない

十戒によって神とイスラエル人との関係が規定される。

↓

神とイスラエルの民との契約がここで結ばれることに!

↓

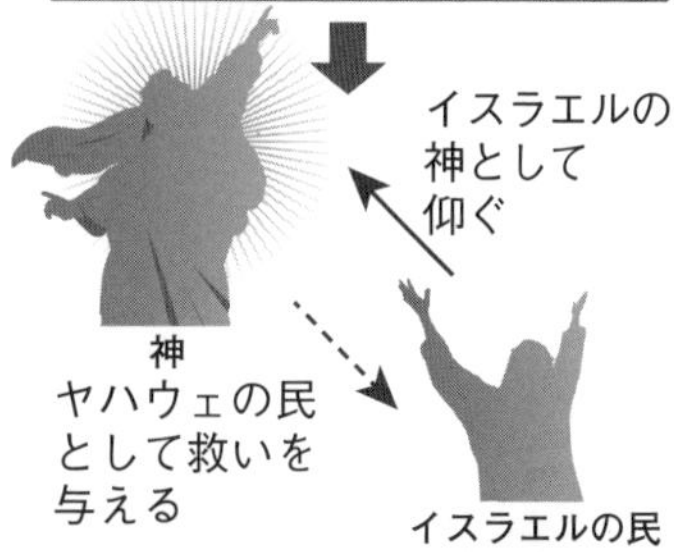
イスラエルの神として仰ぐ
神
ヤハウェの民として救いを与える
イスラエルの民

偶像崇拝をするイスラエルの民にモーセの怒り爆発！

神に授かった十戒を携えて山を下りたモーセの目に映ったのは
偶像崇拝を行なうイスラエルの民の姿だった……
誰がこのようなことを
しろと言ったのかっ!!

モーセが神から十戒を授かっているとき、イスラエルの民は黄金の雄牛を造り祀っていた。それを見たモーセは激怒した。

➡ **首謀者・同調者約3000人を処刑！**

ヨシュア記

モーセの後継者・ヨシュアが神から奇策を授かりエリコを落とす

エリコ攻略

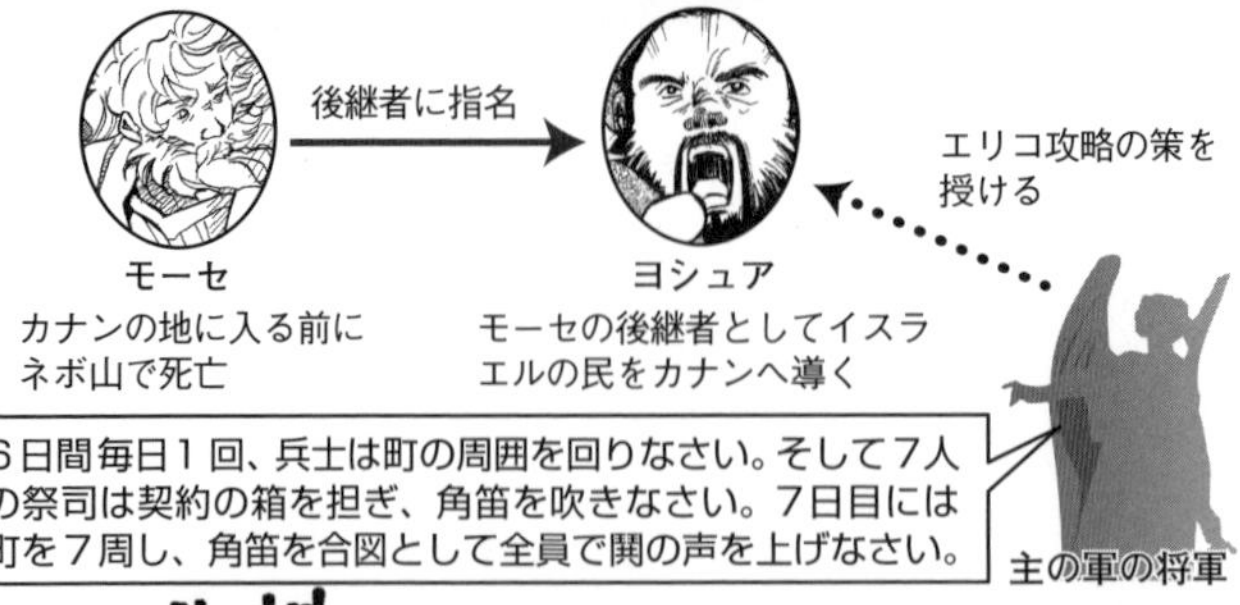

後継者に指名
エリコ攻略の策を授ける
モーセ
カナンの地に入る前にネボ山で死亡
ヨシュア
モーセの後継者としてイスラエルの民をカナンへ導く
6日間毎日1回、兵士は町の周囲を回りなさい。そして7人の祭司は契約の箱を担ぎ、角笛を吹きなさい。7日目には町を7周し、角笛を合図として全員で鬨の声を上げなさい。
主の軍の将軍

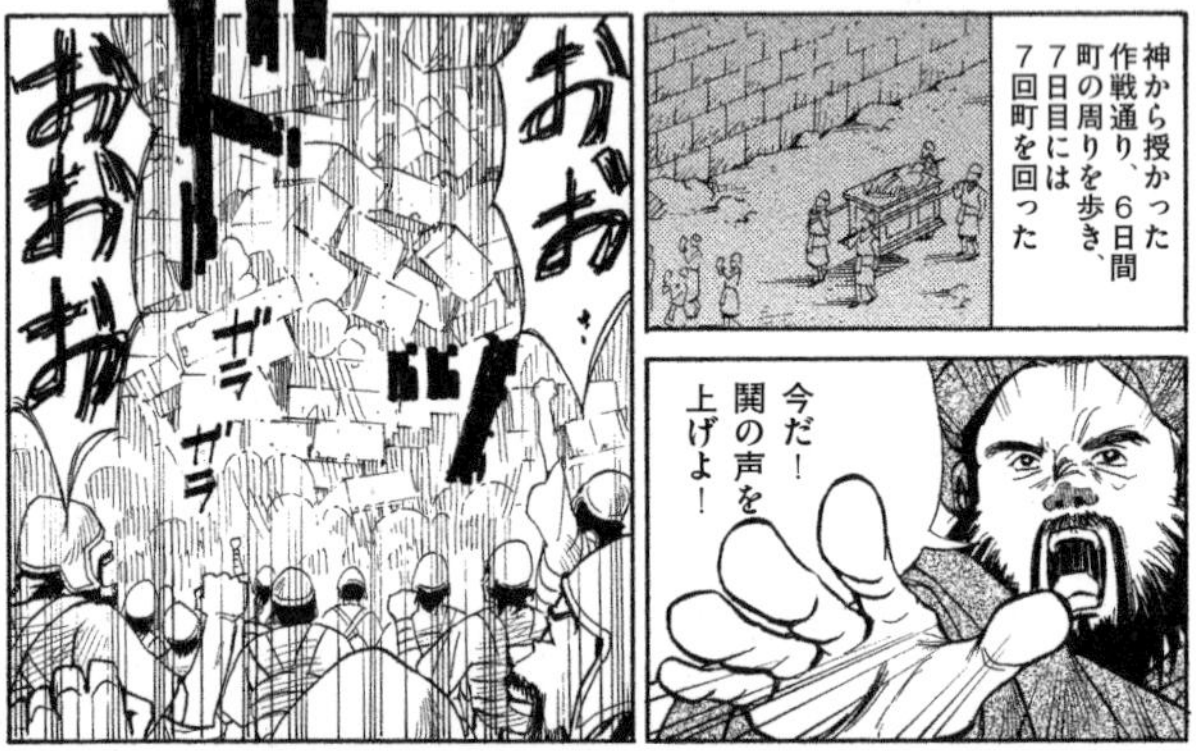

神から授かった作戦通り、6日間町の周りを歩き、7日目には7回町を回った
今だ！鬨の声を上げよ！
おおおお
ガラガラ

民が鬨の声を上げると城壁が崩れ落ち、ヨシュア軍はエリコを一気に占領した。

イスラエルの民をエジプトから導いたモーセの死後、神は、後継者としてモーセの従者だったヨシュアを選んだ。彼はエフライム族出身で、ヨシュアという名はヘブライ語で「主《しゅ》は救い」という意味である。

神に選ばれたヨシュアの使命は、イスラエルの民を約束の地・カナンに導き、そこに住む民を滅ぼすというものだった。

ヨルダン川を越えたヨシュア一行は、カナン征服の最初の目標をエリコの町に定める。このときヨシュアは、宿営地のギルガルで自

イスラエルの民、カナンへ

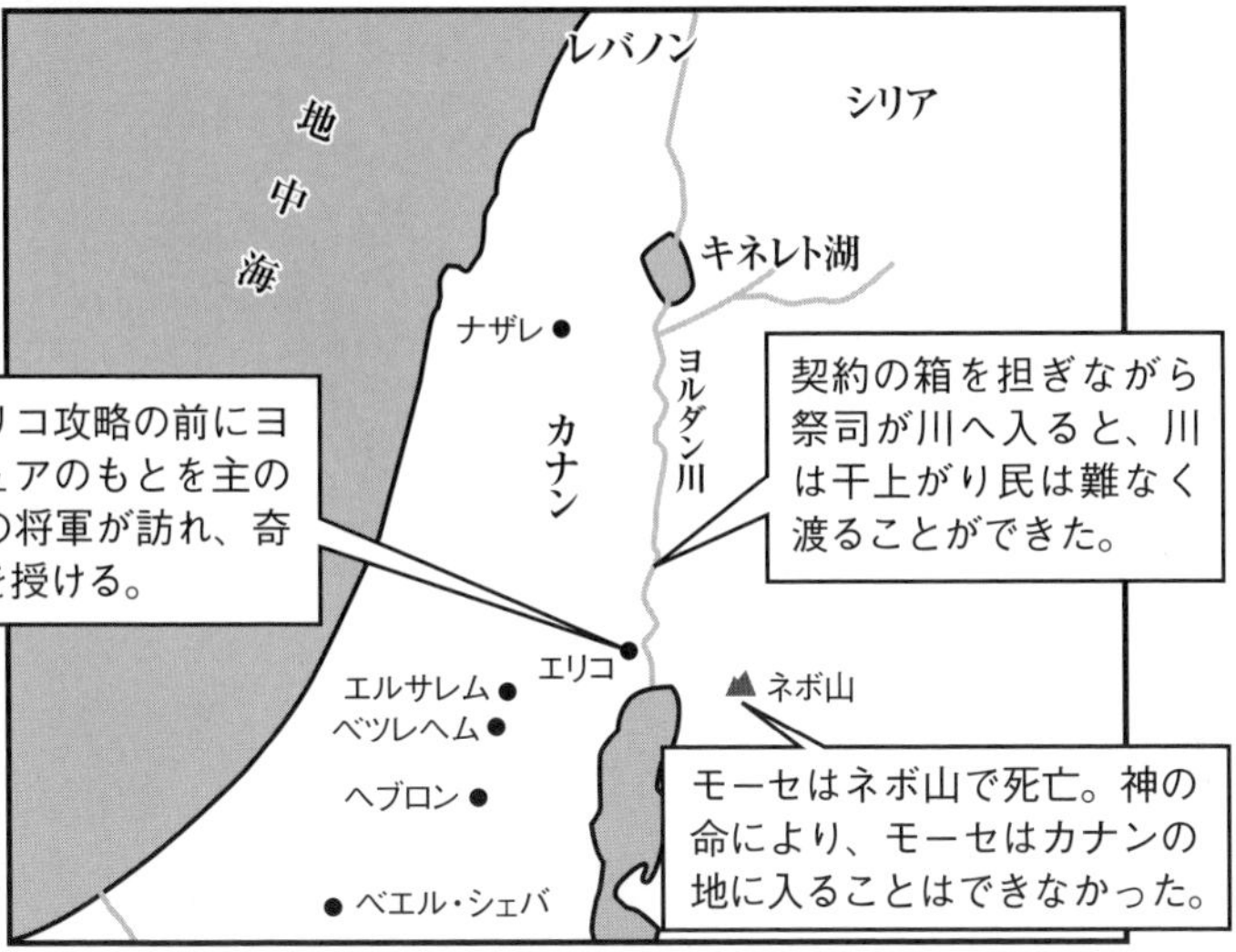
レバノン
シリア
地中海
キネレト湖
ナザレ
カナン
ヨルダン川
契約の箱を担ぎながら祭司が川へ入ると、川は干上がり民は難なく渡ることができた。
エリコ攻略の前にヨシュアのもとを主の軍の将軍が訪れ、奇策を授ける。
エリコ
エルサレム
ベツレヘム
ヘブロン
ベエル・シェバ
ネボ山
モーセはネボ山で死亡。神の命により、モーセはカナンの地に入ることはできなかった。

エジプトを出てから40年後、イスラエルの民はついにカナンの地へと足を踏み入れた。

聖書の謎 The Bible Episode

世界最古の都市・エリコ

　エリコは、ヨルダン川西岸にあるパレスチナ自治区の主要都市である。1953年の発掘調査の結果、約9000年前に遡《さかのぼ》る最古の都市であることが明らかになった。城壁は地震のようなもので崩され、町には火で焼かれた跡があるという。果たして本当にヨシュアが攻め落としたのか。そう思わせてくれる調査内容だ。

らを「主の軍の将軍」と名乗る不思議な人物と出会った。そしてヨシュアは主から、堅固な城壁で囲まれたエリコ攻略の奇策を授けられたのであった。

　イスラエル軍はその策に従い、6日間毎日エリコの城壁の周りを一周した。隊の後方には7人の祭《さい》司《し》が契約の箱を捧げ持ち、角笛を吹き鳴らしながら続く。そして7日目、隊は城壁の周りを7周すると、祭司の角笛を合図に兵士たちが一斉に鬨《とき》の声を上げた。すると、エリコの城壁が突然ガラガラと音をたてて崩れ落ちたのだ。

　兵士たちは一斉になだれ込み、こうしてエリコはたちまちのうちに陥落。イスラエル軍の手中に落ちたのだった。

ヨシュア記

ヨシュアに導かれたイスラエルの民が、ついにカナンの地を手に入れる

イスラエル12部族とは？

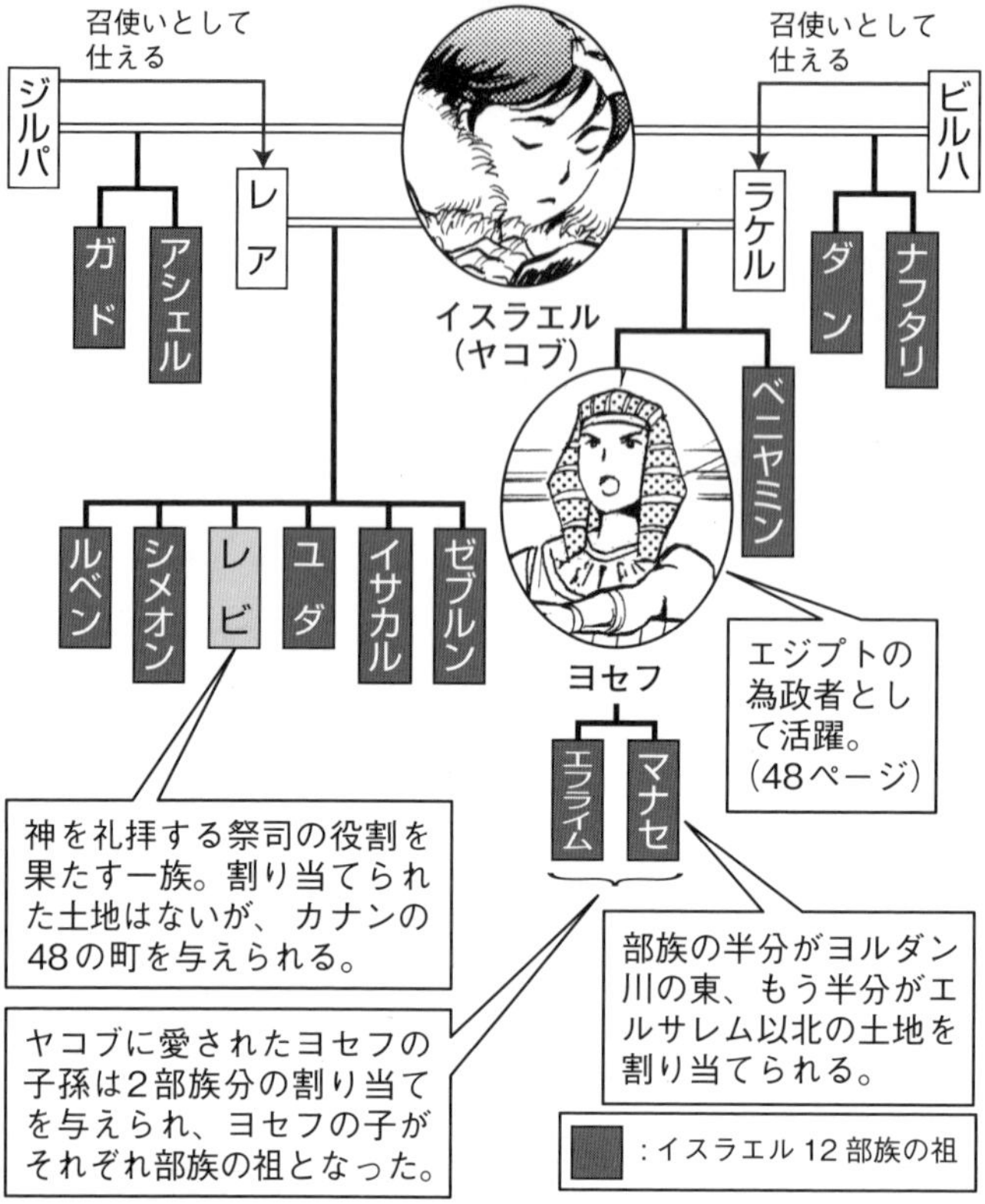
召使いとして仕える
召使いとして仕える
ジルパ
ビルハ
レア
ラケル
イスラエル（ヤコブ）
ガド
アシェル
ダン
ナフタリ
ベニヤミン
ルベン
シメオン
レビ
ユダ
イサカル
ゼブルン
ヨセフ
エフライム
マナセ
エジプトの為政者として活躍。（48ページ）
神を礼拝する祭司の役割を果たす一族。割り当てられた土地はないが、カナンの48の町を与えられる。
ヤコブに愛されたヨセフの子孫は2部族分の割り当てを与えられ、ヨセフの子がそれぞれ部族の祖となった。
部族の半分がヨルダン川の東、もう半分がエルサレム以北の土地を割り当てられる。
：イスラエル12部族の祖

難攻不落のエリコを陥落させたヨシュアは、続いてエルサレムの北にあるアイの町の攻略を目指す。しかし思わぬ苦戦を強いられ、まさかの敗北を喫してしまうのだった。

ヨシュアが敗戦の理由を神に問うと、すべての戦利品は神のものであるとの掟を破り、エリコでの戦勝品を横領している者がいるという答えだった。調べたところ、ユダ族のアカンという男が着物や金銀を隠し持っていることがわかったので、ヨシュアはアカンとその家族を処刑。そして彼の全財

イスラエル12部族の定住地

ダン
アシェル
ナフタリ
ダン
ミディアン
ゼブルン
ガリラヤ湖
ゴラン
地中海
マナセ
イサカル
イズレエル
ヤベシュ・ギレアド
アンモン
マナセ
ガド
ペヌエル
シロ
エフライム
ギブオン
エリコ
ベニヤミン
ディムナ
エルサレム
ベツレヘム
ルベン
ペリシテ
ガド
ユダ
ガザ
死海
エン・ゲディ
アルノン川
シメオン
モアブ
エドム

ヨシュアはくじでカナンの地を12部族に分配した。また各族長に、主なる神に仕えるのか他の神に仕えるのか決断を求めた。

：イスラエル 12 部族
：周辺民族

聖書の謎 The Bible Episode

バアル信仰との対立

この頃のカナンには多くの都市国家が成立し、それらの人々はバアル神をはじめとする多神教を信仰していた。バアル神は農業の神で、イスラエル人にとって豊作を与えてくれる神々の存在は大きな誘惑となった。ヨシュアがどの神に仕えるかという決断を迫ったとき、このバアル神を選ぶ者も多かったという。

産を焼き尽くした。すると神の怒りが解けたため、ヨシュアはアイの町の占領に成功したのだった。

その後ヨシュアの戦いは彼が死ぬまで続き、アモリ人、ペリジ人、ヘト人、ギブオン人、ヒビ人などを討ち破り、計31人の王を倒したとされる。そしてついにカナン全土を手に入れることに成功。そして、その土地をイスラエルの12人の息子を祖とする12部族に分配するという任務を果たしたのである。

ヨシュアは、110歳でその生涯を終えた。しかし、カナンの地でイスラエル人を待ち受けていたのは、受難の日々だったのである。神との約束の地にたどり着いても、彼らに安住のときは訪れなかった。

士師記
Judges

裁きを下した神は、人々を救済するために士師を派遣する

　ヨシュアの導きによって、イスラエル人はカナンの地で生活を始める。そして彼らの生活はそれまでのような絶えず移動を繰り返す遊牧民的なものから、農地を耕して定住する生活に変わっていった。

　そんな中、イスラエル人たちは、先住のカナン人が信仰している神々、豊かな収穫を与えてくれる農業神バアルや、その配偶者の女神アシュトレトなどに心惹《ひ》かれるようになっていく。

　しかし神は、このようなイスラエル人の心変わりを許さなかった。神は彼らの背信《はいしん》行為に対して罰を与え、イスラエル人を敵の手に渡したのであった。苦しんだ人々は悔い改めて主なる神に救いを求める。すると神は、士師《しし》と呼ばれる指導者を遣わして彼らを助けた。

　ところが、その士師が死ぬと人々はまた異教に走ったため、再びイスラエル人に神の裁きが下されたのである。このような神への背信、神の裁き、民の叫び、士師による救いというサイクルが、ヨシュアが死んでから約３５０年の間に7回も起きることになる。

　士師とはヘブライ語で「裁く者」という意味だ。イスラエル民族がカナンに入ってから、のちに王という存在が現れるまで、民族の指導者、救助者の立場にあった者たちのことである。そんな彼らが活躍した時代を「士師の時代」という。

Episode エピソード

士師の役割について

　士師はイスラエルに初めて王が誕生するまで、臨時の王のような役割を担った。ユーフラテス川上流から出土したマリ文書には、士師は地方知事の一種だと書かれている。中東では、宗教者は何よりも法律家であり、同時に政治家や軍人であることが多かった。

イスラエルを救った士師の時代

約束の地・カナンへと戻ったイスラエルの民は、神を忘れ、異教の神を拝むようになる
唯一神ヤハウェは怒り
彼らを敵の手に渡し
苦難の日々を送らせる

↓

苦しみに耐えかねた民は再び自分たちの神に祈りを捧げる。

↓

神は 士師 を遣わし、人々に救いの手を差し伸べた。

〈イスラエルの民を救った7人の士師〉

1.オトニエル
メソポタミアの王クシャン・リシュアタイムの支配下に8年間置かれる。士師オトニエルによって救済。

▶

2.エフド
モアブの王エグロンに18年支配される。士師エフドによって救済。

▶

3.シャムガル
ペリシテ人の手からイスラエルの民を救う。

▶

4.デボラ
カナンの将軍シセラに20年間支配される。士師デボラのもと平和を取り戻す。

5.ギデオン
ミディアン人に攻められ7年苦難の日々を過ごす。士師ギデオンによって救済。

▶

6.エフタ
アンモン人に襲われたイスラエルを守り、またエフライム人を討ち破る。

▶

7.サムソン
40年間ペリシテ人の手に渡ったが、士師サムソンを派遣し救いの手を差し伸べる。

イスラエルの民は神への背信を繰り返したため、約350年の間に神の裁きが7回も下された。そのたびに人々は改心し、神は人々を救うために士師を遣わす。

士師記

Judges

繰り返される神の裁きと士師による救いの日々

イスラエル人を救うために神に遣わされた士師は、聖書中に計12名登場する。その中でデボラはただひとりの女性で、神の言葉を人々に伝える預言者《よげんしゃ》だった。

当時、カナン人の王ヤビンが、将軍シセラ率いる軍事力を背景に、20年にわたってイスラエル人を抑圧していた。デボラはナフタリ族のバラクとともに、1万人の兵を率いてシセラ軍を撃破。イスラエル人を敵の手から救い出した。

また、『士師記』5番目の士師・ギデオンは、ミディアン人と戦った。ミディアン人は、穀物の収穫

デボラの戦い

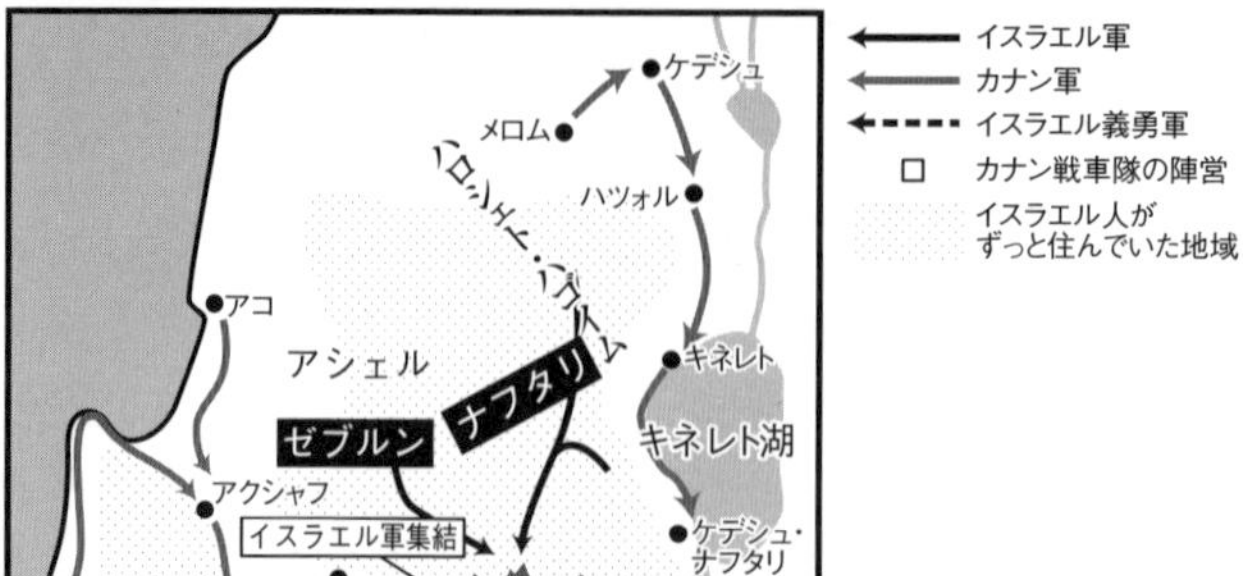
イスラエル軍
カナン軍
イスラエル義勇軍
カナン戦車隊の陣営
イスラエル人がずっと住んでいた地域
ケデシュ
メロム
ハツォル
ハロシェト・ハゴイム
アコ
アシェル
ナフタリ
ゼブルン
キネレト
キネレト湖
アクシャフ
イスラエル軍集結
ケデシュ・ナフタリ
タボル山
シムロン
ヨクネアム
ギレアド
イサカル
メギド
マキル
カナン軍集結
タナク
ベト・シェアン

デボラはナフタリ族のバラクに神の言葉を告げ、軍隊をタボル山に集結させる。そしてカナン軍を一気に打ち崩した。

士師ギデオン

士師ギデオンは、兵士の数が多すぎると神に言われたため、兵士を選抜する。

恐れおののく者はみな帰れ！ → 1万人が残る → 水辺に行き、水を手ですくって飲む者のみを残す。 → 300人が残る ⇒ この300人を率いて、ミディアン人12万人を倒す。

士師エフタの悲劇

神よ！私に勝利を与えて下されば
初めに私を迎えた者をあなたに捧げよう！
エフタを真っ先に出迎えたのはひとり娘だった
彼は嘆き悲しんだが、娘を神の生けにえとして捧げた
!!

2か月の間だけ私を自由にしてください。処女のまま死ぬことを泣き悲しみたいのです。
嘆き悲しむエフタに神との約束を守らなければならないと諭す。
エフタ
娘

このことから、イスラエルでは年に4日間、エフタの娘の死を悼んで、娘たちが家を出るしきたりができたと聖書は記す。

間近になると襲ってきて、イスラエル人の収穫物を略奪していたのだ。そこで神の命を受けたギデオンは、わずか300人で、12万人にのぼる敵兵を見事に討ち破ったのである。

士師のひとり・エフタは、アンモン人の手からイスラエル人を救った勇者である。彼は、戦いの前に神に誓った。「もしこの戦いに勝ったならば、私を最初に迎える者を主の物として捧げよう」。

彼は見事にアンモン人を討ち破ったが、戦いに勝利を収めたエフタが家に帰ったとき、喜んで真っ先に迎えてくれたのは、彼の最愛のひとり娘だった。しかしエフタは嘆き悲しみながらも神との約束を果たしたのである。

士師記

Judges

愛するデリラに裏切られたサムソンの壮絶な最期

士師サムソンは、一定の期間あるいは一生涯をひたすら神に仕えて生きるナジル人だった。ぶどう酒を断ち、頭髪を剃《そ》らずに生やしているのが特徴で、サムソンはまた、吠え猛《たけ》る獅子《しし》を素手で引き裂くほどの怪力を持ち合わせていた。

サムソンの使命は、ペリシテ人に奪われていたガザの町を取り返すことで、彼はペリシテ人との争いの日々を過ごしていた。そんな中、彼はペリシテ人のデリラという女性を愛するようになった。

デリラは、ペリシテ人たちに彼の弱点を探るように言われており、デリラの質問責めに、サムソンはついに髪を剃られたら怪力を失うという秘密を打ち明けてしまう。

その結果、デリラは眠っているサムソンの髪を剃り落とし、力をなくしたサムソンはペリシテ人に捕らえられ、両目をえぐられ牢屋に閉じ込められてしまった。

祭礼《さいれい》の日、ペリシテ人の領主《りょうしゅ》たちは、捕らえたサムソンを見せ物にしようと、3000人ものペリシテ人たちが集まる建物へと連れてきた。そのとき、連れ出されたサムソンは神に祈った。そして建物の2本の柱を力いっぱい押したのだ。すると柱は崩れ、そこにいたすべての人々は建物の下敷きになって死んでしまった。

彼がこのとき殺したペリシテ人の数は、彼がそれまでに殺した者よりも多かったと聖書は語る。

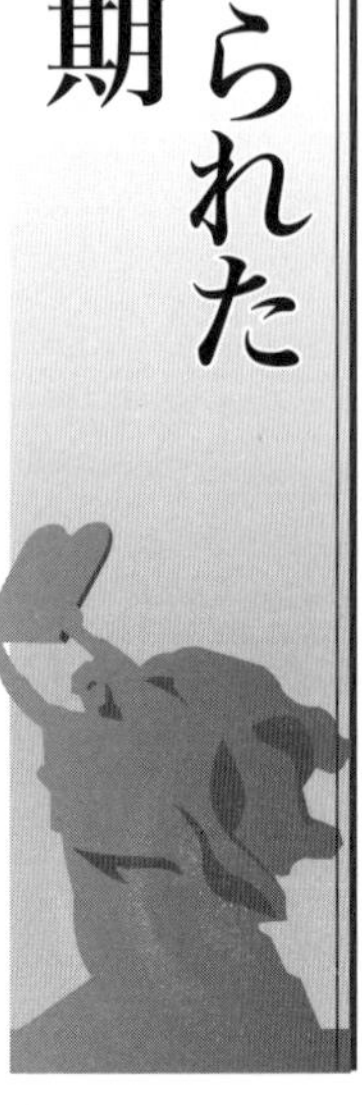

Episode エピソード

ペリシテ人と海の民

ペリシテ人は、エーゲ海のクレタ島の人々だと思われる。クレタ島が滅ぼされたあと地中海方面に進出しエジプトを脅かした強力な海の民となった。その後イスラエルとの激しい武力衝突が起こり、サムソンの物語はこうした背景をもとに生み出されたとされる。

ペリシテ人の策略にはまったサムソン

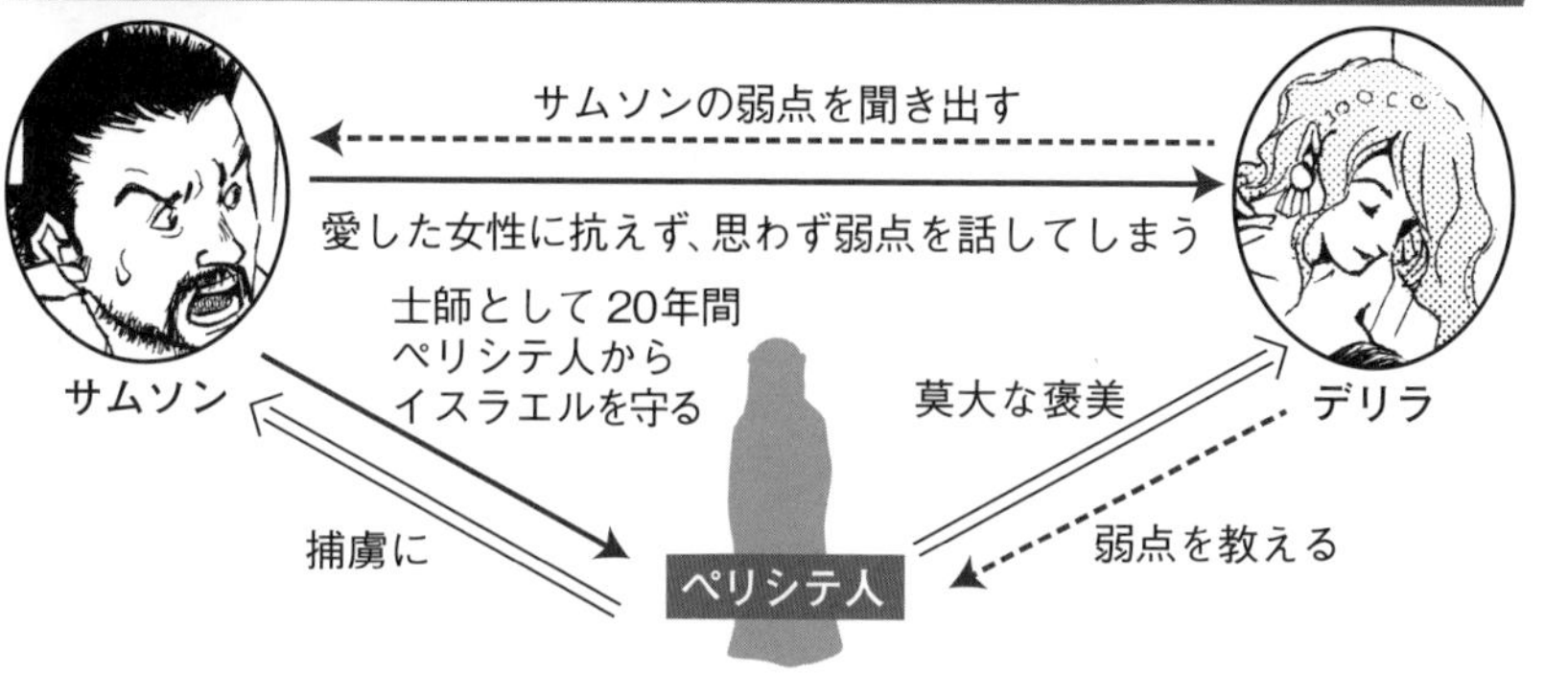
サムソンの弱点を聞き出す
愛した女性に抗えず、思わず弱点を話してしまう
士師として20年間
ペリシテ人から
イスラエルを守る
サムソン
莫大な褒美
デリラ
捕虜に
ペリシテ人
弱点を教える

髪の毛を剃り落とされると弱くなってしまうのだ
サムソンは愛するデリラに弱点を聞かれて教えてしまう
褒美に目がくらんだデリラはサムソンの髪の毛を剃り落とし
力の弱くなったサムソンはペリシテ人に捕らえられてしまった
…！
許さぬ、ペリシテ人！
神よ！私に今一度だけ
力をっ!!
見せ物にするために建物へと引き連れられたサムソンは、自らの死をもってペリシテ人に復讐を遂げた

ペリシテ人の策略にはまりサムソンは捕らえられたが、最後の力を振り絞り復讐を遂げた。

ルツ記

義母に献身的に尽くすルツに、神の祝福が与えられる

義母に献身的に仕えるルツ

義母ナオミのために
ルツは不平も言わず
献身的に働いた
ふぅー……
あの娘は誰だ？
ボアズ様
ルツという女性で
ございます

夫を亡くしたが、義母ナオミに付き従い献身的に尽くすルツにボアズは好意を抱き、結婚。これは当時のレビラート婚の慣習に従ったものとみられている。

レビラート婚

ルツと結婚したボアズはレビラート婚の慣習に則ったものとされる。夫に先立たれた妻が貧困に陥ったり娼婦となるのを防ぐもので、死んだ夫の兄弟、または近い親戚が残された妻と結婚する。

落ち穂拾い

モーセ律法にも記された、貧しい者が命をつなぐために認められた権利。畑の持ち主は落ち穂の回収を禁じられていた。ジャン＝フランソワ・ミレーが描いた「落穂拾い」はこの場面を描いたもの。

『ルツ記』は、士師の時代が終わりに近づいた頃の話である。この頃カナン一帯を飢饉が襲ったため、ベツレヘムに住んでいたエリメレクと妻ナオミ、その息子マフロンとキルヨンはモアブに移住した。そこで息子たちは妻を娶《めと》り、マフロンの妻はオルパ、キルヨンの妻はルツといった。

ところが、エリメレクと息子ふたりが相ついで亡くなってしまう。夫と息子を亡くしたナオミは故郷ベツレヘムに帰る決心をし、ルツもナオミと行動をともにした。

異国に行くことを決心したルツ

ルツを巡る相関図

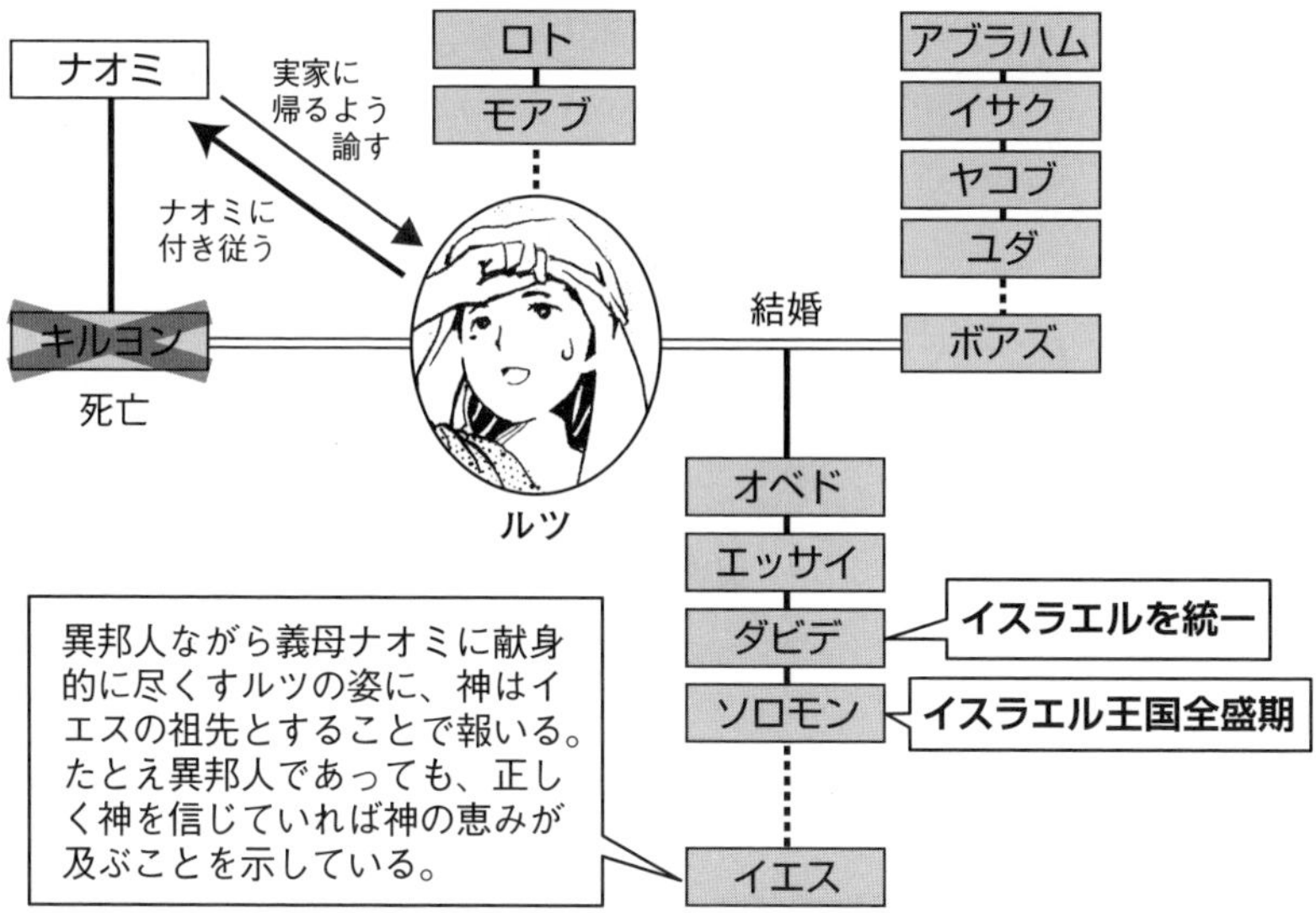
ナオミ
実家に帰るよう諭す
ナオミに付き従う
キルヨン
死亡
ロト
モアブ
ルツ
結婚
アブラハム
イサク
ヤコブ
ユダ
ボアズ
オベド
エッサイ
ダビデ
イスラエルを統一
ソロモン
イスラエル王国全盛期
イエス
異邦人ながら義母ナオミに献身的に尽くすルツの姿に、神はイエスの祖先とすることで報いる。たとえ異邦人であっても、正しく神を信じていれば神の恵みが及ぶことを示している。

聖書の謎 The Bible Episode

古代イスラエルの女性たち

古代イスラエル社会は完全な父権社会で、一夫多妻制が容認され、女性たちには法的な権利もほとんどなかったという。しかし聖書は、そんな一般的に語られる姿とはかけ離れた、家を治める母親や預言者、支配者として、家庭や社会で生き生きと活動するイスラエル女性の姿も伝えている。

は、そこで献身的にナオミに尽くす。モーセ律法では、貧しい人々のために畑に落ちた麦の穂は残しておくという決まりがあり、ルツは義母のために懸命に落ち穂を集めたのである。彼女が落ち穂を拾わせてもらう畑は、エリメレクの親戚にあたるボアズのものだった。

そのうちボアズは心の清いルツに好意を持つようになり、ついにふたりは結婚。幸せに暮らした。『ルツ記』によると、その後ルツは息子オベドを出産。このオベドの末裔《まつえい》がイエスといわれるため、ルツはイエスの先祖ということになるのだ。たとえ異邦人であっても正しい信仰を持ち、神に仕えるならば、神はその愛に報いるということを『ルツ記』は語るのである。

聖書の祭り② 過越祭

イスラエルの民を災いから救った神への感謝を捧げる祭り

過越祭《すぎこしまつり》は、ユダヤ教の三大祭のひとつで、春分後に祝われる祭りだ。旧約聖書によれば、この祭りの起源は出エジプト前夜にある。

モーセに率いられたイスラエル民族がエジプトを脱出しようとしたのに対して、エジプトのファラオは出国を認めず、重労働を課した。そこで神は、エジプトを10の災いによって襲わせたのである。その中には夜中にエジプトのすべての初子《ういご》を殺すというものもあった。

その際に、イスラエルの人々は、モーセの命令で家の入り口の2本の柱と鴨居《かもい》に子羊の血を塗って目印としたのだ。それを見た死の使いは、イスラエルの人々の家を「過ぎ越し」たため、彼らには災いが及ばなかった。自分たちの神による救いを体験するというこうした出来事をふまえて、かつて奴隷状態にあった祖先の苦しみと、出エジプトによる自由と解放を思い起こし、感謝を捧げる祭りとして行なわれるようになったのが過越祭なのである。

過越祭は、ユダヤ暦のニサン月(3~4月)の14日の夜に始まって、1週間続く。その最初の日には、セデルと呼ばれる聖餐《せいさん》を催す。その食卓には、かつてエルサレム神殿で生けにえとして捧げられた子羊や、イスラエルの流浪《るろう》の象徴である酵母の入っていないパン(種入れぬパン)などが並ぶ。

これらを食べて先祖の歴史をしのぶとともに、出エジプトを讃美する「ハガダー」と呼ばれる詩編《しへん》を唱和して、奴隷身分からの解放と自由を祝うのがセデルである。セデルは過越祭の最も重要な儀式であり、夜中まで続く。

イエス・キリストの受難の前夜には、有名な最後《さいご》の晩餐《ばんさん》が行なわれたが、これも過越祭の食事の性格を持っていたのではないかといわれている。

第3章
王の時代

サムエル記

Samuel

神の言葉を民に伝えてイスラエルを守った預言者サムエル

・サムエルの誕生と当時のイスラエルの状況・

サムエルが士師となったとき、イスラエルはペリシテ人の脅威にさらされていた。サムエルはイスラエルの民を守ったが、民の間で王を待ち望む声が次第に上がり始める。

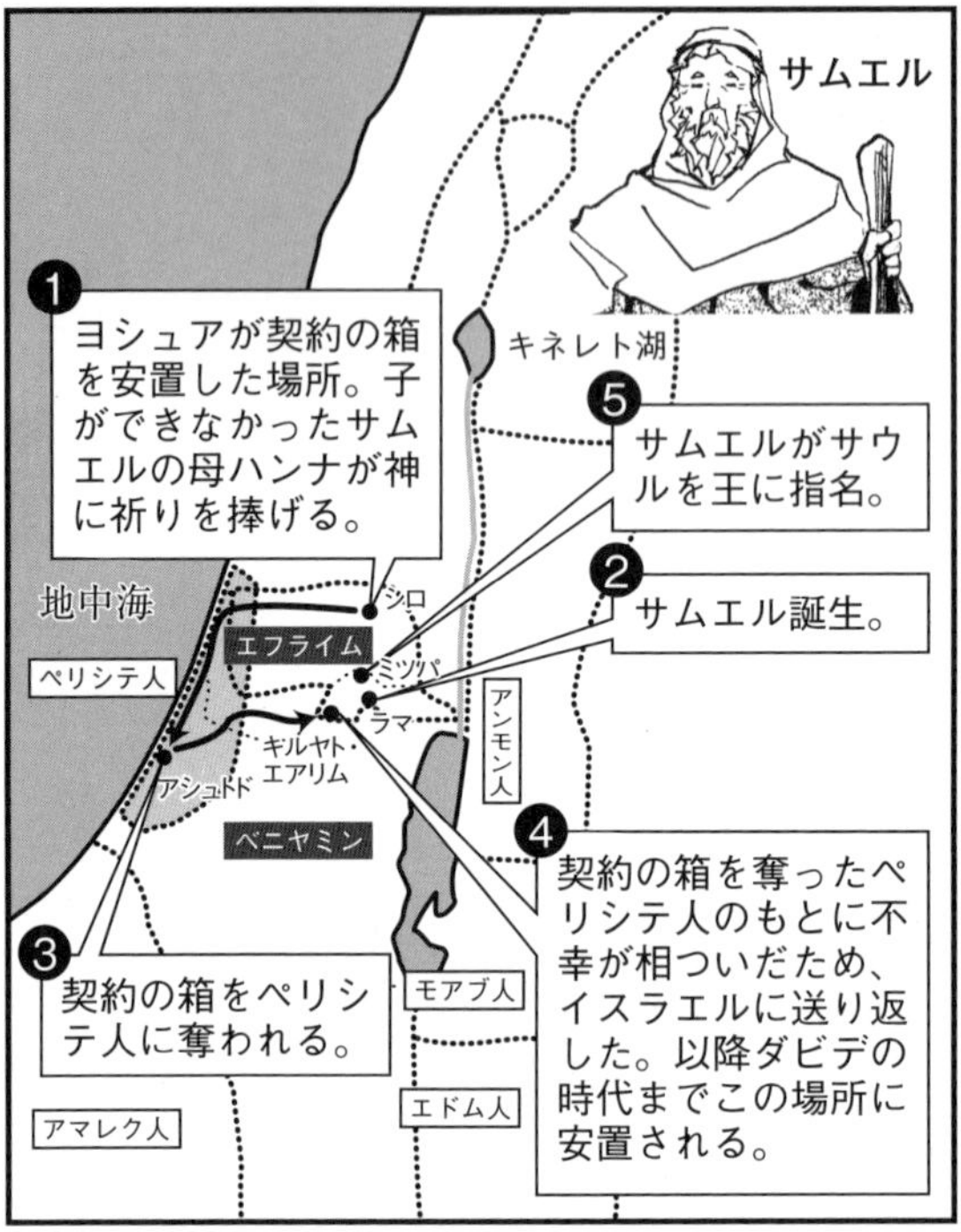
サムエル
キネレト湖
地中海
ペリシテ人
エフライム
シロ
ミツパ
ラマ
キルヤト・エアリム
アシュドド
ベニヤミン
アンモン人
モアブ人
エドム人
アマレク人
1 ヨシュアが契約の箱を安置した場所。子ができなかったサムエルの母ハンナが神に祈りを捧げる。
2 サムエル誕生。
3 契約の箱をペリシテ人に奪われる。
4 契約の箱を奪ったペリシテ人のもとに不幸が相ついだため、イスラエルに送り返した。以降ダビデの時代までこの場所に安置される。
5 サムエルがサウルを王に指名。

『サムエル記』には、最後の士《し》師《し》であり預言者《よげんしゃ》であるサムエルが、古代イスラエル初代の王を選ぶまでの経緯が記されている。

紀元前1100年頃、ずっと子どもに恵まれなかったハンナという女性が、神に熱心に祈り、もし男の子が生まれたら、その子の一生を神に捧げると誓った。

待望の子どもが授かると、ハンナは「その名は神」という意のサムエルという名前をつける。そしてサムエルが歩けるようになると、神との約束通り神殿に連れて行き、大祭司《さいし》エリに預けたのだった。

主以外の神を拝み裁かれるイスラエルの民

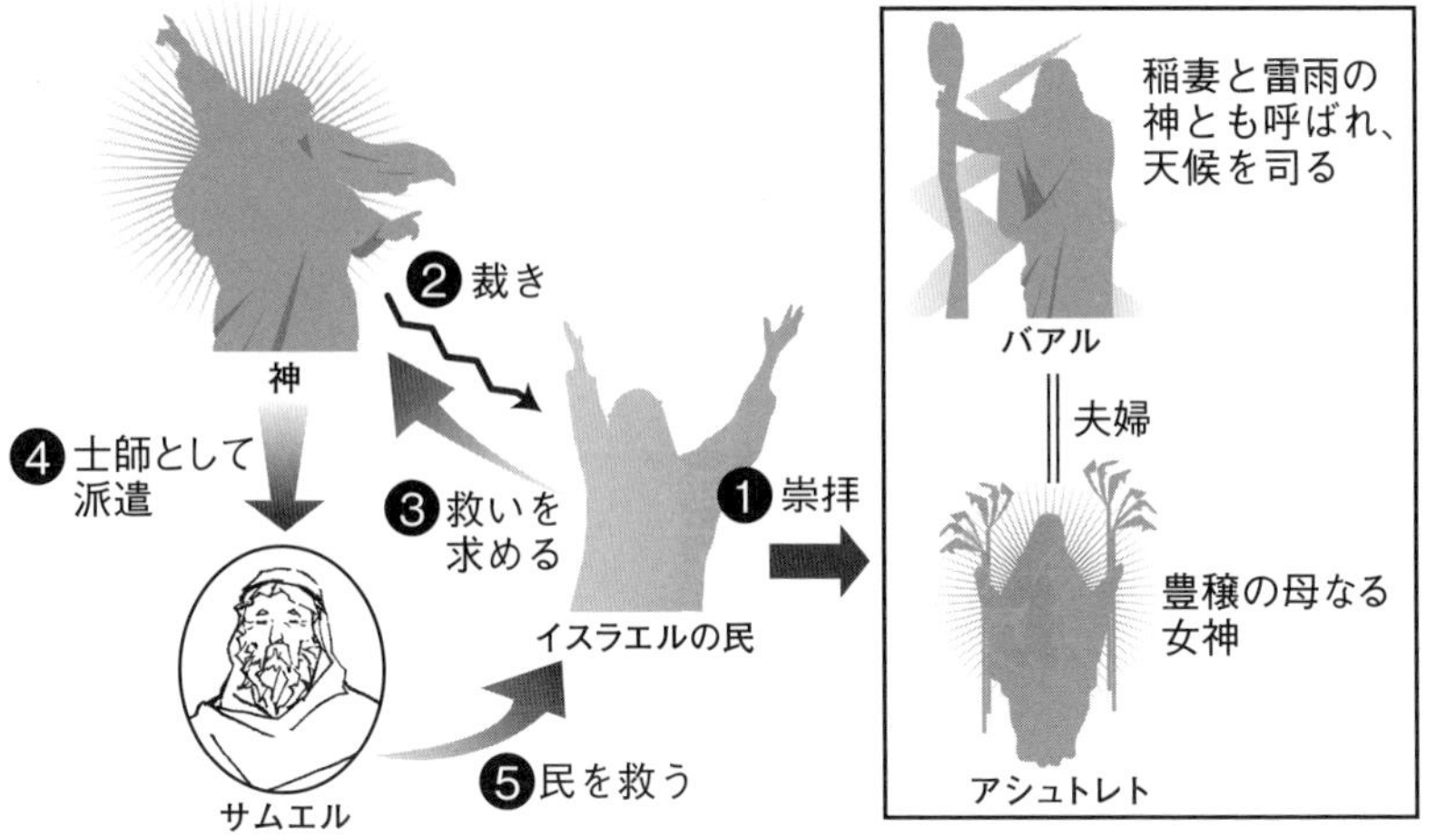

神
❷裁き
❹士師として派遣
❸救いを求める
イスラエルの民
❶崇拝
サムエル
❺民を救う
稲妻と雷雨の神とも呼ばれ、天候を司る
バアル
夫婦
豊穣の母なる女神
アシュトレト

エジプトからカナンに移住し農作業に従事するようになったイスラエルの民は、豊作を願い異邦の神を拝むようになった。神はこの裏切りに対して裁きを下し、苦しんだ人々が心を改めたため、サムエルを派遣してイスラエルの民を救った。

聖書の謎 The Bible Episode

ウガリットのバアル神話

ウガリットの遺跡から発掘された粘土板にバアル神の神話が書かれていた。それによると、バアルはふたりの兄弟と戦うが死の神モトに殺される。バアルの妹神アナテは、バアルの死を嘆き、モトを殺害。するとバアルは蘇り、蘇ったバアルとアナテの間に大地の豊穣の証である生命が宿ったという。

ある夜、サムエルが寝ていると、彼の名を呼ぶ声がした。サムエルが「主《しゅ》よ、お話しください」と言うと、神が彼に向かって語り始めたのである。このとき以来、サムエルは神の声を聞くようになり、それがすべて現実のものになったため、イスラエルの民は彼を真の預言者であるとして称えたのだった。

この頃イスラエルは、ペリシテ人によって激しい攻撃を受け、多くの人々が苦しんでいた。そのためサムエルは国を救うため、イスラエルの民に神の言葉を伝え、その言葉を聞いた人々は直ちに悔い改め、神に誓いを立てた。神はそれに応え、サムエルを通じてペリシテ人の攻撃からイスラエルを守り続けたのだった。

サムエル記
Samuel

イスラエルの民が待ち望んだ 初代国王・サウルの誕生

長い間イスラエルを守ってきたサムエルも年老いたため、後継者を決めなければならなくなった。しかしサムエルの子は父と同じ道を継ごうとはせず、そのためイスラエルの長老たちは、ほかの国のように国王を立てることを望む。

サムエルは、国王を立てることはイスラエルの滅びにつながると反対したが、神はこれを必要悪のひとつとして容認するよう告げたのだった。

そして神は、ベニヤミン族のサウルを王に選び、それをサムエルに告げる。サムエルはサウルを一晩家に泊まらせ、彼と語り明かした。そして翌日、彼の頭に油を注ぎ、イスラエルの王として指名したのだった。この行為は神に仕える者を聖別《せいべつ》する儀式であったが、のち王の任命の儀式となる。

こうしてイスラエルに初めて王が誕生したが、民の中には最初は拒否する者もいた。

サウルが王として認められたのは、ヤベシュの町がアンモン人に包囲されたとき、イスラエル全土から民兵を召集して町を救ってからである。民からの信望を集めたサウルは、2年間イスラエルを統治した。しかし、当初サムエルが抱いた不安はやがて現実のものとなってくる。ペリシテ人に対する勝利に驕《おご》り高ぶり、サウル王は次第に私欲に走るようになっていくのだ。

Episode エピソード

人々が王を求めた理由

これまでイスラエルには王はいなかった。それは、この世を統治するのは神のみという考えに基づく。しかし人口増加による農地の不足という内因と、異邦の民による脅威という外因があったため、人々はこれらに対応するため、これまでにない強い力を持つ指導者を求めたのだ。

イスラエルの王の誕生と神の警告

王を求めるイスラエルの民に、神は警告を与えた。

神

あなたたちは王の奴隷となる。あなたたちが泣き叫んでも、救いは訪れない。
（サムエル記上８章17–18節）

それでも王を求める声に、神はサウルを王として選出した。

サムエル様をご存じありませんか?
わたしだ
サウルよ あなたに伝えたいことがある
神は
あなたをイスラエルの王に選ばれた
わ…わたしが……!?
サムエルはサウルに油を注ぎ、サウルを王とする儀式を行なった
こうしてイスラエルに
初めての王が誕生した
われわれの王だ!
サウル王、ばんざい!!

羊飼いの少年ダビデが、一転イスラエルの英雄となる

イスラエルの初めての王となったサウルだったが、次第に神への忠誠心を失っていく。神ですら、「サウルを王にしたことを悔いる」と嘆くほどだったというから、相当なものであっただろう。

そこでサムエルはサウルと決別し、神の命を受けてベツレヘムのエッサイという羊飼いのところへ向かう。その末の息子ダビデは健《すこ》やかで、詩を作り、竪琴《たてごと》を弾くのが得意な少年だった。サムエルはこの少年こそ王にふさわしいと考え、王となるしるしの油をダビデの頭に注いだのだった。

サウルの背信とダビデの活躍

王となったサウルは領土を拡大するが、神への背信行為を繰り返すようになる。

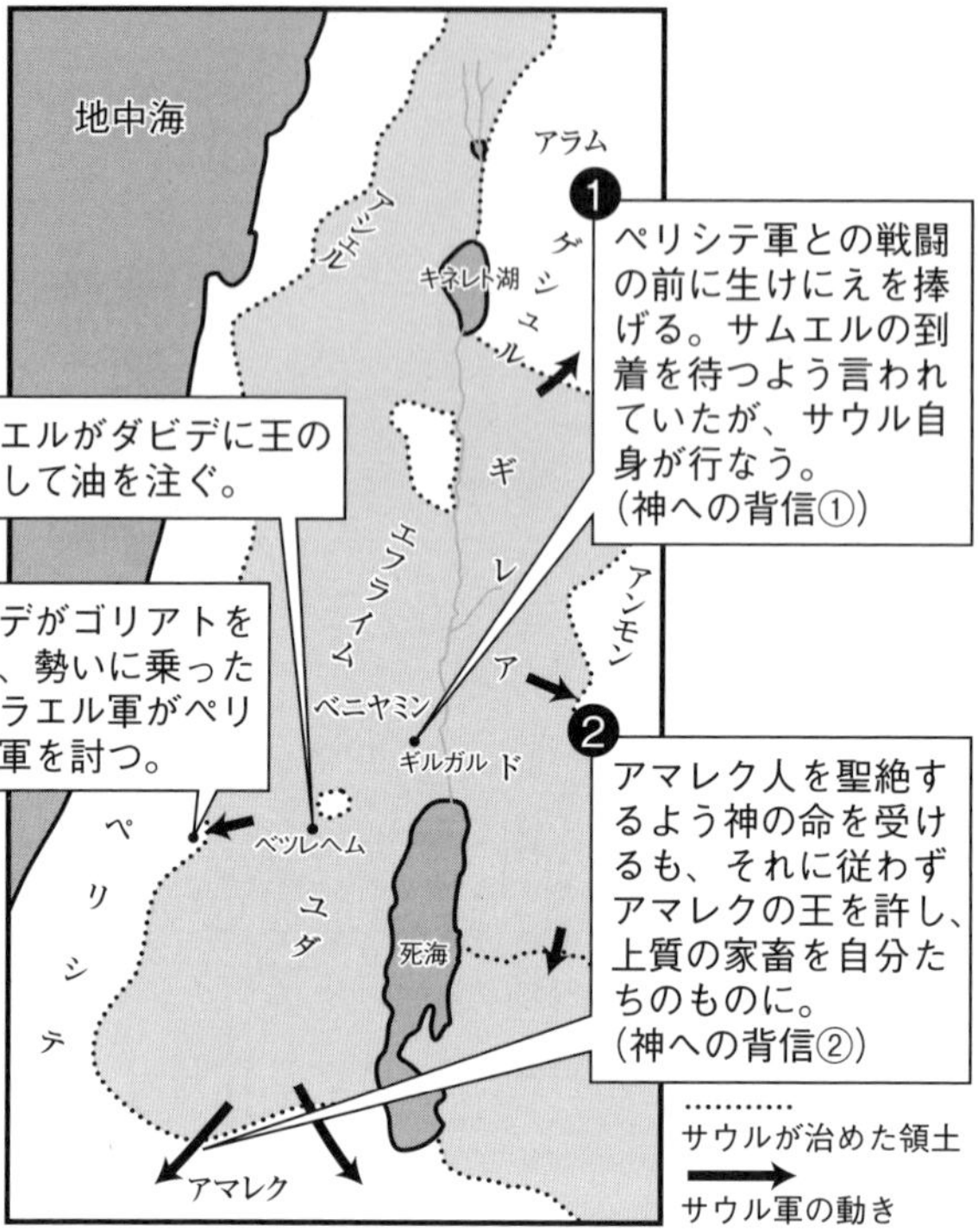
地中海
アラム
アシェル
ゲシュル
キネレト湖
ギレアド
エフライム
アンモン
ベニヤミン
ギルガル
ベツレヘム
ペリシテ
ユダ
死海
アマレク
1 ペリシテ軍との戦闘の前に生けにえを捧げる。サムエルの到着を待つよう言われていたが、サウル自身が行なう。(神への背信①)
2 アマレク人を聖絶するよう神の命を受けるも、それに従わずアマレクの王を許し、上質の家畜を自分たちのものに。(神への背信②)
3 サムエルがダビデに王の証として油を注ぐ。
4 ダビデがゴリアトを倒し、勢いに乗ったイスラエル軍がペリシテ軍を討つ。
サウルが治めた領土
サウル軍の動き

サウルとダビデを巡る相関図

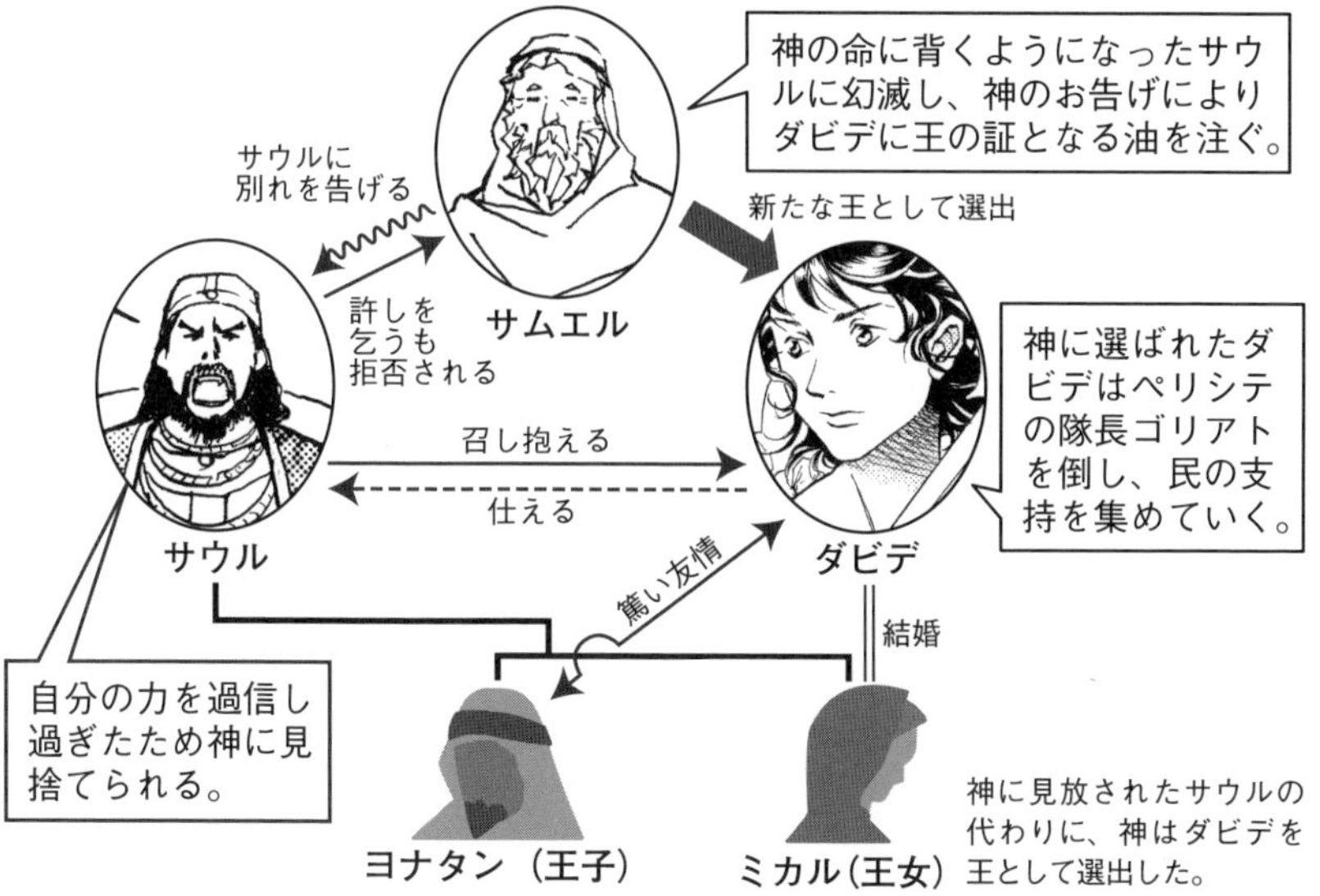
神の命に背くようになったサウルに幻滅し、神のお告げによりダビデに王の証となる油を注ぐ。
サウルに別れを告げる
新たな王として選出
許しを乞うも拒否される
サムエル
神に選ばれたダビデはペリシテの隊長ゴリアトを倒し、民の支持を集めていく。
召し抱える
仕える
サウル
ダビデ
篤い友情
結婚
自分の力を過信し過ぎたため神に見捨てられる。
ヨナタン（王子）
ミカル(王女)
神に見放されたサウルの代わりに、神はダビデを王として選出した。

聖書の謎 The Bible Episode

巨人ゴリアトは実在した？

ゴリアトは身の丈約３mの歴戦の戦士だった。とても普通の人間だとは思えないが、ガトの遺跡でゴリアトという名が刻まれた紀元前10～9世紀の土器片が見つかった。聖書の時期より100年ほど遅いため、ダビデが倒したゴリアトではないと思われるが、このような名がガトの町に実在したというのは興味深い。

一方、サムエルに見捨てられたサウルは、悪霊に悩まされるようになった。そんなとき、竪琴を巧みに弾く者がいて、その音色を聞けば悪霊が去るということを耳にしたサウルは、その者を召し出す。それが、ダビデだった。ダビデの音楽は王に気に入られ、そして彼はたちまち宮廷の人気者になった。

ところがサウル王が病気だと聞きつけたペリシテ人が、イスラエルに攻め込んできたのである。彼らの先頭には巨人ゴリアトがいて、誰もが怯えた。しかしダビデは、石投げ弓と5個の石を持って果敢にも勝負を挑み、勝利を収めたのである。ゴリアトが殺されたのを見たペリシテ人は敗走。ダビデは一躍イスラエルの英雄となった。

サムエル記

Samuel

嫉妬に狂うサウルに暗殺されかけたダビデが、放浪の末ユダ王国の王となる

ダビデに嫉妬するサウル

ダビデ！ダビデ！
サウルは千を討ち、ダビデは万を討った!!
ダビデを
殺せ!!
ダビデの人気に嫉妬したサウルは、ダビデの暗殺を命じた

100人のペリシテ人を殺せば娘ミカルを与えよう。
(ペリシテ人の手で殺害させようとする)
→ 神の祝福が与えられているダビデは倍の200人を倒し、ミカルと結婚。

家来に命じダビデの暗殺を企てる。
→ ミカルによって逃がされる。

サウルの暗殺から逃れるためにダビデは逃亡の旅へ。

ダビデの人気は民衆の間にも広がり、ほどなく「サウルは千を討ち、ダビデは万を討った」とダビデを賞賛する歌を歌うようになった。そのような状況が続き、サウルは次第に、ダビデの人気に嫉妬するようになっていく。そしてついにダビデを殺そうとしたのである。その結果、ダビデは逃亡。国の南部を放浪する身となった。

ダビデはペリシテ人の領内にまで逃げ込むなど、苦しい逃亡の旅を続けた。だがあるとき、ダビデが洞窟《どうくつ》の中に隠れていると、そこにダビデを追ったサウルの軍が一

ダビデの逃避行

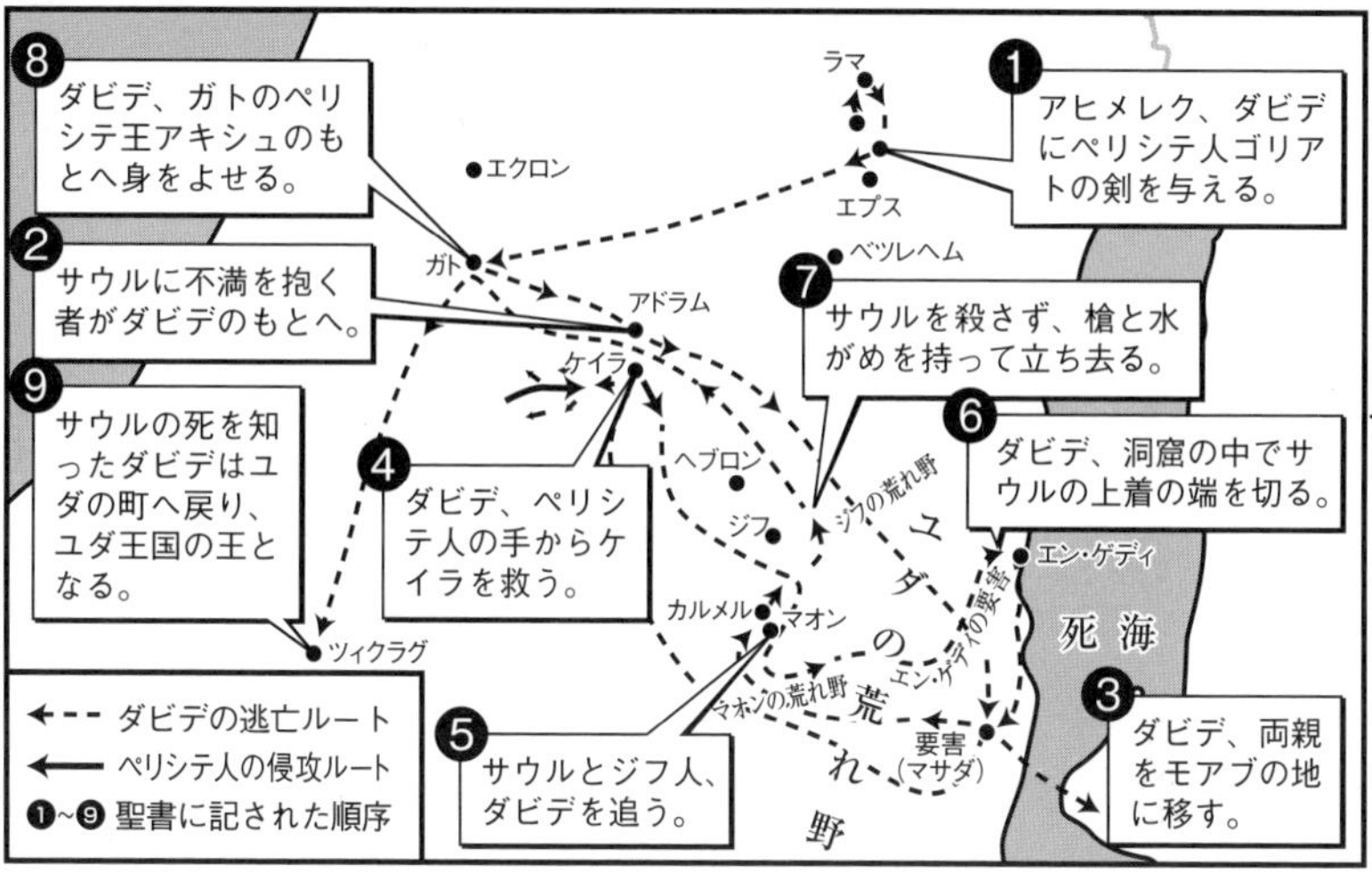

ラマ
エプス
エクロン
ガト
ベツレヘム
アドラム
ケイラ
ヘブロン
ジフ
カルメル
マオン
ツィクラグ
ジフの荒れ野
マオンの荒れ野
エン・ゲディの要害
エン・ゲディ
要害（マサダ）
死海
ユダの荒れ野
❶ アヒメレク、ダビデにペリシテ人ゴリアトの剣を与える。
❷ サウルに不満を抱く者がダビデのもとへ。
❸ ダビデ、両親をモアブの地に移す。
❹ ダビデ、ペリシテ人の手からケイラを救う。
❺ サウルとジフ人、ダビデを追う。
❻ ダビデ、洞窟の中でサウルの上着の端を切る。
❼ サウルを殺さず、槍と水がめを持って立ち去る。
❽ ダビデ、ガトのペリシテ王アキシュのもとへ身をよせる。
❾ サウルの死を知ったダビデはユダの町へ戻り、ユダ王国の王となる。
ダビデの逃亡ルート
ペリシテ人の侵攻ルート
❶~❾ 聖書に記された順序

サウルに追われたダビデは敵対しているペリシテ領に逃げ込むなど、厳しい放浪の日々を過ごす。しかしサウルの死を知ったダビデは故国へと戻り、そしてユダ王国の王に任命された。

聖書の謎 The Bible Episode

サウルの王子・ヨナタン

サウルの長男ヨナタンは、武勇に優れ、ペリシテ人相手に数々の戦功を残した。ヨナタンはダビデを心から愛し、父がダビデを殺害する計画を知ると、ダビデを逃がすために色々と画策したのである。そんなヨナタンが戦死した報を聞いたダビデはその死を嘆き、そして彼の子どもたちを厚遇し続けたのであった。

休みするために入ってきたのである。奥にダビデがいることも気づかず眠っているサウルだったが、ダビデは殺さず、眠っているサウルの上着の裾《すそ》を切り取るだけにとどめた。翌朝、洞窟を出て行軍を始めたサウルを、ダビデが後ろから呼び止める。サウルは、ダビデが自分を殺せたのに殺さなかったことに対し、涙を流し、改心した。

その後、サウル軍はペリシテ人とギルボア山で戦い、王子ヨナタンが戦死。そして深手を負ったサウルは、自分の剣の上に倒れ込んで自害する。

サウルの死を聞いたダビデは国に戻り、そしてサウルが築いた王国の南半分、ユダ国の王となった。ダビデ、30歳のときのことだった。

サムエル記
Samuel

ダビデがイスラエルを統一し、最強国に押し上げる

ダビデがユダの王位に就く一方で、サウル軍の長であったアブネルはサウルのただひとり残った息子イシュ・ボシェトを擁立し、2年間、イスラエルの11部族を支配した。

ダビデとアブネルの間では激しい争いが続いたが、サウルの息子が亡くなると、イスラエル部族のすべての指導者がダビデのもとに訪れてこう言ったのであった。「今日からあなたがわれわれを治めるという契約を、主《しゅ》の前で結んで下さい」。

こうして、イスラエルの長老たちから油を注がれ、ダビデはイスラエル統一王国の王となる。ダビデ、38歳のときだった。

王となったダビデは、まずエルサレムを王国の首都とする。そして契約の箱をエルサレムに移したため、エルサレムは「聖都」となった。

また周辺地域に次々と遠征し、モアブ人、エドム人、アンモン人などの諸国を服属させた。さらには難敵であったペリシテ人をことごとく討ち破り、ついに支配下に置くことに成功したのである。

こうしてダビデのもとで、弱小国だったイスラエル王国は、メソポタミアからエジプトにかけての地域間で最強の王国となった。

ダビデの統治は33年間という長期に及び、後世にイスラエル史上最も理想的な王として称えられた。

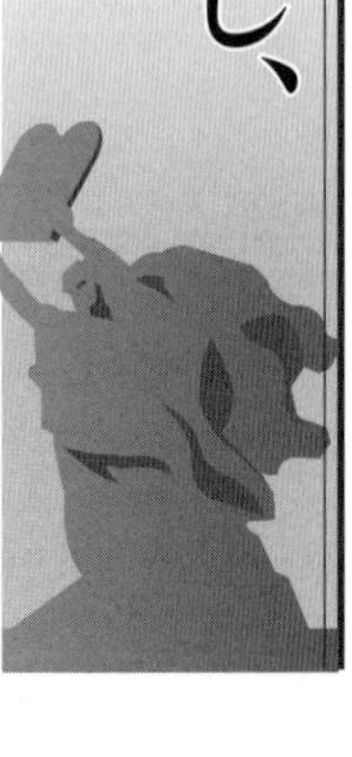

Episode エピソード

首都・エルサレム

ダビデが首都をエルサレムにしたのは、ここが難攻不落の地形であり、王国の中央にあるというだけではなかった。その頃のイスラエルは北の10部族と南の2部族で対立しており、どの部族にも属していなかったエルサレムを首都とすることで、どこからも不平が出ないようにしたのだ。

ダビデによる全イスラエル統一

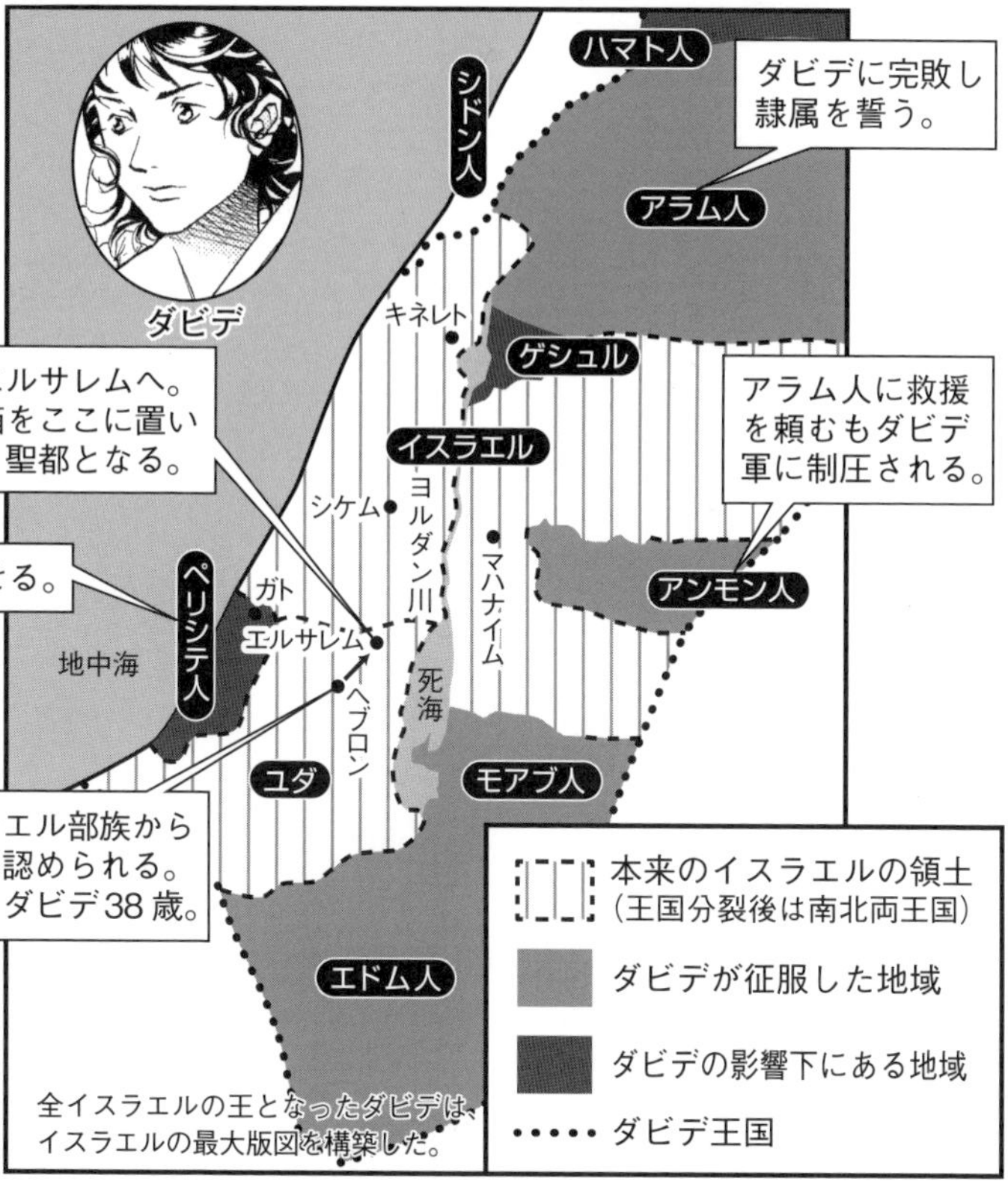

ダビデ
ハマト人
シドン人
ダビデに完敗し隷属を誓う。
アラム人
キネレト
ゲシュル
首都をエルサレムへ。契約の箱をここに置いたため、聖都となる。
アラム人に救援を頼むもダビデ軍に制圧される。
イスラエル
シケム
ヨルダン川
マハナイム
服従させる。
ペリシテ人
ガト
エルサレム
アンモン人
地中海
死海
ヘブロン
ユダ
モアブ人
全イスラエル部族から王として認められる。このときダビデ38歳。
本来のイスラエルの領土（王国分裂後は南北両王国）
ダビデが征服した地域
ダビデの影響下にある地域
ダビデ王国
エドム人
全イスラエルの王となったダビデは、イスラエルの最大版図を構築した。

神がダビデと交わした約束

イスラエルを統一したダビデに、神の祝福が与えられる。

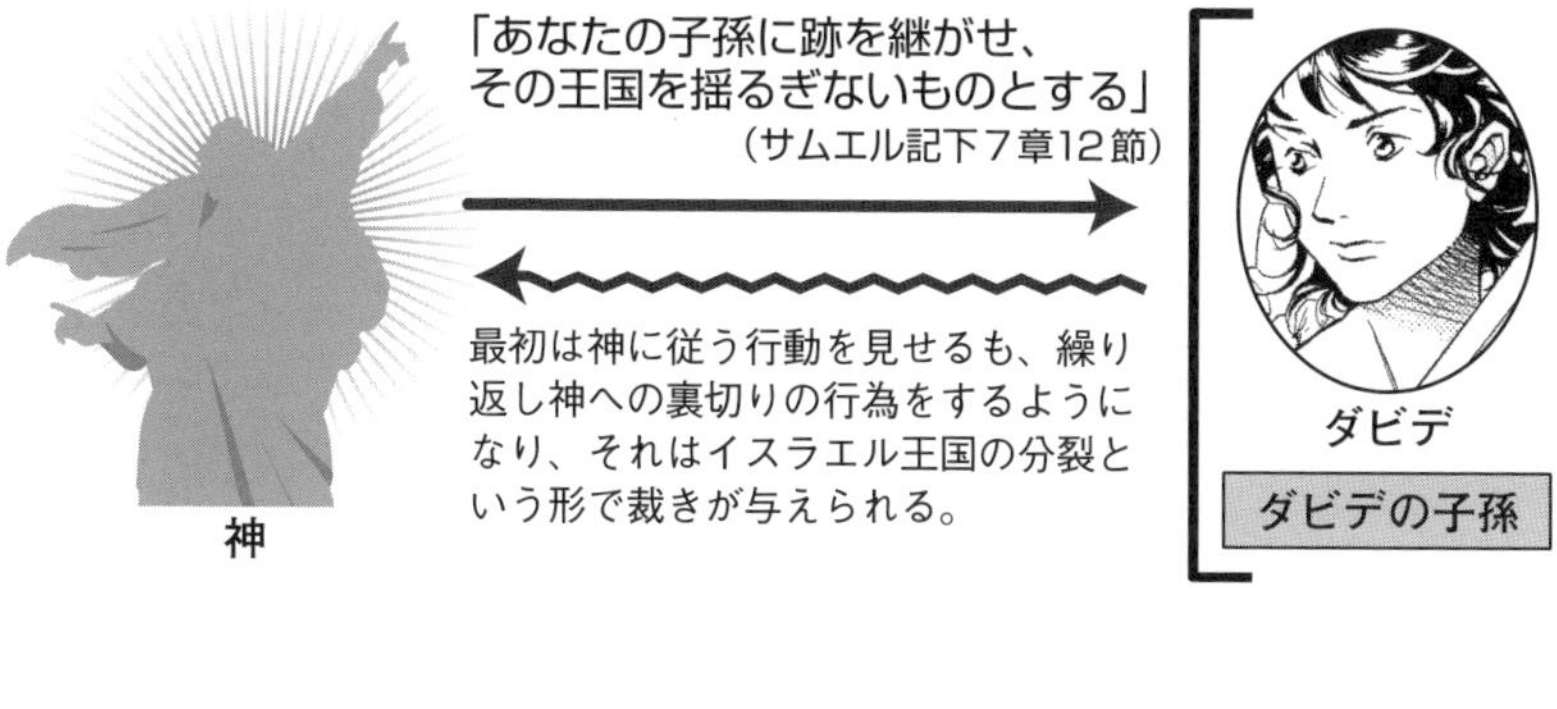

「あなたの子孫に跡を継がせ、
その王国を揺るぎないものとする」
（サムエル記下７章12節）
最初は神に従う行動を見せるも、繰り返し神への裏切りの行為をするようになり、それはイスラエル王国の分裂という形で裁きが与えられる。
神
ダビデ
ダビデの子孫

サムエル記
Samuel

部下の妻と不倫したダビデに神の裁きが下される

神の祝福を受けて、羊飼いからイスラエルの偉大な王となったダビデだったが、そんな彼も大罪を犯し、神の裁きが下《くだ》される日が訪れた。

「ダビデの勇士」のひとり、ウリヤの妻はバト・シェバといい、大変な美人だった。ウリヤが戦場に繰り出していたある日、宮殿に残っていたダビデはバト・シェバと密通し、あろうことか妊娠までさせてしまうのである。

困ったダビデはウリヤを前線から呼び戻して妻と床をともにさせ、このことをごまかそうとしたが失敗。ついにダビデは強硬手段に出、ウリヤを激戦の地に送り、戦死させよとの命を下したのだった。こうしてウリヤは戦死し、ダビデはバト・シェバを妻に迎えるが、ダビデのこの行為が、神の怒りを買うこととなる。

怒った神は、預言者ナタンをダビデのもとへ遣わす。そしてナタンは、ダビデの家では今後、強姦や兄弟殺しなど、争いが止むことはないだろうと告げた。またダビデの命は救うが、バト・シェバのお腹の子どもは必ず死ぬだろうとの預言を伝える。

その言葉通り、バト・シェバとの最初の子どもは生後間もなくして亡くなってしまう。そして息子アブサロムがダビデに対して反乱を起こし、ダビデに衝撃を与えたのであった。

Episode エピソード
ダビデは実在した？

1990年代に、イスラエルのダン遺跡からアラム語の碑文《ひぶん》が発見された。これは前845年頃にイスラエル王国とユダ王国を破った、シリア王の戦勝記念碑と考えられている。そしてその断片に「ダビデの家」と刻まれていたことから、ダビデが実在したとの論争を引き起こした。

律法を破ったダビデに与えられた神の裁き

姦通の罪を犯したダビデに対して、神は預言者ナタンを遣わし罰を与える。

バト・シェバと姦通し
その夫の殺害を命じたダビデに
預言者ナタンによって神の言葉が告げられる
生まれてくるあなたの子は必ず死ぬ……!

生まれてくるあなたの子は必ず死ぬ

➡バト・シェバとの間にできた子が、生後1週間で死ぬ。

剣はとこしえにあなたの家から去らないであろう

➡長兄アムノンが妹タマルを犯し、それを知った三男アブサロムがアムノンを殺害。その後王位を狙って父ダビデにクーデターを起こす。

あなたの目の前で妻を取り上げ、あなたの隣人に与える

➡アブサロムによって妻たちを犯される。

ダビデの家系図

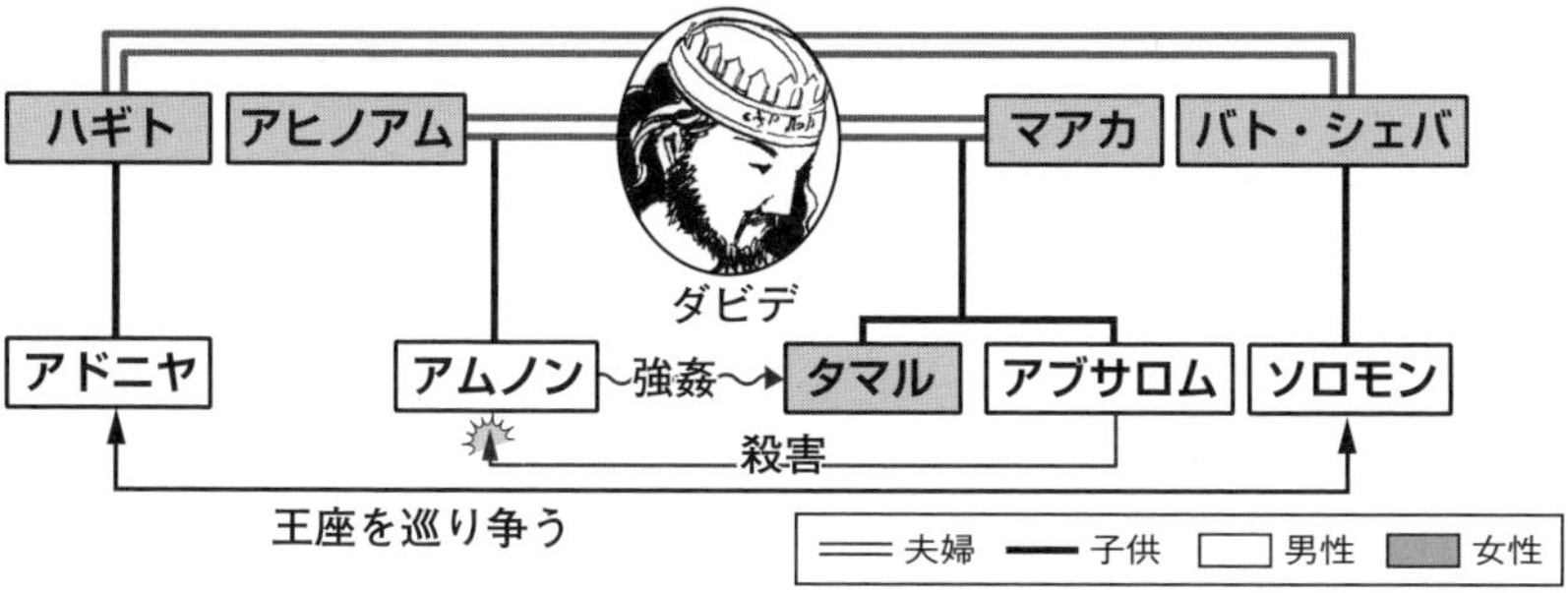
ハギト
アヒノアム
マアカ
バト・シェバ
ダビデ
アドニヤ
アムノン
強姦
タマル
アブサロム
ソロモン
殺害
王座を巡り争う
夫婦
子供
男性
女性

サムエル記

Samuel

アブサロムのクーデターによって泣きながら落ちのびるダビデ

アブサロムの反乱

妹タマルを犯した兄アムノンをダビデが罰しなかったため、アブサロムはアムノンを殺害する。

①お咎めなし
②殺害
③激怒
④不満
国外逃亡へ
アムノン
ダビデ
アブサロム

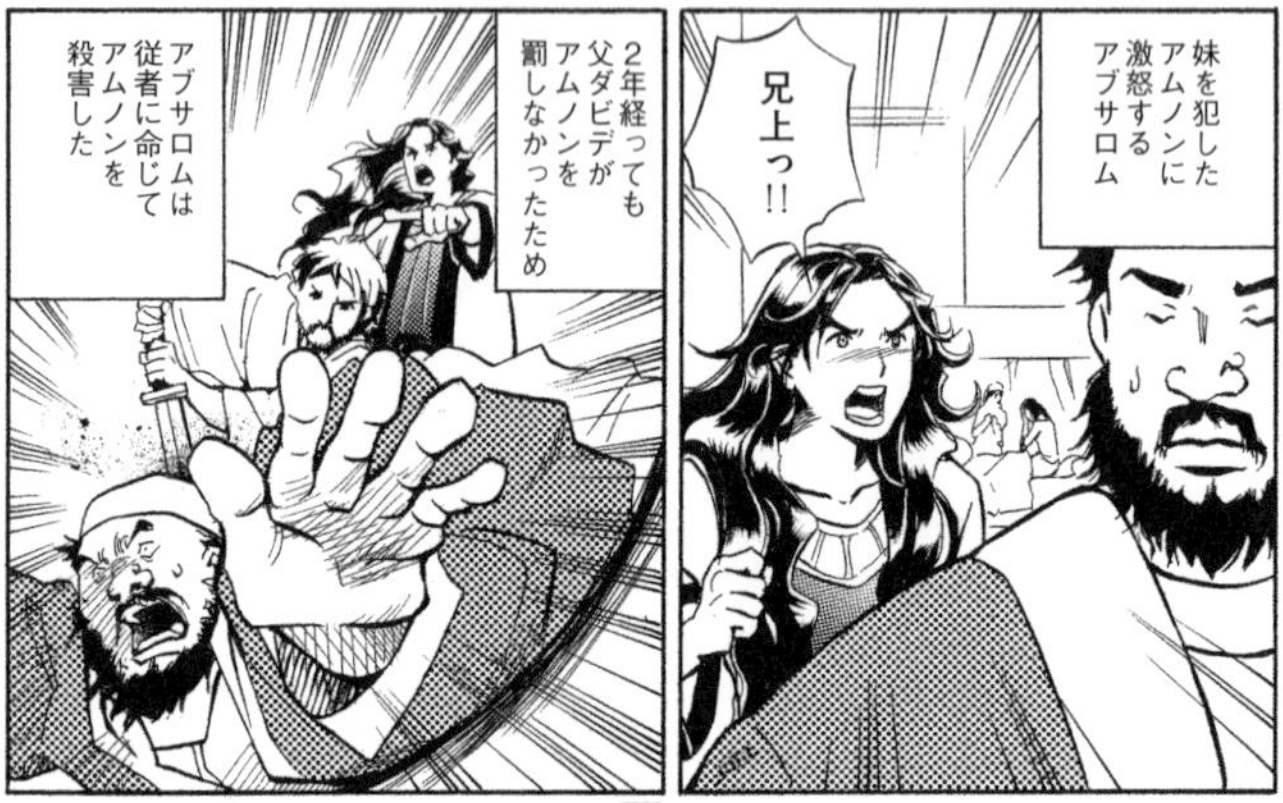

妹を犯したアムノンに激怒するアブサロム
兄上っ!!
2年経っても父ダビデがアムノンを罰しなかったため
アブサロムは従者に命じてアムノンを殺害した

アムノンを殺害して国外に逃亡したアブサロムに対して ダビデは激怒。そんな父の態度に不満が募ったアブサロムは クーデターを起こす。

神の裁きによって起きたアブサロムの謀反《むほん》は、もとはダビデの長男アムノンが、妹タマルを陵辱《りょうじょく》した事件に端を発する。

タマルから一部始終を聞いた兄弟のひとり、アブサロムは、自ら妹の復讐をすることを決意。アムノンを殺害して国外に逃亡してしまう。のち父に呼び戻されてアブサロムは家に戻ったが、ダビデはその怒りを解こうとしなかった。

このような父の態度に不満を募らせたアブサロムは、ついにダビデに対してクーデターを起こす。密かに各部族を味方につけていた

アブサロムのクーデターと死

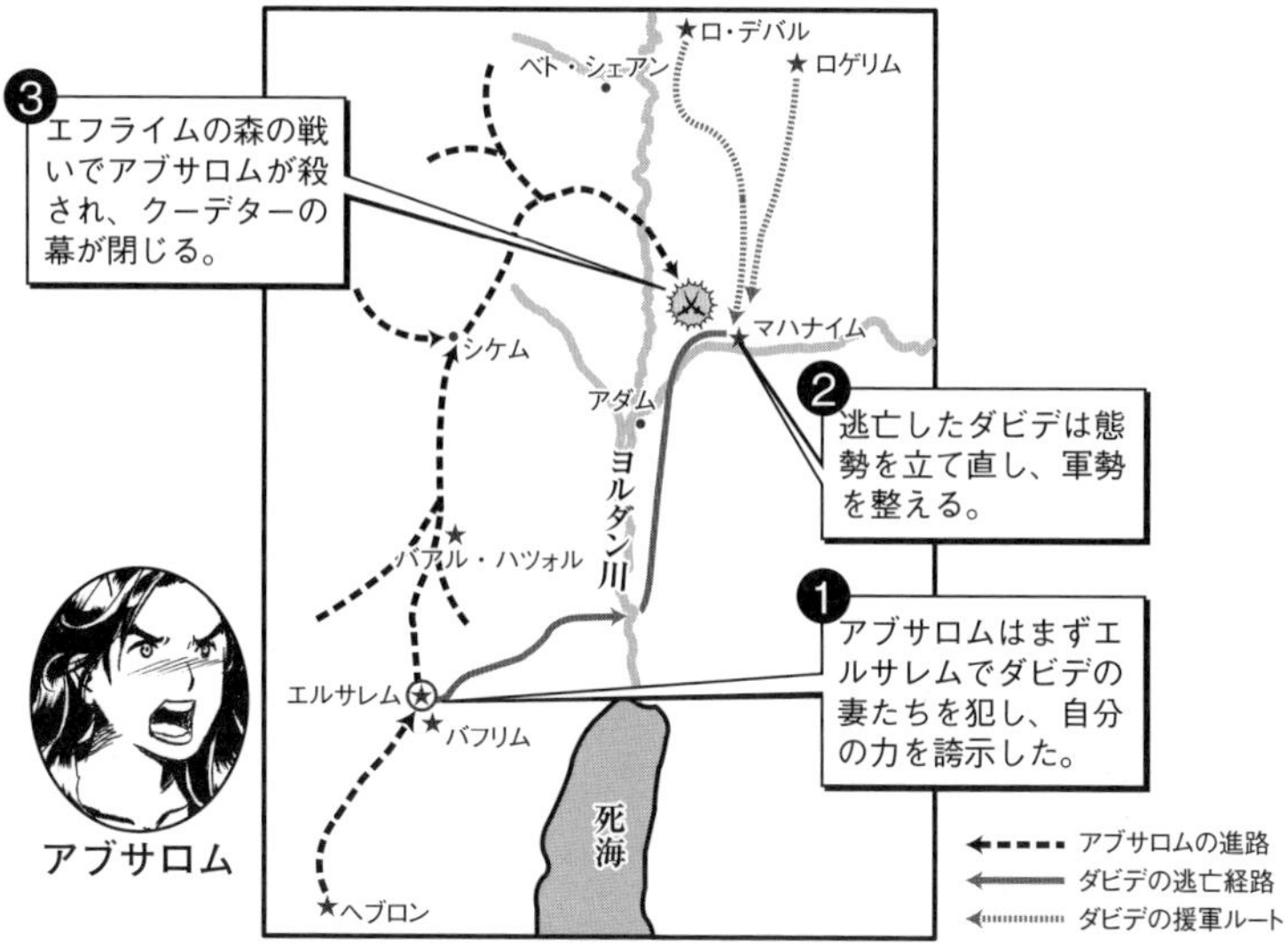
ロ・デバル
ロゲリム
ベト・シェアン
3
エフライムの森の戦いでアブサロムが殺され、クーデターの幕が閉じる。
マハナイム
シケム
アダム
2
逃亡したダビデは態勢を立て直し、軍勢を整える。
ヨルダン川
バアル・ハツォル
1
アブサロムはまずエルサレムでダビデの妻たちを犯し、自分の力を誇示した。
エルサレム
バフリム
死海
ヘブロン
アブサロム
アブサロムの進路
ダビデの逃亡経路
ダビデの援軍ルート

ダビデはアブサロム軍を討ち破り、イスラエルの王に返り咲いた。

聖書の謎 The Bible Episode

ダビデの人物像

ダビデは、旧約聖書に登場する人物の中でも最も個性豊かな人物である。彼ほど巧妙にイスラエルの12部族をまとめ、統一した者は歴史を振り返っても存在しないといえる。彼はまた音楽や文学の才にも恵まれ、多くの詩編が彼によって書かれたという。そんな彼はのちメシアの始祖となるのである。

アブサロムは、ヘブロンでダビデに代わって王位に就いたことを宣言。息子のクーデターを知ったダビデは、急ぎ宮殿を脱出する。オリーブ山の坂道を泣きながら落ちのびていくダビデに、側近たちも涙を流しながら従ったという。

やがてダビデ軍とアブサロム軍はエフライムの森で対峙《たいじ》した。しかしアブサロムが森を騾馬《らば》に乗って駆け抜けていたときに、彼の長い髪が樫《かし》の枝にひっかかり宙ぶらりんになってしまう。そこをダビデ軍の名将ヨアブが突き刺し、アブサロムは絶命した。

王位を取り戻したダビデだったが、アブサロムの死を受けて、「私が代わりに死ねばよかったのに」と嘆き悲しんだ。

列王記

Kings

ダビデの跡を巡って起きた兄弟間の後継者争いを制したソロモン

王位を巡り争うソロモンとアドニヤ

ダビデの後継者を主張するアドニヤに対して、ダビデはソロモンを王に任命する。

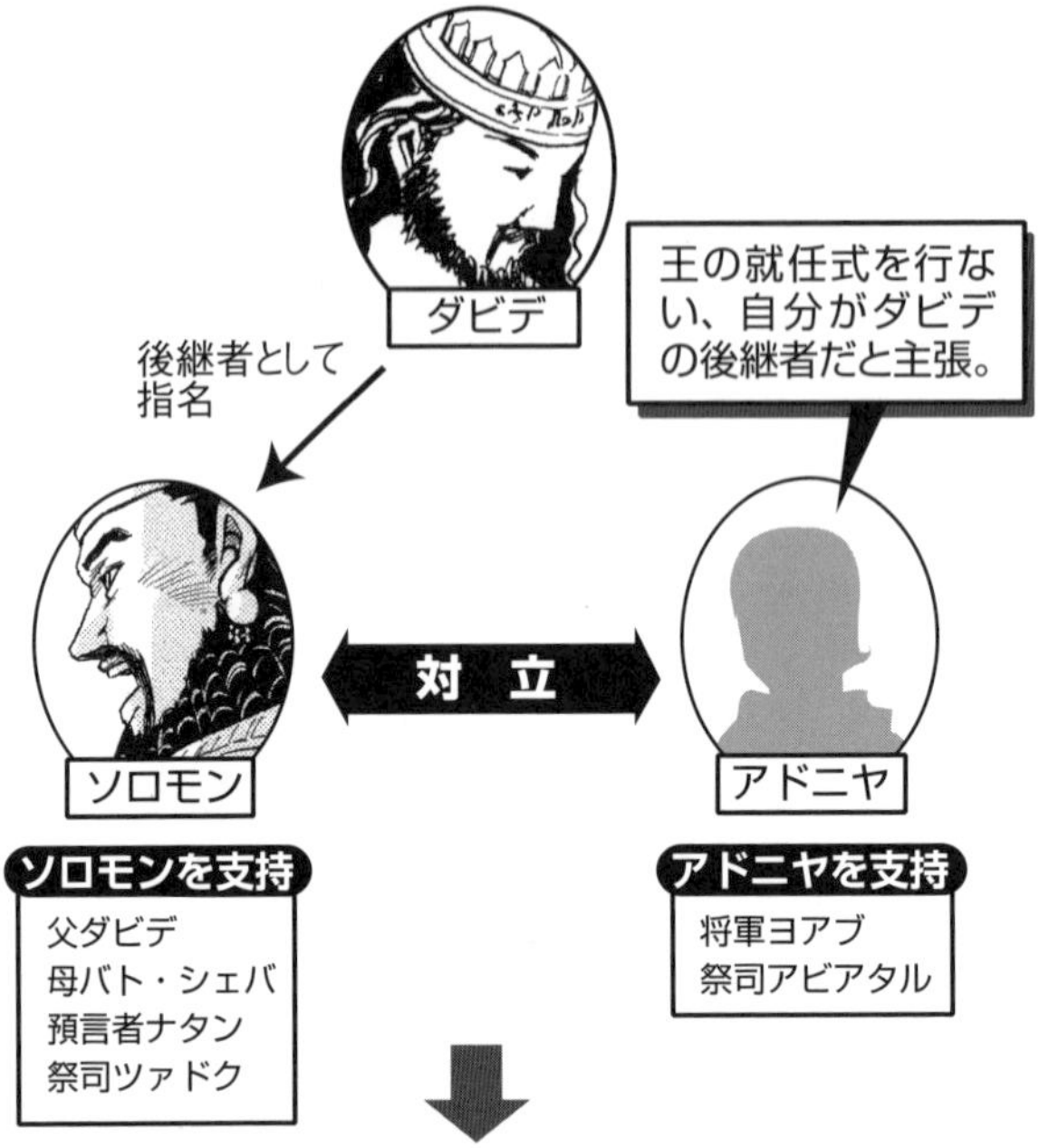
ダビデ
王の就任式を行ない、自分がダビデの後継者だと主張。
後継者として指名
ソロモン
対立
アドニヤ
ソロモンを支持
父ダビデ
母バト・シェバ
預言者ナタン
祭司ツァドク
アドニヤを支持
将軍ヨアブ
祭司アビアタル

ダビデの死後、王位に就いたソロモンは、アドニヤとヨアブを処刑。アビアタルを追放した。

ダビデも年を重ね、イスラエルは次の王を決めなければならない時期にきていた。

ダビデにはアドニヤという息子がいた。アドニヤはダビデの生き残っている息子の中では最年長で、野心家だった。アドニヤは王位を狙い、早くも将軍ヨアブと祭司アビアタルらの支持を取りつけていたのだ。そんなアドニヤに対抗する有力な後継者候補は、バト・シェバの産んだソロモンだった。

ある日、アドニヤはエン・ロゲルの泉で儀式を行ない、自分が王位を継いだかのごとく振るまった。

神に愛されるソロモン

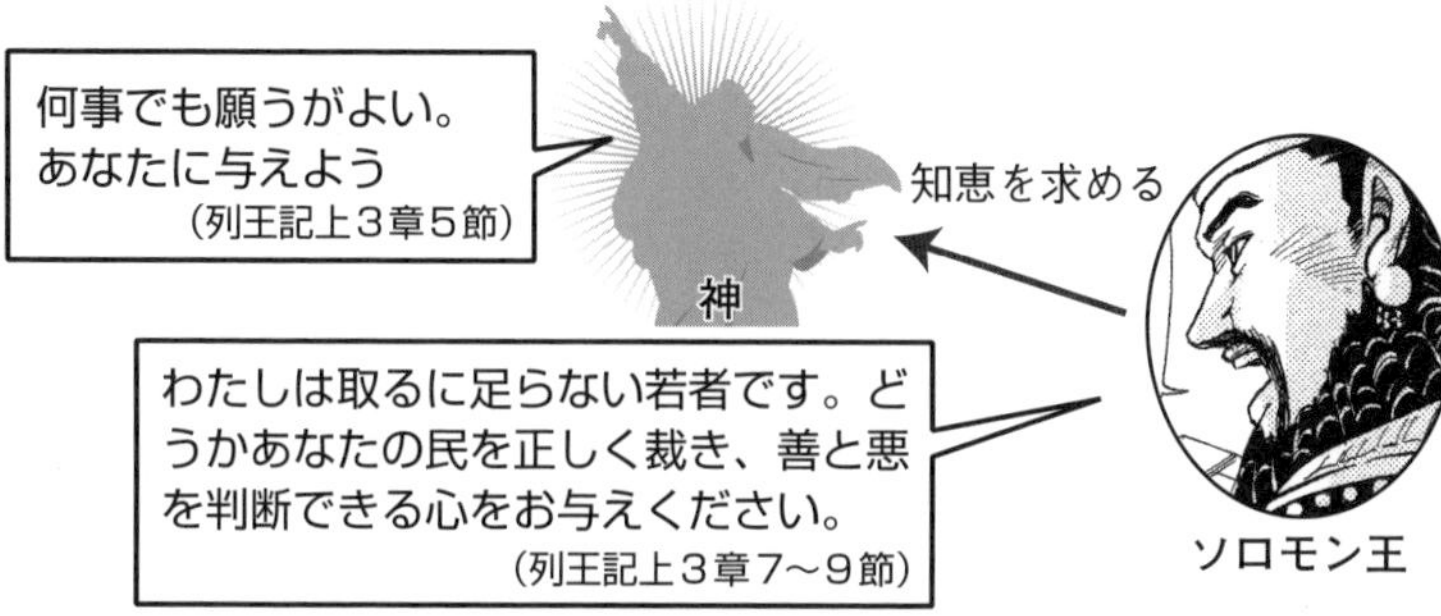
何事でも願うがよい。あなたに与えよう
（列王記上３章５節）
神
知恵を求める
わたしは取るに足らない若者です。どうかあなたの民を正しく裁き、善と悪を判断できる心をお与えください。
（列王記上３章７〜９節）
ソロモン王

ソロモンの願いに喜んだ神は、知恵のみならず富と繁栄、長寿を与える。

↓

神に祝福されたソロモンのもと、イスラエル王国は黄金時代を迎える。

聖書の謎 The Bible Episode

ソロモンの建造物

聖書では、ソロモンがゲゼル、メギド、ハツォルの３つの町を建てたとされる。そして考古学者イガエル・ヤディンの発掘調査で、発掘された門から、かなりの財源を使用できる強大な権力によって建てられたことがわかったのである。聖書の記述と比較したときに、これらがソロモンの事業であることが裏づけられた。

それを知った預言者ナタンは、王にアドニヤの動向を知らせ、後継者決定の決断を促す。するとダビデは直ちにソロモンをギホンの泉に連れて行き、油を注ぐ儀式をするようナタンや祭司ツァドクらに命じたのであった。

こうしてソロモンが王位を継ぐことになり、このことがアドニヤへ知らされた途端、アドニヤのもとに集まっていた人々は誰もいなくなった。

ダビデは、その後まもなくして亡くなった。ソロモンが正式に王位に就いたあと、最初に行なった仕事は、アドニヤとその側近の粛《しゅく》清《せい》だった。このように、ソロモンの治世はまず近親者との争いから始まったのである。

列王記

Kings

ソロモンの治世下に、イスラエルは黄金時代を迎える

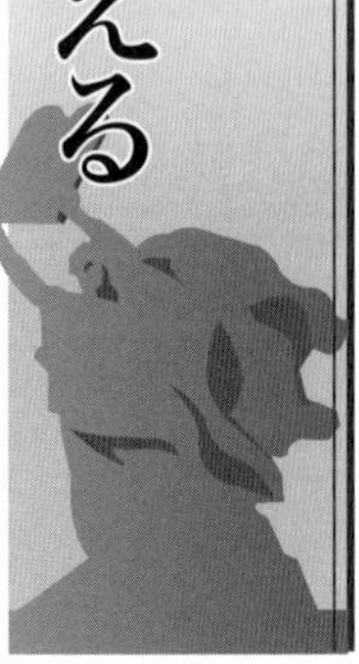

ソロモンはダビデの跡を継いでイスラエルの王となった。そんなある夜、神がソロモンの夢枕に立ち彼の願い事を尋ねたのである。すると彼は、イスラエル王国をより良く治めるための知恵を与えてほしいと答えたのだ。神はこの答えに感心し、ソロモンに知恵ばかりでなく莫大な富と権力、そして長寿を与えたのだった。

　こうして知恵を授かったソロモンに関する逸話は、数多く残されている。中でもふたりの娼婦《しょうふ》がひとりの赤ん坊を巡り、争う話は有名だ。どちらの娼婦も自分が本当の母親だと譲らなかったため、ソロモンは、赤ん坊をふたつに裂いて半分ずつ与えるよう命じる。するとひとりの女は泣き崩れ、もうひとりの女に赤ん坊を渡すようソロモンに懇願したのである。ソロモンは、泣き崩れた女を本当の母親であるとして決断を下したのだった。

　ソロモンは、経済活動にも精を出した。イスラエルがエジプト、シリア、アラビアといったオリエント文明の中心地域を結ぶ地点にあるという地の利を生かし、積極的に対外交易を行なう。その結果、イスラエルには巨万の富がもたらされたのである。そしてこの繁栄を背景として、文化や文芸も大いに発展。のちに「ソロモンの栄《えい》華《が》」と呼ばれるほどの繁栄を遂げたのだった。

Episode エピソード

シェバの女王

　ソロモン王を訪ねてきたシェバの女王は、彼女の予想をはるかに凌ぐソロモンの知恵と宮殿の壮麗さに驚いた。彼女は香料、金、宝石など珍しい贈り物をソロモンに贈った。シェバはエチオピアが有力地とされ、エチオピアの伝説では彼女はソロモンの子を産み、その子がエチオピアの王になったと伝える。

ソロモンの裁き

わたしの子どもです……!
いいえわたしの子どもよ!
赤ん坊をふたつに裂いて
それぞれに与えよ
そうです!ふたりとも子が無くなってしまえばよいのです!
わあぁっ
この子が傷つけられるくらいなら人に取られた方がましです……!!
その女がこの子の本当の母親である!
おおっ
王の下した裁きを聞いて、イスラエルの人々はソロモン王の知恵を称え敬った

神から知恵を授かったソロモンの名声は日々高まり、彼を訪れる使者は後を絶たなかった。

諸外国との交易で発展するイスラエル王国

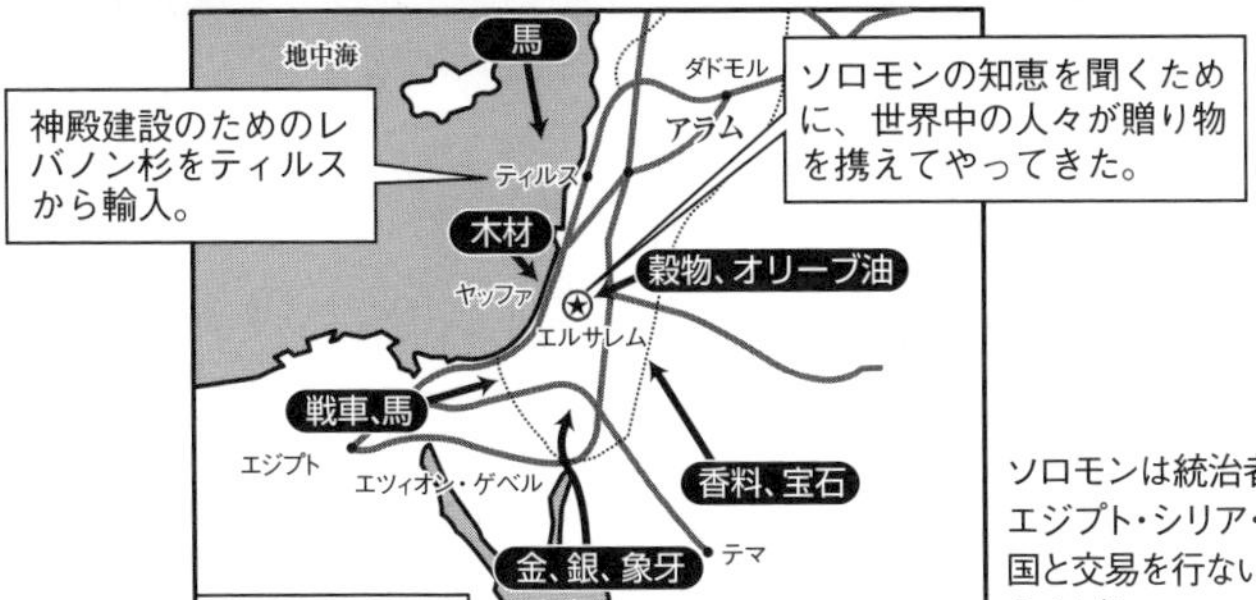

地中海
馬
ダドモル
ソロモンの知恵を聞くために、世界中の人々が贈り物を携えてやってきた。
神殿建設のためのレバノン杉をティルスから輸入。
アラム
ティルス
木材
穀物、オリーブ油
ヤッファ
エルサレム
戦車、馬
エジプト
エツィオン・ゲベル
香料、宝石
テマ
金、銀、象牙
ソロモン王国の国境
紅海

ソロモンは統治者としての手腕を発揮し、エジプト・シリア・メソポタミアなどの諸外国と交易を行ないイスラエルの全盛期を築き上げた。

列王記
Kings

栄華を極めたソロモンの治世は、神への背信行為を行なったがために終幕を迎えた

ソロモンの神殿

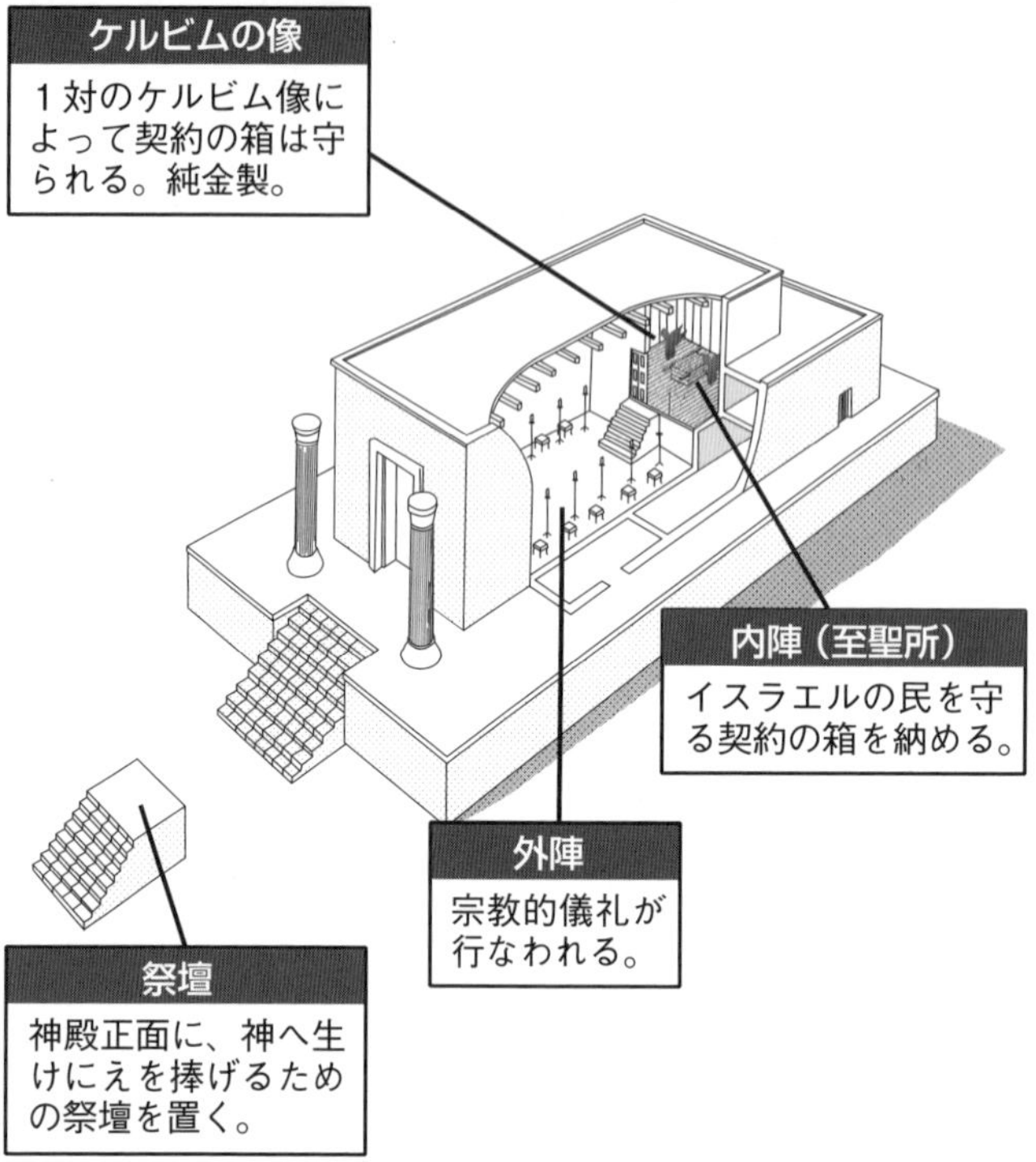
ケルビムの像
1対のケルビム像によって契約の箱は守られる。純金製。
内陣（至聖所）
イスラエルの民を守る契約の箱を納める。
外陣
宗教的儀礼が行なわれる。
祭壇
神殿正面に、神へ生けにえを捧げるための祭壇を置く。

ダビデのときから計画されていた主の神殿を、ソロモンは巨額の富と約7年もの歳月をかけて建設した。

イスラエルの全盛を築いたソロモンは、ダビデ以来の悲願だった神殿の建設に取り組む。それは約7年の歳月をかけて行なわれた。

建設された神殿は奥行き27m、幅9m、高さ13mの巨大なものだった。神殿の奥の本殿は純金で覆われ、そこに契約の箱が安置された。その契約の箱を載せる祭壇も、純金で作られるなど贅《ぜい》を極めたものだったのである。また神殿の庭には、5万リットルもの水を蓄えられる水盤が置かれ、祭司たちがここで身を清めた。

しかし、栄華を極めたソロモン

・ソロモンの神への背信と、脅威にさらされたイスラエル王国・

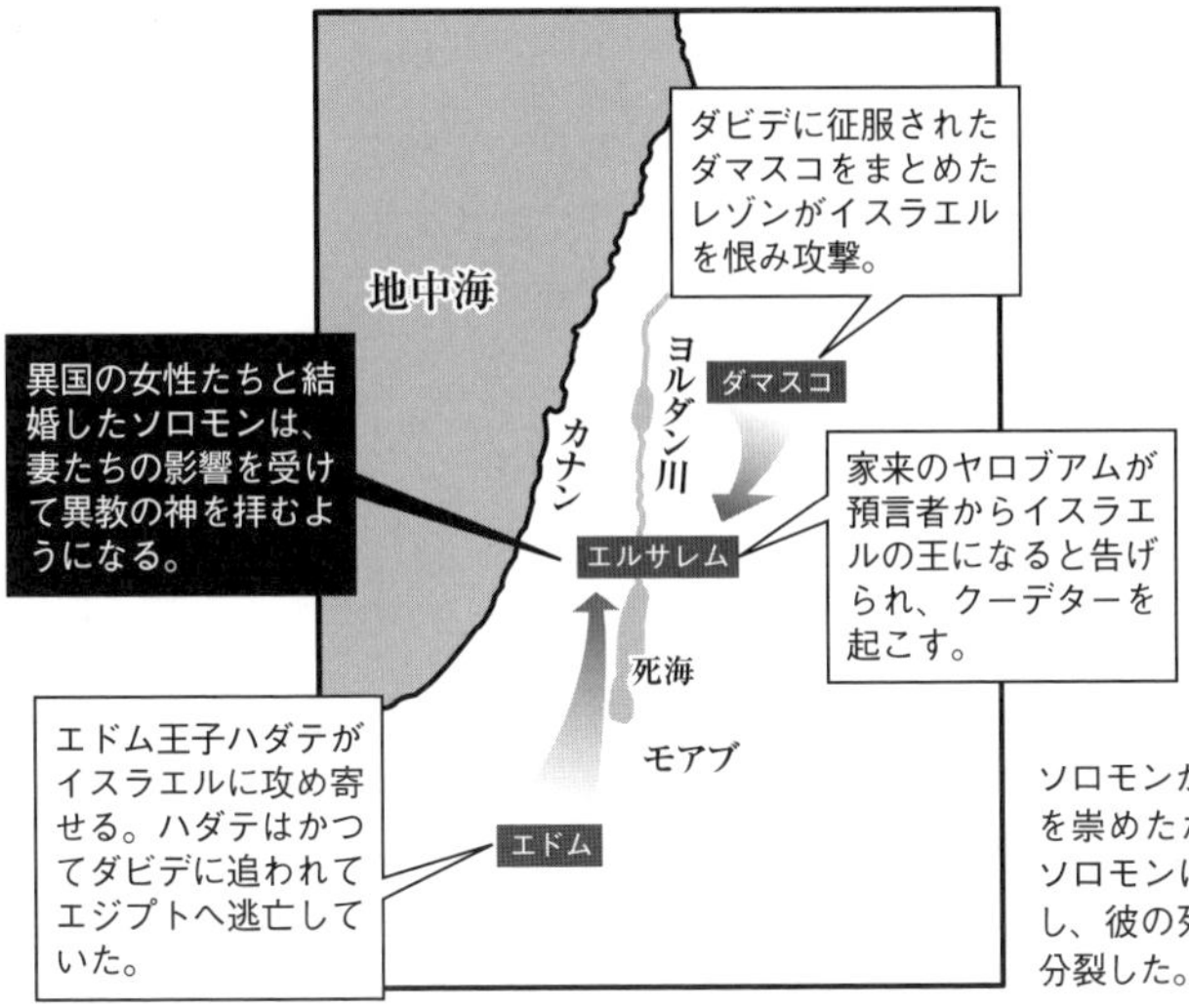

ダビデに征服されたダマスコをまとめたレゾンがイスラエルを恨み攻撃。
地中海
異国の女性たちと結婚したソロモンは、妻たちの影響を受けて異教の神を拝むようになる。
ヨルダン川
ダマスコ
カナン
家来のヤロブアムが預言者からイスラエルの王になると告げられ、クーデターを起こす。
エルサレム
死海
エドム王子ハダテがイスラエルに攻め寄せる。ハダテはかつてダビデに追われてエジプトへ逃亡していた。
モアブ
エドム

ソロモンが異教の神を崇めたため、神はソロモンに裁きを下し、彼の死後王国は分裂した。

聖書の謎 The Bible Episode

ソロモンの工事に駆り出された民

ソロモンは13年という歳月をかけて、贅の限りを尽くした宮殿を建設したが、この建設作業に駆り出された民の数は壮大なものだった。10万人の人夫と8万人の石工が動員されたという。当時のカナンの人口は約150万人ほどだったといわれており、実に1割以上の民が徴用されていたことになる。

王の治世にも徐々にかげりが現れるようになっていく。ソロモン王には、700人の妻と300人の側女がいたが、その中にはエジプト王の娘など、外国の女性たちも大勢いた。するとソロモン王は、次第に彼女たちの影響を受けて、異教の神々を礼拝するようになってしまったのだ。

神は、そんなソロモンの背信《はいしん》行為を許さなかった。神は預言者に託し、ソロモンの敵対者にこう言った。「わたしはソロモンの手から王国を裂いて取り上げ、10の部族をあなたに与える」。

この神の裁きは、ソロモンの死後に下された。40年続いたソロモンの統治に幕が下ろされると、イスラエル王国は分裂してしまう。

聖書の祭り③ 七週祭

モーセ律法を授けられたことを祝う日に『ルツ記』が読まれるのはなぜ?

七週祭《なな しゅうさい》は、ユダヤ教三大祭りのひとつで、ヘブライ語で「シャブオット」という。祭りが行なわれるのは、過越祭の翌日から数えて7週目の日。過越祭から50日目にあたることから、日本語では五旬節《ごじゅんせつ》、ギリシア語では50日という意味のペンテコステと訳される。

七週祭は、もともと農耕儀礼という側面が強く、麦の収穫を祝って、村人たちが各地の大きな町に集まり、最初の収穫を神殿に運んだのが起源とされる。それがのちに、かつてイスラエル民族がエジプトを脱出してから50日目に、シナイ山でモーセを通して律法を授けられた日を記念する祭りとして、人々の間で定着するようになったのである。

七週祭の日には、エルサレム神殿の西壁の跡にあたる嘆きの壁の前で、祭りを祝う大集会が行なわれる。

また、シナゴーグでは『ルツ記』が朗読される。ルツは、ユダヤで最も偉大な人物とされるダビデ王の曽祖母にあたる人物だ。イスラエルにとっては異国のモアブ出身の女性だったが、イスラエルの神を信じ、イスラエル人の姑ナオミにどこまでも付き従ってベツレヘムに行き、そこで麦の落ち穂拾いをきっかけにボアズという地主の嫁になったとされる。

イスラエルの神を信じたルツは、律法にも忠実だったと考えられており、七週祭で『ルツ記』が朗読されるのはそのためである。

また、伝説によれば、ダビデ王は七週祭の日に生まれ、この日に死んだとされている。

このようにユダヤ教では過越祭から50日目として祝われる七週祭だが、キリスト教ではイエスの復活した日から50日目だと解釈されている。この日、聖霊《せいれい》が十二使徒の頭上に降り注いだことから、同日に行なわれるキリスト教の祭りは、聖霊降臨祭《こうりんさい》(ペンテコステ)と呼ばれるのである。

第4章
イスラエルの興亡

列王記
Kings

2世紀にわたって抗争を繰り返したイスラエル王国とユダ王国

イスラエル王国の南北分裂

ソロモンの死後、イスラエルはふたつに分裂。約90年続いたイスラエル黄金時代に幕が下ろされた。

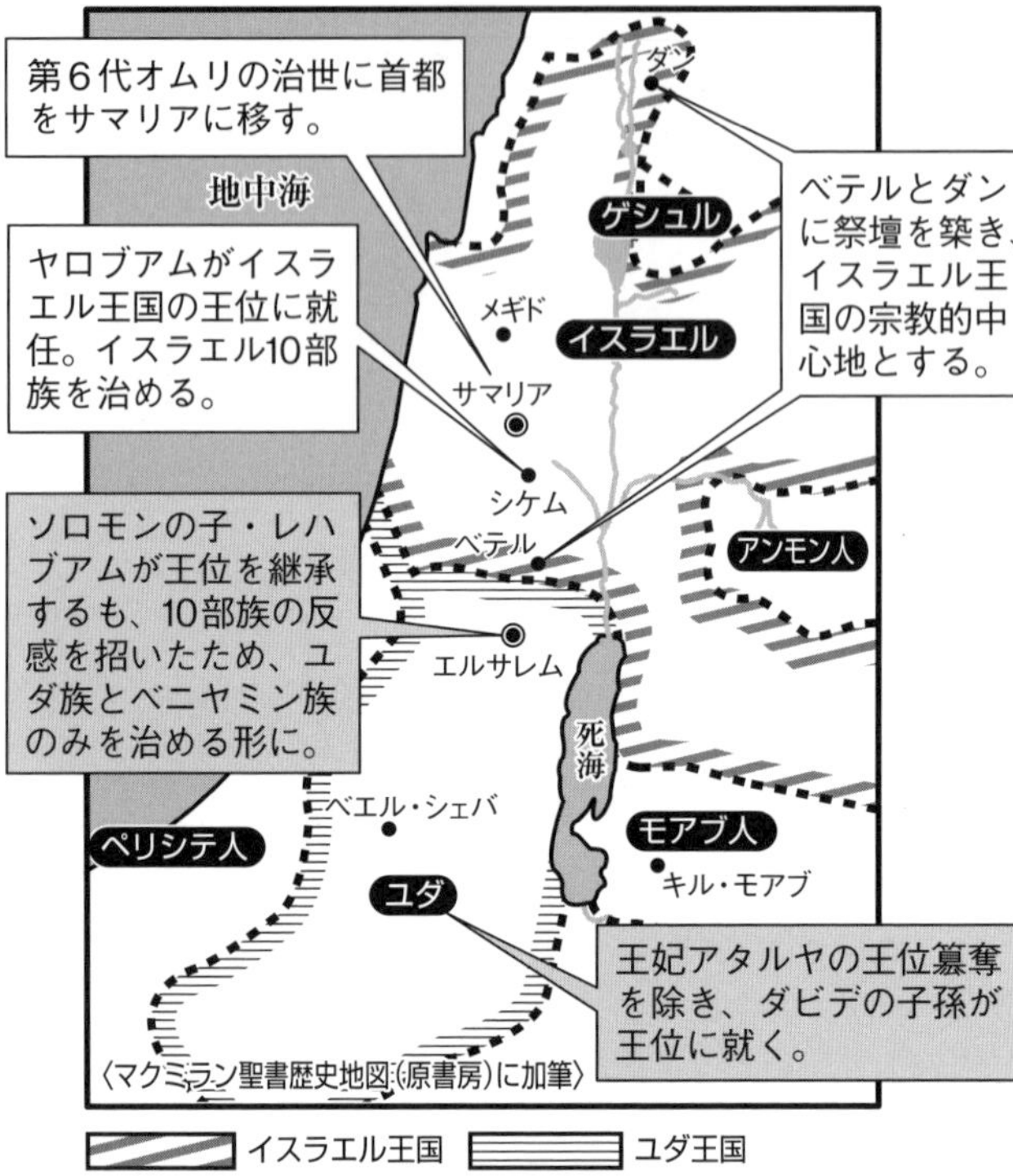
第6代オムリの治世に首都をサマリアに移す。
地中海
ヤロブアムがイスラエル王国の王位に就任。イスラエル10部族を治める。
ソロモンの子・レハブアムが王位を継承するも、10部族の反感を招いたため、ユダ族とベニヤミン族のみを治める形に。
ダン
ゲシュル
メギド
イスラエル
サマリア
シケム
ベテル
エルサレム
死海
アンモン人
ベテルとダンに祭壇を築き、イスラエル王国の宗教的中心地とする。
ベエル・シェバ
ペリシテ人
モアブ人
キル・モアブ
ユダ
王妃アタルヤの王位簒奪を除き、ダビデの子孫が王位に就く。
〈マクミラン聖書歴史地図（原書房）に加筆〉
イスラエル王国
ユダ王国

ソロモンの死後、イスラエル王国の王位はソロモンの息子・レハブアムが継ぐことになった。

　このとき、ソロモンの時代の統治に不満を抱いていた北部の諸部族は、彼の王位を認める条件として強制労働の緩和などの要求をする。だが、レハブアムはこれを拒否。そのため諸部族は反乱を起こし、ソロモンの部下・ヤロブアムを自分たちの王に立てた。

　こうして、約90年続いたイスラエル王国は分裂してしまう。この北部諸部族の作った北王国はユダ族と祭司《さいし》部族であるレビ族を除く

イスラエル南北王国の歴代の王

北、南王国合わせて39人の王が誕生するが、ほとんどの王が神をないがしろにしたため国家の繁栄はならなかった。

イスラエル統一王朝：サウル（1030頃-1010頃）、ダビデ（1010頃-970頃）、ソロモン（970頃-931頃）→ 分裂

北王国イスラエル（721年王国滅亡）

ヤロブアム1世 (931-910) ナダブ× (910-909)	バシャ (909-886) エラ× (886-885)	ジムリ× (885) (七日在位)	オムリ (885-874) アハブ (874-853) アハズヤ (853-852) ヨラム× (852-841)	イエフ (841-814) ヨアハズ (814-798) ヨアシュ (798-783) ヤロブアム2世 (783-743) ゼカルヤ× (743)	シャルム× (743)	メナヘム (743-738) ペカフヤ× (738-737)	ペカ× (737-732)	ホシェア (732-723)
			オムリ王朝	イエフ王朝				

南王国ユダ（586年王国滅亡）

レハブアム (931-913) アビヤム (913-911) アサ (911-870)	ヨシャファト (870-848) ヨラム (848-841) アハズヤ (841)	アタルヤ× (841-835)	ヨアシュ× (835-796) アマツヤ× (796-781) アザルヤ（ウジヤ） (781-740) ヨタム (摂政、740-736)	アハズ (736-716) ヒゼキヤ (716-687) マナセ (687-642) アモン× (642-640)	ヨシヤ (640-609) ヨアハズ (609) ヨヤキム (609-598) ヨヤキン (598)	ゼデキヤ (598-587)
ダビデ王朝			ダビデ王朝			

※× 印はクーデターで倒された、または暗殺された王
※年代はすべて紀元前

〈出典：『聖書』山我哲雄（PHP研究所）〉

聖書の謎 The Bible Episode

エジプト王・シシャク

エジプト王シシャクの時代、エジプト軍はユダ王国に遠征する。このとき、レハブアムは神殿や王宮の宝物を贈与することで、かろうじて危機を免れた。カルナックのアモン神殿の南入り口に刻まれた文章によると、シシャクは戦利品によって自国の神殿や陵墓を飾りたかったからユダ王国に遠征したということだ。

10部族から成り、引き続き「イスラエル王国」を名乗った。レハブアムが治める南王国はユダ族とベニヤミン族の一部のみの国家となったので、これ以降は「ユダ王国」と呼ばれるようになる。

南王国では一時期途切れるもダビデの系統が続き、国情は安定していたが、北王国は革命による王朝交代が相つぎ、約200年の間に9王朝・19人の王が立つことになった。それは、代々のイスラエル王の神への背信に起因すると考えられた。

両国は約2世紀にわたって抗争を続けたが、北王国・アハブ王の治世に南王国のヨシャファト王と和平を結ぶ。こうして両国は関係を修復することになるのである。

列王記
Kings

異教の預言者450人と対決して勝利した預言者エリヤ

エリヤの活動の足跡

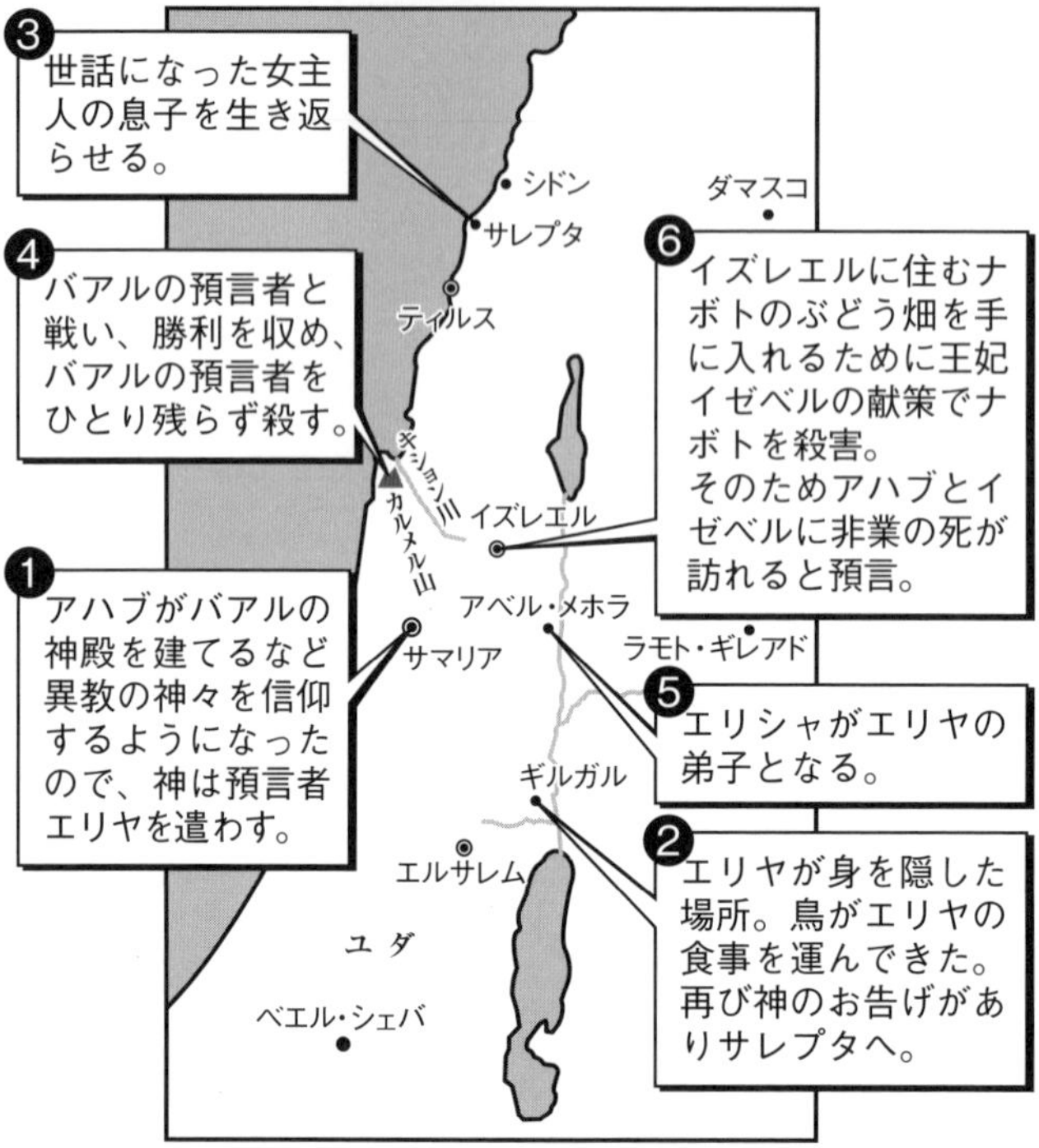
③ 世話になった女主人の息子を生き返らせる。
④ バアルの預言者と戦い、勝利を収め、バアルの預言者をひとり残らず殺す。
① アハブがバアルの神殿を建てるなど異教の神々を信仰するようになったので、神は預言者エリヤを遣わす。
⑥ イズレエルに住むナボトのぶどう畑を手に入れるために王妃イゼベルの献策でナボトを殺害。そのためアハブとイゼベルに非業の死が訪れると預言。
⑤ エリシャがエリヤの弟子となる。
② エリヤが身を隠した場所。鳥がエリヤの食事を運んできた。再び神のお告げがありサレプタへ。
シドン
ダマスコ
サレプタ
ティルス
キション川
カルメル山
イズレエル
アベル・メホラ
サマリア
ラモト・ギレアド
ギルガル
エルサレム
ユダ
ベエル・シェバ

アハブ王によるバアル神信仰が国に拡がったため、神はエリヤを派遣した。しかしまったく改心する様子を見せなかったため、アハブに滅びの預言が下された。

北王国イスラエルの第7代王であるアハブは、歴代の王の中で最も罪深い王だったという。

彼は北方沿岸都市シドン王国と同盟を結ぶためにシドン王の娘・イゼベルと結婚。しかし熱心なバアル神信者の妻の影響を受けて、首都サマリアにバアル神を祀る神殿を建設してしまったのである。国王の信仰によって、イスラエル王国の民もまた、バアル神に傾斜するようになっていった。

そんなアハブに怒った神は、預《よ》言者《げんしゃ》エリヤを遣わした。エリヤはアハブとイゼベルの行為を激しく

バアルの預言者450人vsエリヤ

バアル信仰を改めさせるため、バアルの預言者とエリヤは雨ごい対決をすることに。

主よ！わたしに応えてください
ザアアア
エリヤの呼びかけに応えた神は雨を降らせる
これを見た人々は「主こそ神です」とバアル信仰を改めた

バアルの預言者が神の名を叫んでも何も起きなかったが、エリヤが主なる神の名を呼ぶと神は天から雨を降らせてそれに応えた。こうしてエリヤは民の信仰を主なる神のもとへ取り戻すことに成功した。

聖書の謎 The Bible Episode

エリヤ再来の信仰

　エリヤは死んだのではなく、生きたまま天に上げられたといわれている。このことから、最後《さいご》の審判《しんぱん》に先立ってエリヤが再び地上に戻ってくるという信仰が生まれたのだ。現在でもユダヤ人の家庭やシナゴーグでは、エリヤの再来に備えて、つねに空席をひとつ用意しているといわれる。

糾弾。そしてカルメル山においてバアル神の預言者450人に戦いを挑んだのである。彼らとエリヤが互いに信仰する神の名を呼び、どちらの神がその信仰心に応えるかということを競ったのだ。

　バアルの預言者たちは一心に神の名を呼び続けたが、何も起きなかった。しかしエリヤが神の名を呼ぶと、天から雨が降ってきたのである。「主《しゅ》こそ神だ」。民は口々に叫び、真の神にひれ伏したのだった。こうしてエリヤは民の間に神への信仰を取り戻し、バアルの預言者450人すべてをキション川に連れて行って殺害した。

　その後エリヤは、アハブ王家が滅亡することを預言して、天に上がった。

列王記
Kings

エリヤの霊を受け継いだエリシャは様々な奇跡を起こし、「神の人」と呼ばれる

エリヤの後継者・エリシャ

エリヤが天に上がる場面に立ち会ったエリシャは、残されたエリヤのマントを身につけ、後継者として活動する。

さぁ
起きなさい
あぁ……
あぁ……っ
子どもを抱いて帰りなさい
か、感謝の言葉もありません……!

エリヤの霊を受け継がせてほしいという願いが成就し、超人的な神通力を身につけたエリシャ。

↓

死者を生き返らせるなどの奇跡を起こし、イスラエルで40年預言者として活動する。

預言者エリヤが天に上がったとき、それを目の前で見ていた弟子がいた。その弟子・エリシャは、エリヤが落としていったマントを拾い、かつてエリヤがしたようにヨルダン川の水を打った。すると、川の水はふたつに分かれて渡れるようになったのだ。それを見ていた町の人々は、エリシャがエリヤの霊を受け継いだことを知り、エリシャにひれ伏すようになった。

そんなエリシャは、「神の人」と呼ばれるほど超人的な神通力《じんつうりき》を持ち、数々の奇跡を起こす。貧しい者のために食料を増やしたり、

エリシャの預言と奇跡

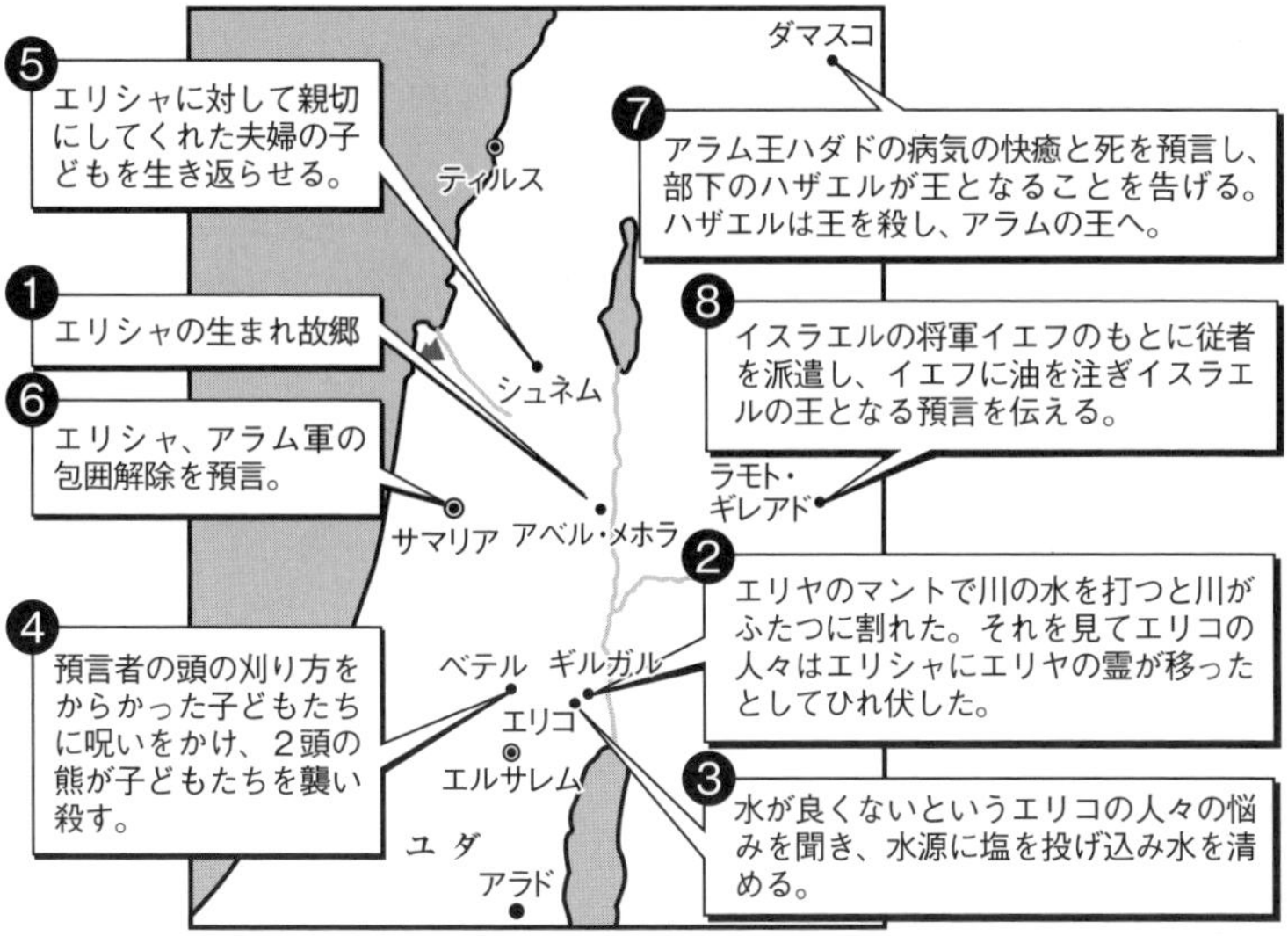
ダマスコ
ティルス
シュネム
サマリア
アベル・メホラ
ラモト・ギレアド
ベテル
ギルガル
エリコ
エルサレム
ユ ダ
アラド
5 エリシャに対して親切にしてくれた夫婦の子どもを生き返らせる。
1 エリシャの生まれ故郷
6 エリシャ、アラム軍の包囲解除を預言。
4 預言者の頭の刈り方をからかった子どもたちに呪いをかけ、２頭の熊が子どもたちを襲い殺す。
7 アラム王ハダドの病気の快癒と死を預言し、部下のハザエルが王となることを告げる。ハザエルは王を殺し、アラムの王へ。
8 イスラエルの将軍イエフのもとに従者を派遣し、イエフに油を注ぎイスラエルの王となる預言を伝える。
2 エリヤのマントで川の水を打つと川がふたつに割れた。それを見てエリコの人々はエリシャにエリヤの霊が移ったとしてひれ伏した。
3 水が良くないというエリコの人々の悩みを聞き、水源に塩を投げ込み水を清める。

預言者エリシャは、数々の奇跡を起こして人々の心を掴んだ。

聖書の謎 The Bible Episode

アッシリアに臣従するイエフ

　クーデターによって北のイスラエル王国の王となったイエフだったが、実は彼は政治的には無能な人物だった。ニムルドで発見されたアッシリア王のオベリスクにはイエフが描かれており、当時の強大国アッシリアの王からは税金を取り立てられ、それらを貢ぐ際には頭を深く垂れていたという。

病を治したりもした。また、エリシャに親切だった夫婦の息子が死んだときに生き返らせるという奇跡も起こしている。

　反面、ある町の子どもたちがエリシャの頭髪の形をからかったときには、２頭の熊を出現させ、そこにいた42人の子どもたちを食い殺させるという恐ろしいこともやってのけたのだった。

　彼はまたイスラエル王国でクーデターが起きることを預言した。これによってアハブの子ヨラム王は倒され、将軍イエフが王となった。イエフは皇太后イゼベルをも殺害し、エリヤの残した預言もここに成就したのである。

　こうして約40年間、エリシャは偉大な預言者として活躍した。

列王記
Kings

預言者の言葉を無視したイスラエル王国は、アッシリアに滅ぼされる

クーデターによって王位に就いたイエフとその子孫は、イスラエル王国を長期にわたって治めた。そして、ヤロブアム2世のときに全盛期を迎える。

そんなとき、エリシャに次いでアモスという預言者が現われた。アモスは、繁栄の陰で弱者や貧者が虐《しいた》げられている現状を糾弾。そして周辺に大国が迫っていることを認識せず、繁栄にうつつを抜かしている人々に対して、イスラエル滅亡の預言を下したのだった。

また、その後に現われた預言者ホセアは、不思議な預言をした。神と人との関係を誠実な夫と淫乱《いんらん》な妻に見立てたのである。妻がどんなに淫行を重ねても、夫は妻を愛するがゆえにそれを許す。神もまた、イスラエルの人々がどれほど自分のもとを離れていっても、結局は彼らを愛しているからこそ救いの手を差しのべるのだ。

ホセアは、そんな慈悲《じひ》に満ちた神への信仰に立ち返るべきであると説いた。しかし彼らの苦言にもかかわらず、民は改心しなかった。そのため、イスラエル王国は滅びに向かっていくのである。

紀元前8世紀頃、周辺諸国ではアッシリアが台頭し、勢力を拡大していた。そしてアッシリアはサルゴン2世のときに、イスラエル王国の首都サマリアを陥落させる。2万7290人もの住民が連行され、イスラエル王国は滅亡した。

Episode エピソード
失われた10部族のその後

北王国が滅亡した後、イスラエル王国の10部族は歴史からその姿を消した。彼らは「失われた10部族」と呼ばれ、黒海北岸やエチオピアに逃れたとか、日本に渡ってきたなどという俗説が唱えられてきた。考古学的には、彼らは今もユダヤ人の中にいると考えられている。

アッシリアに占領されたイスラエル

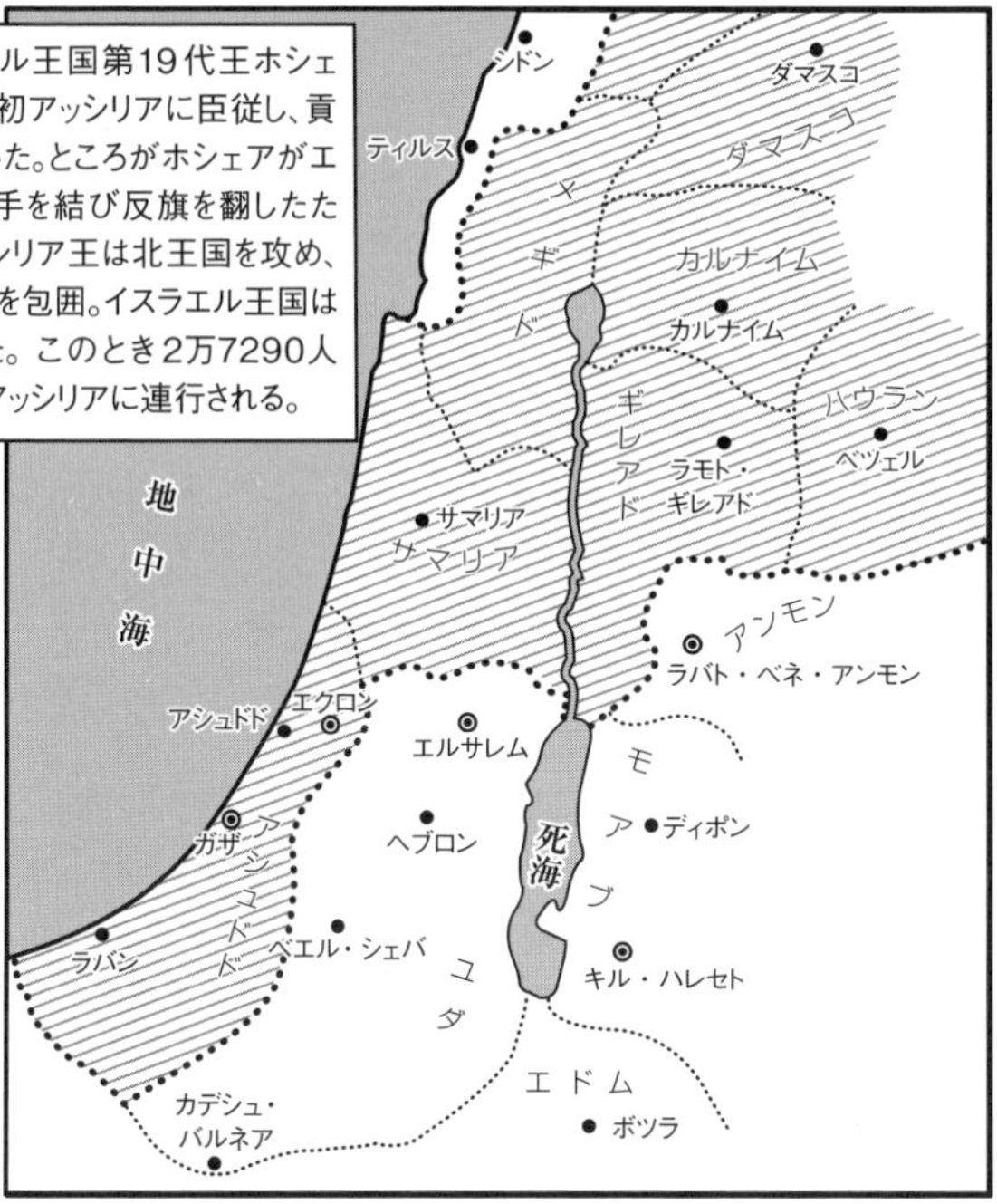

イスラエル王国第19代王ホシェアは、当初アッシリアに臣従し、貢納していた。ところがホシェアがエジプトと手を結び反旗を翻したため、アッシリア王は北王国を攻め、サマリアを包囲。イスラエル王国は滅亡した。このとき2万7290人の民がアッシリアに連行される。
シドン
ダマスコ
ティルス
ダマスコ
メギド
カルナイム
カルナイム
ギレアド
ハウラン
ラモト・ギレアド
ベツェル
地中海
サマリア
サマリア
アンモン
ラバト・ベネ・アンモン
アシュドド
エクロン
エルサレム
モアブ
ガザ
アシュドド
ヘブロン
死海
ディボン
ラバン
ベエル・シェバ
ユダ
キル・ハレセト
エドム
カデシュ・バルネア
ボツラ

アッシリアの属州

〈参考：マクミラン聖書歴史地図（原書房）〉

イスラエル王国に警告を与えた預言者

平安にうつつを抜かすイスラエルの民を非難。イスラエル王国滅亡の預言を下す。
神と人との関係を男女関係に表わし、人がどんなに神を裏切っても、神は人を愛し続けると説く。そんな神をないがしろにする民を非難。

アモス　ホセア

イスラエル王国に危機が訪れたとき、ふたりの預言者が活動するも民は改心しなかったため、滅びの預言が下された。

ユダ王国を襲った危機ーアッシリアの侵略

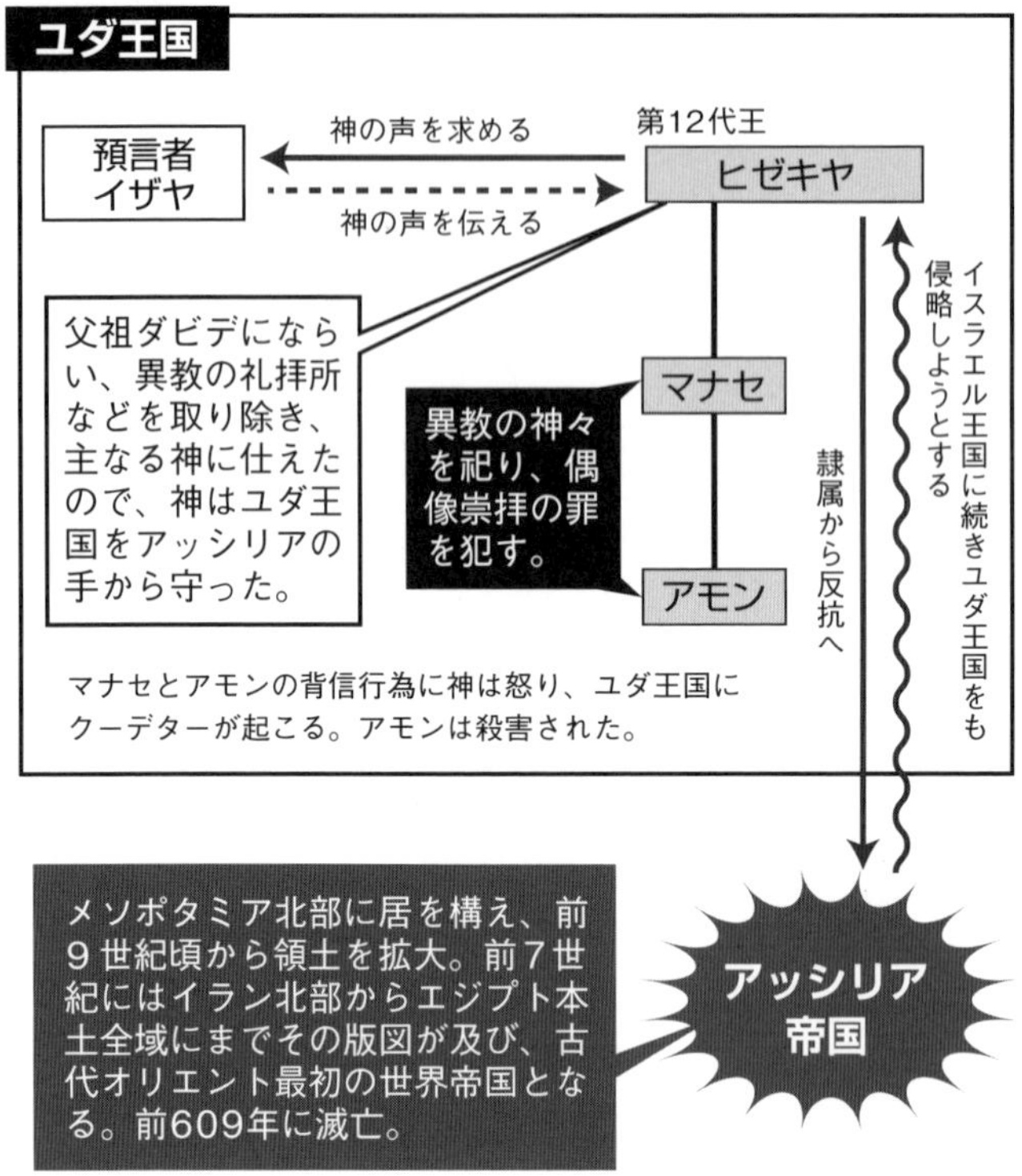
ユダ王国
預言者
イザヤ
神の声を求める
神の声を伝える
第12代王
ヒゼキヤ
父祖ダビデにならい、異教の礼拝所などを取り除き、主なる神に仕えたので、神はユダ王国をアッシリアの手から守った。
マナセ
異教の神々を祀り、偶像崇拝の罪を犯す。
アモン
隷属から反抗へ
イスラエル王国に続きユダ王国をも侵略しようとする
マナセとアモンの背信行為に神は怒り、ユダ王国にクーデターが起こる。アモンは殺害された。
アッシリア帝国
メソポタミア北部に居を構え、前9世紀頃から領土を拡大。前7世紀にはイラン北部からエジプト本土全域にまでその版図が及び、古代オリエント最初の世界帝国となる。前609年に滅亡。

神の御使いがアッシリア軍を滅ぼし、ユダ王国を危機から救う

イスラエル王国はアッシリアによって滅ぼされたが、南のユダ王国はその後も約１５０年間にわたり続いた。そんなユダ王国の全盛期は、ヒゼキヤ王の治世下に訪れる。ヒゼキヤはユダの歴代王の中で最も敬虔《けいけん》な人物とされ、父祖ダビデのように神の御心《みこころ》に適《かな》う行ないをした。そのため神は、ヒゼキヤを常に見守り続けたのであった。

そんなユダ王国にも危機が訪れる。アッシリアが、ユダ王国に対して侵攻を開始。紀元前７０１年、ついに首都エルサレムを包囲した。ヒゼキヤは狼狽《ろうばい》した。しかし預

イザヤのメシヤ預言

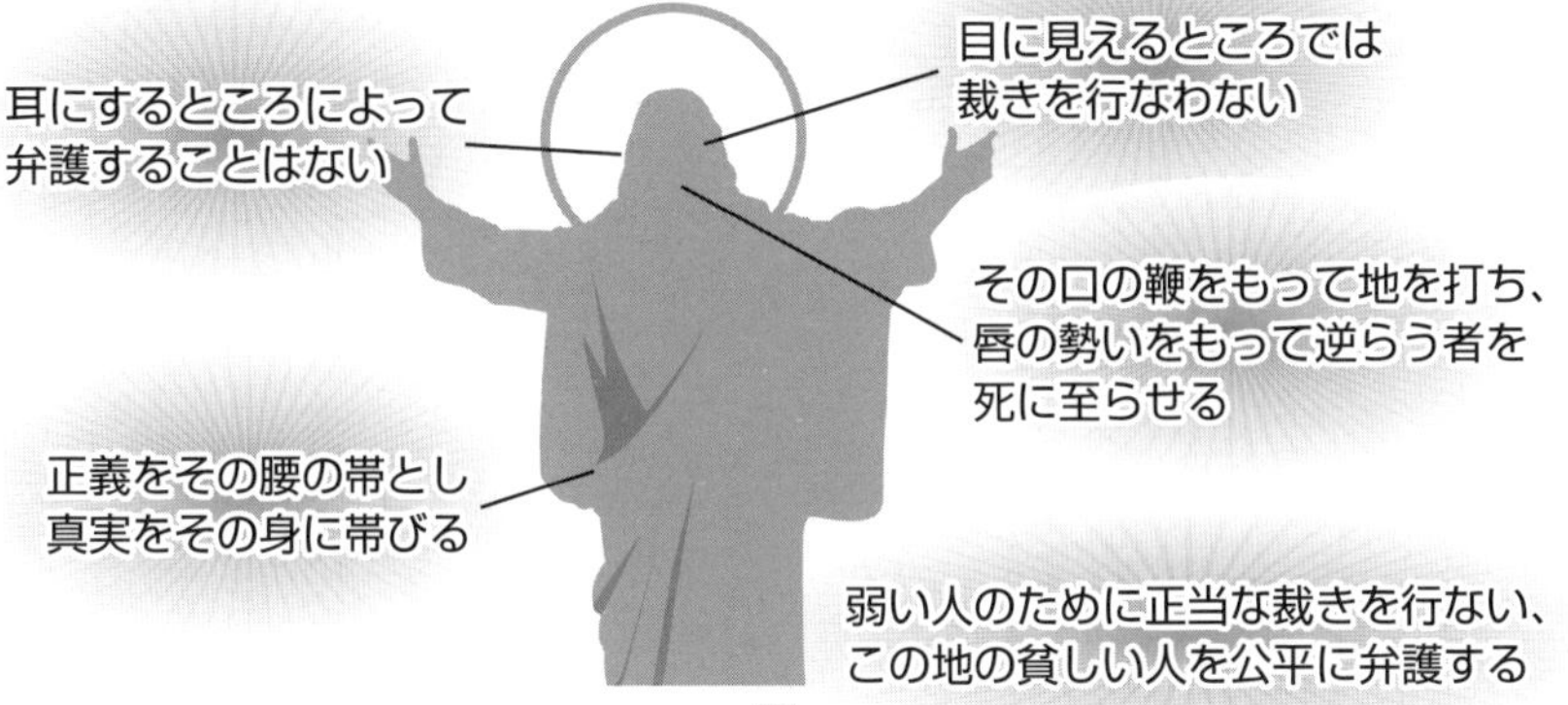
耳にするところによって
弁護することはない
目に見えるところでは
裁きを行なわない
その口の鞭をもって地を打ち、
唇の勢いをもって逆らう者を
死に至らせる
正義をその腰の帯とし
真実をその身に帯びる
弱い人のために正当な裁きを行ない、
この地の貧しい人を公平に弁護する

**イザヤは、ダビデの父エッサイの末裔から救世主が現われるとした。
国家が滅亡し、異民族に支配されるという苦境の中、
やがて現われる救世主の存在は、人々の希望となった。**

聖書の謎 The Bible Episode

発掘されたヒゼキヤのトンネル

ヒゼキヤはアッシリア軍の侵攻に備えて、エルサレムの東南の崖下にあるギホンの泉を、トンネルを通じて城下に引き込んだ。そのトンネルは現在も残っており、1880年には、そのトンネルの壁に古代ヘブル文字が刻まれているのが発見されている。この碑文は当時の人々の言語状況を知る資料として貴重なものでもある。

言者イザヤが「神はエルサレムを守ることをはっきりと約束された」と王を励ましたことを、『列王《れつおう》記《き》』の著者は記す。神の言葉通り、その夜、神の御使《みつか》いがアッシリア軍の間に現われ、18万5000人ものアッシリア兵を殺害したのである。こうしてユダ王国は危ういところを免れたのであった。

その後ヒゼキヤが死に息子のマナセが王位に就くと、再び異教の神を崇め、マナセの息子アモンも同じく神への背信を繰り返したのだった。アモンは在位2年にして家臣に殺され、8歳の息子ヨシヤが後を継いだ。

ヨシヤは父祖ダビデの忠実な後継者として、再びユダ王国を正しい神の道に導こうとした。

列王記

神殿からモーセの律法の書を発掘したヨシヤ王が、厳格な宗教改革を行なう

ユダ王国を巡る周辺国の状況

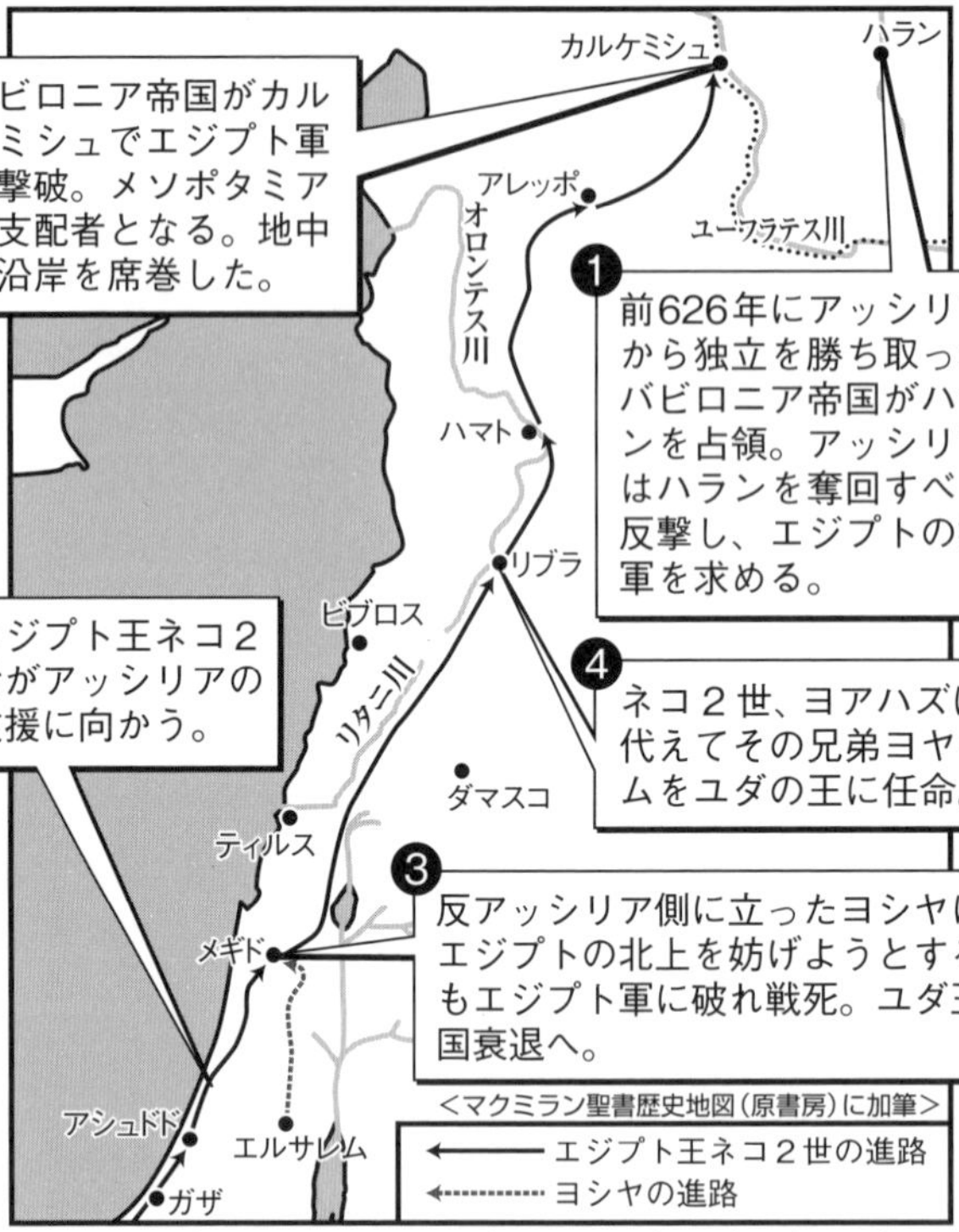

カルケミシュ
ハラン
アレッポ
オロンテス川
ユーフラテス川
ハマト
リブラ
ビブロス
リタニ川
ダマスコ
ティルス
メギド
アシュドド
エルサレム
ガザ
5 バビロニア帝国がカルケミシュでエジプト軍を撃破。メソポタミアの支配者となる。地中海沿岸を席巻した。
1 前626年にアッシリアから独立を勝ち取ったバビロニア帝国がハランを占領。アッシリアはハランを奪回すべく反撃し、エジプトの援軍を求める。
2 エジプト王ネコ2世がアッシリアの救援に向かう。
4 ネコ2世、ヨアハズに代えてその兄弟ヨヤキムをユダの王に任命。
3 反アッシリア側に立ったヨシヤは、エジプトの北上を妨げようとするもエジプト軍に破れ戦死。ユダ王国衰退へ。
<マクミラン聖書歴史地図(原書房)に加筆>
エジプト王ネコ2世の進路
ヨシヤの進路

アッシリアに代わってバビロニアが台頭。エジプトも力を強める中でユダ王国は衰退していく。

ヨシヤ王の治世下、全オリエントを征服したアッシリアの国力が次第に衰退し始めていた。バビロンはアッシリアからの独立を勝ち取り、エジプトもまた独立を主張しアッシリアの勢力の駆逐《くちく》に乗り出していたのである。ヨシヤはこの機会にダビデ時代の版図《はんと》の回復をもくろみ、かつての北王国への勢力拡大などを目指した。

また、父祖にならい神を崇拝したヨシヤは、エルサレムの神殿の修復を命じる。するとそこからモーセの律法《りっぽう》の書が発見され、今までユダ王国で行なわれていた祭

1冊の文書から始まったヨシヤの改革

エルサレムの神殿の修復中にモーセの律法の書が発見される。

今までの祭儀の慣習は間違いだった！
神よ、この日から
御言葉を守ります

ヨシヤ王は発見された律法の書に基づいて宗教改革を断行。

- 偶像崇拝を禁止！
- 地方の祭儀用の聖所をすべて破壊！
- 公的礼拝をエルサレム神殿に限定！

偶然発見された律法の書によってヨシヤは宗教改革を行ない、主なる神への正しい祭儀のあり方をユダ王国にもたらした。

儀の慣習が間違いであることが明らかになった。

ヨシヤはすぐにユダ王国のすべての民を集め、この書を読み聞かせた。そして、この書に記述された言葉を実行するという誓いを結んだのである。それからヨシヤの厳格な宗教改革が始まった。まずヨシヤはエルサレムで行なわれていた偶像崇拝《ぐうぞうすうはい》の儀式をすべて廃止。そして地方にあった祭儀用の聖所を取り壊し、公的礼拝をエルサレムの神殿に限定したのである。

こうしてユダ王国に繁栄と正しい宗教のあり方をもたらしたヨシヤだったが、エジプト軍との戦いで戦死してしまう。彼の企図したユダ王国の中興《ちゅうこう》という目標は、あえなく崩れ去ったのだった。

ヨナ書
Jonah

敵国アッシリアの町で神の預言を告げたヨナの冒険

預言者ヨナは、アッシリアの都ニネベに行って人々の不正な行ないを戒めるよう神に言われた。

しかしヨナはイスラエルの敵であるアッシリア人を救うのが嫌だったので、ニネベとは逆方向に行く船に乗り込み、逃亡した。するとその船は嵐に遭ってしまう。ヨナはこの嵐が自分のせいで神が起こしたことを船員に告げ、自分を海に投げ込むように言った。ヨナを投げ落とすと、たちまち海には静けさが戻った。

一方海に放り出されたヨナは、巨大な魚に飲み込まれた。3日3晩魚の胃の中で過ごしたのち、元の浜辺に吐き出される。命が救われたヨナは神に感謝し、ニネベへ向かった。

ニネベでヨナの預言を聞いた人々は意外にも素直に従い、自分たちの行ないを改めた。そしてこれを見た神は喜び、この町を滅ぼすことを思い直したのである。

ところがヨナは、それでは自分の預言が外れたことになると神に不平を言う。すると神は、ヨナが日除けにしていて枯れてしまった1本のとうごまの木を惜しんだことを引き合いに出し、「どうして私は12万人もの人々を惜しまないでいられようか」と諭した。

この物語は、神はイスラエル以外の人々に対しても、悔い改めれば救いの手を差し伸べるのだということを教えている。

Episode エピソード
ヨナ書

ヨナの物語について、新約聖書ではイエスが、自分が3日3晩墓の中にいるだろうことを、ヨナが3日3晩魚の腹にいたことに喩えて話している。この魚は、ギリシア語訳の聖書では「鯨」となっているが、この頃の人々は哺乳類と魚類の区別をせず、どちらも魚と呼んでいたようだ。

ヨナの波乱に富んだ伝道の旅

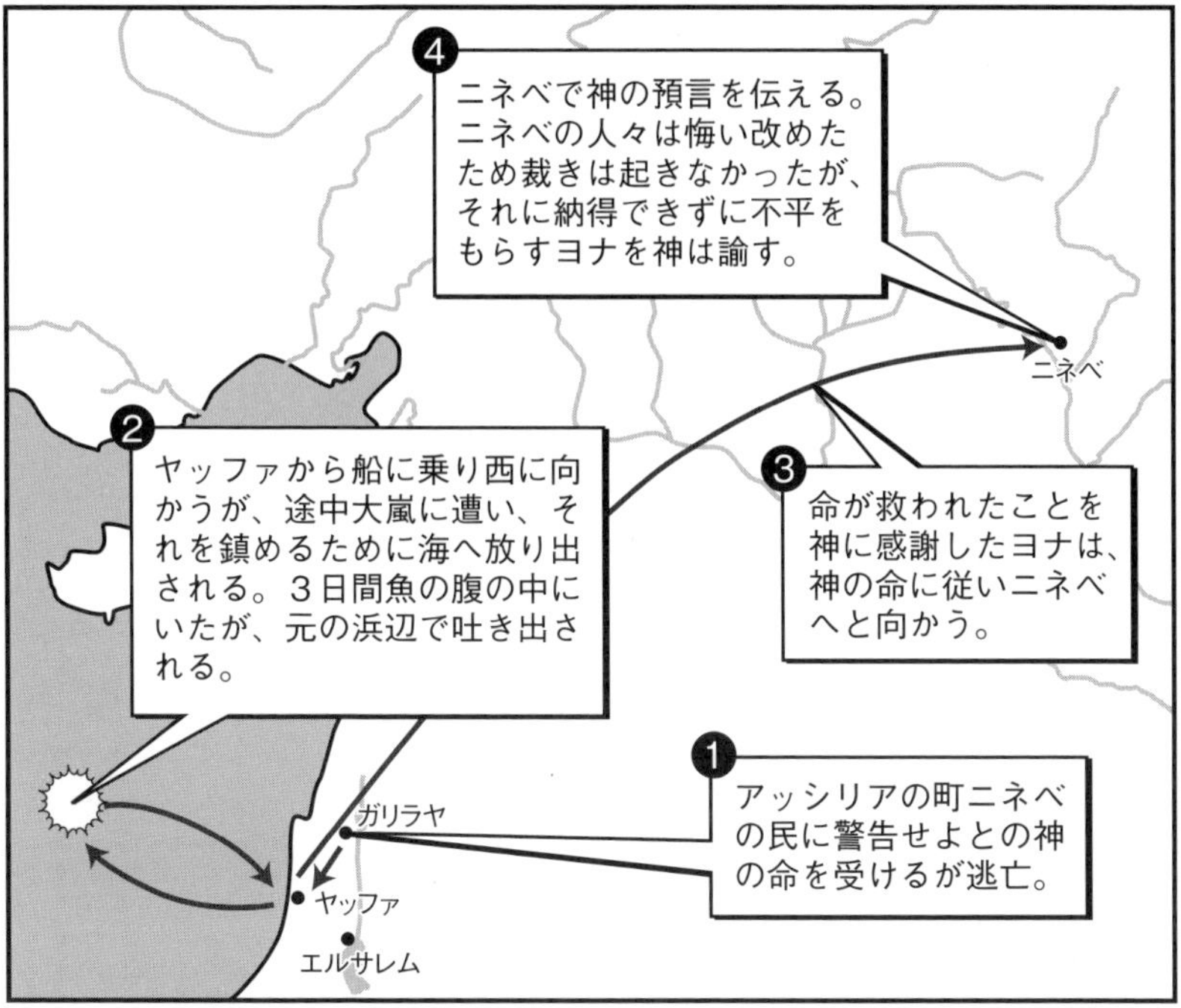

4
ニネベで神の預言を伝える。ニネベの人々は悔い改めたため裁きは起きなかったが、それに納得できずに不平をもらすヨナを神は諭す。
ニネベ
2
ヤッファから船に乗り西に向かうが、途中大嵐に遭い、それを鎮めるために海へ放り出される。3日間魚の腹の中にいたが、元の浜辺で吐き出される。
3
命が救われたことを神に感謝したヨナは、神の命に従いニネベへと向かう。
1
アッシリアの町ニネベの民に警告せよとの神の命を受けるが逃亡。
ガリラヤ
ヤッファ
エルサレム

イスラエルと敵対するアッシリアの町へ行って民を回心させよとの命を受けたヨナだったが、それを拒否し逃亡した。しかしその後神に命を助けられたヨナは心を入れ替え、ニネベへ向かい人々を悔い改めさせた。

ヨナ書のキリスト教における解釈

	ヨナの伝道とニネベの人々の悔い改め。	ヨナは3日3晩大魚の腹の中で過ごす。	神が異邦であるニネベの民を救う。
キリスト教の解釈	神を信じようとしない人々への警告として用いる。	イエスの復活につながる十字架刑の標章とされる。	悔い改めに対する神の恵みが異邦人にも及ぶ。

異邦人を救済する『ヨナ書』の内容は新約聖書で引用される場面があり、キリスト教では上記のように『ヨナ書』を解釈。神への信仰、善行の功徳などを教える書とされている。

列王記

Kings

ユダ王国を襲った第一次バビロン捕囚という受難

ヨシヤ王の死後、アッシリア帝国がバビロニア帝国に滅ぼされるという出来事が起きた。

バビロニアは、紀元前605年、ユダ王国第18代王ヨヤキムの時代にエルサレムを包囲する。ヨヤキムはバビロニアに服従の意を示すことで、これを退けた。しかし前601年、バビロニア軍がエジプト軍に大敗を喫したのを見て、反旗を翻《ひるがえ》したのだった。

バビロニア王ネブカドネザル2世は、前598年にヨヤキムが死亡し、息子のヨヤキンが王位に就くと、この王位交代の喧騒《けんそう》のときを狙ってエルサレムを攻撃。前597年、ユダ王国を降伏させたのである。この結果、1万人もの人々が、バビロンに連行されることとなった。この出来事は「第一次バビロン捕囚《ほしゅう》」と呼ばれる。

しかしネブカドネザル2世はユダ王国を滅ぼそうとはせず、ヨヤキンの叔父・ゼデキヤを傀儡《かいらい》としてユダ国王としたのだった。

預言者エレミヤはずっと以前からこの出来事を預言し、運命を受け入れるよう人々に説いていたが、人々はそんなエレミヤを裏切り者としてたびたび投獄した。

また、このバビロン捕囚で連行されたエゼキエルはバビロンで神から召命《しょうめい》され、預言者となった。そして、バビロンの地で救いを待つように人々を諭していったのである。

Episode エピソード

発掘されたバビロン

バビロニア帝国の都バビロンの遺跡は、長い間地中に埋もれたままになっていたが、1899年から発掘が行なわれた。その結果、町は二重の壁に囲まれ、内部には1000以上の神殿があったことがわかった。そこには7階建ての聖塔があり、これが「バベルの塔」のモデルだったとされる。

バビロニア帝国に敗北を喫したユダ王国

前7世紀、ユダ王国周辺ではバビロニアが台頭。ユダ王国はバビロニアの圧力を受ける。

バビロニア帝国

ネブカドネザル2世

紀元前625年にアッシリアからバビロンを奪取し建国される。ネブカドネザル2世のときに最大版図を創出する。

ユダ王国

18代王 ヨヤキム：バビロニアがエジプトに敗れたのを見て反旗を翻す。

19代王 ヨヤキン：就任後3か月でバビロニアに攻められ降伏。

20代王 ゼデキヤ：ネブカドネザル2世に傀儡の王として立てられるもやがて反抗の意を示すようになる。

エルサレム攻囲

臣従もその後反抗

エルサレム占領

連行

バビロン捕囚

バビロニアに反旗を翻したユダ王国はバビロニア軍の攻撃を受け多くの人々がバビロンに連行された

前597年、バビロニア帝国はユダ王国を攻め、降伏させる。そしてこのとき神殿・王宮の財宝とエルサレムの高官など約1万もの人々がバビロンへ連行された。

列王記

Kings

バビロニアによって滅ぼされたユダ王国

第二次バビロン捕囚

5
貧しい民のみを残してバビロニアに連行したネブカドネザル２世だったが、預言者エレミヤには敬意を表わした。エレミヤは貧しい民とともに国に残る。
メギド
サ　マ　リ　ア
サマリア
アフェク
ヨルダン川
ギ　レ　ア　ド
2
ユダの町々を攻め落としエルサレムを包囲。
3
エジプト軍の接近に伴い、一時エルサレムの圧力が弱まる。エレミヤは降伏を勧告するが、監獄に入れられる。
4
ゼデキヤは逃亡をはかるが、エリコで追っ手に捕まりバビロニアに連行される。
エリコ
エルサレム
ベト・シェメシュ
ベト・ハケレム
アゼカ
ヘブロン
ラキシュ
ガザ
ユ
ダ
ラフィア
ベエル・シェバ
アラド
ラマト・ネゲブ
1
前589年ゼデキヤはバビロニアに対して反乱を起こす。
バビロニア軍侵攻ルート

エレミヤの預言を無視し、バビロニアに反旗を翻した結果、第二次バビロン捕囚の憂き目に遭う。

ネブカドネザル2世によって王位に就いたユダ国王ゼデキヤだったが、紀元前589年、エジプトと軍事同盟を結びバビロニアに反旗を翻した。エルサレムに立て篭《こ》もったゼデキヤに対して、ネブカドネザル2世は大軍を率いて遠征し、エルサレム、ラキシュ、アゼカの三都市以外のほとんどすべての地域を制圧したのである。

預言者エレミヤは、ゼデキヤ王に向かって繰り返し進言した。「これ以上バビロニアと戦って国民を戦火に巻き込み国土を荒廃《こうはい》させるよりも、バビロニアに降伏し、エ

預言者エレミヤの活動

バビロニアに降伏するよう勧告するエレミヤだったが……
国家への背信だ!!
私は
国のためを思って……!
地下牢に捕らえられてしまう

バビロン捕囚の預言
70年バビロンの王に渡し70年後にはあなたたちをこの地に連れ戻す。

→ 70年後バビロニア帝国を滅ぼしたアケメネス朝ペルシアの王キュロスによって捕囚から解放される。

新しい契約の預言
彼らは契約を破った（出エジプトの際に結んだ契約）。しかしわたしの律法を彼らの胸の中に授け、彼らの心にそれを記す。

→ この契約が、いつ、どのように実行されるかは明らかにされておらず、ユダヤ教徒にとっては今もなお成就していない。キリスト教徒にとってはイエスの自己犠牲をエレミヤの預言の成就とみている。

ルサレムと住民を守るべきだ」。

しかし、ゼデキヤは何の決断もできないまま時が経ち、前586年、ついにエルサレムの城壁の一部がバビロニア軍によって破られてしまうのである。もはやこれまでと思ったゼデキヤは、城を脱出して荒野に逃げたが、すぐに追っ手につかまってバビロニアに連行された。

エルサレムは、城壁も市街も完全に破壊され、神殿は、ソロモン時代からの青銅の柱や備品にいたるまで、ことごとく略奪される。そして再び、上流階級の者や技術者、職人たちが、捕虜としてバビロンに連れていかれたのである（第二次バビロン捕囚）。こうしてついにユダ王国は滅亡した。

列王記
Kings

バビロン捕囚下でイスラエルの民はどのような暮らしをしていたのか

捕虜としてバビロンで暮らすようになったイスラエル人は、傭兵《ようへい》や農夫としてバビロニアのために働かされた。彼らは戦争や災害で荒廃した土地に入植《にゅうしょく》させられ、農業や復興工事に従事したのである。

しかし、バビロニアの政策は捕囚の民を国別に1か所に集めるというものだったので、人々は同胞《どうほう》とともに生活し、共同体を作りながら民族意識を保ち続けることができた。また社会的にも宗教的にもある程度、自治というものを持つことも許されていたのだ。

このときイスラエルの民には、自分たちの神に祈る神殿さえもなかったが、この大きな苦難が信仰の飛躍を促すという奇跡を起こす。

エゼキエルら預言者や祭司たちは、同胞の捕虜に主への信仰を説いた。そして人々に希望を見出させようとしたのである。

神殿がなくても、安息日《あんそくび》に神を讃美し、神の言葉を黙想するために集まることはできる。こうした彼らの活動によって、捕囚されたバビロンの地で、のちにユダヤ教と呼ばれるような新しい宗教生活の形式が発展していった。

捕囚の末期には多くのイスラエル人がバビロンで繁栄し、なかには事業で成功し多額の預金を持つ者や、国家行政に携わる者まで現われた。のちイスラエルへの帰還が許されたとき、そのままバビロンに留まった者も多かったという。

Episode エピソード

バビロン捕囚の時代

バビロン捕囚時代イスラエルの民は、民族保持のために精神的・宗教的きずなを強めた。捕囚の地で行なわれた様々な律法、歴史書、預言書などの記録の編纂もその一環だ。モーセ五書もこの時代に編纂された。礼拝のための集会所・シナゴーグもこの時代に造り出されたとされる。

新しい宗教形式の確立へ

神殿がないなら
その場で
祈ればいい
神を讃美し、
黙想するために
人々は
集まるように
なった

捕囚の地で、ユダヤ教の基礎となるものができあがった。

預言者エゼキエルが語った幻の神殿

預言者エゼキエルは、捕囚下のバビロンでイスラエルの民に神への信仰を説く。そして、バビロニア軍によって破壊された神殿が再び蘇ることを民に語った。

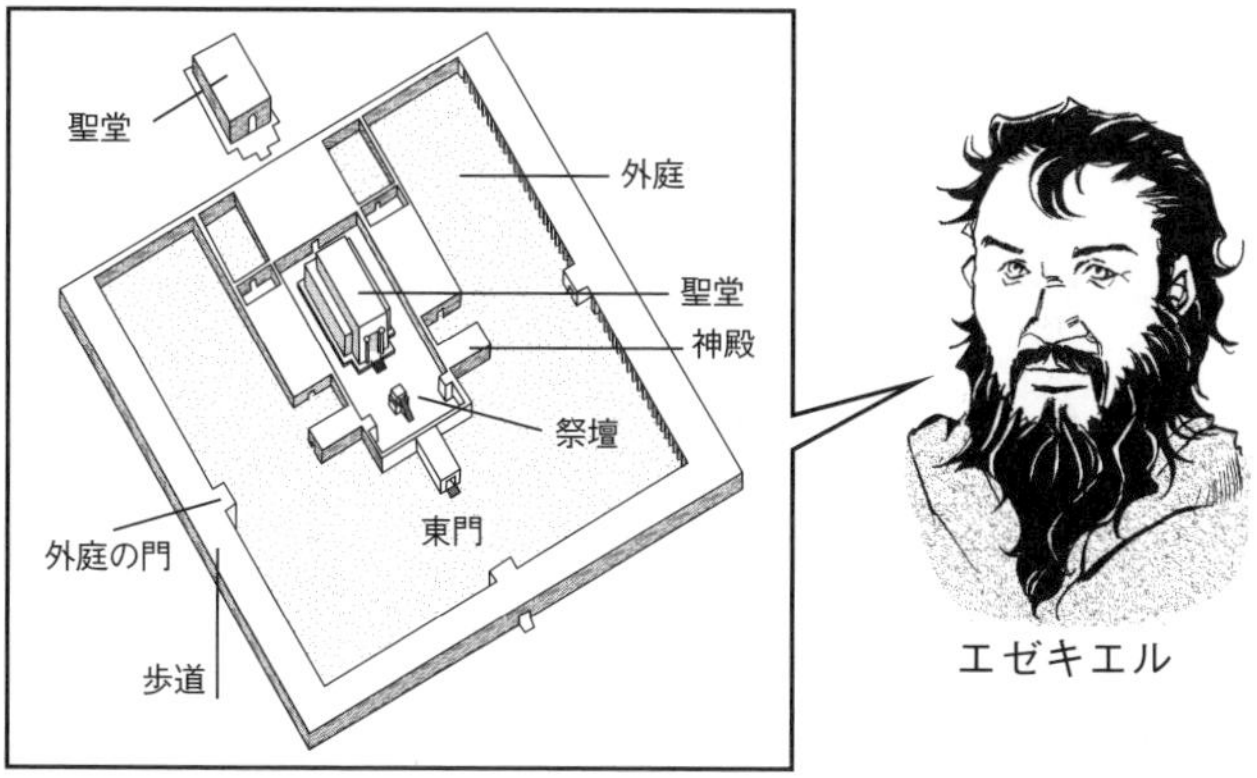
聖堂
外庭
聖堂
神殿
祭壇
東門
外庭の門
歩道
エゼキエル

形、大きさ、祭祀のやり方に至るまでその神殿像は克明で、捕囚下の民はこれによって励まされたと考えられる。

ダニエル書

daniel

迫害に苦しむユダヤ人を励ますために書かれた『ダニエル書』とは?

『ダニエル書』は、ユダヤの民間伝承として伝えられる英雄ダニエルの物語である。物語の舞台は、バビロン捕囚の頃のバビロニア。ダニエルは捕囚された貴族のひとりで、思慮深く、容姿端麗《ようしたんれい》な青年だったという。

　当時のバビロニアではたとえ捕虜であっても、有能な者には立身《りっしん》出世《しゅっせ》の道が開かれていた。ダニエルは捕囚の民でありながら、バビロニアで大出世を遂げていく。

　ダニエルには夢を解き明かすという特別な能力があった。ある日ダニエルはバビロニア王ネブカド

ダニエルの夢の解き明かし

王が見た夢とダニエルの答え

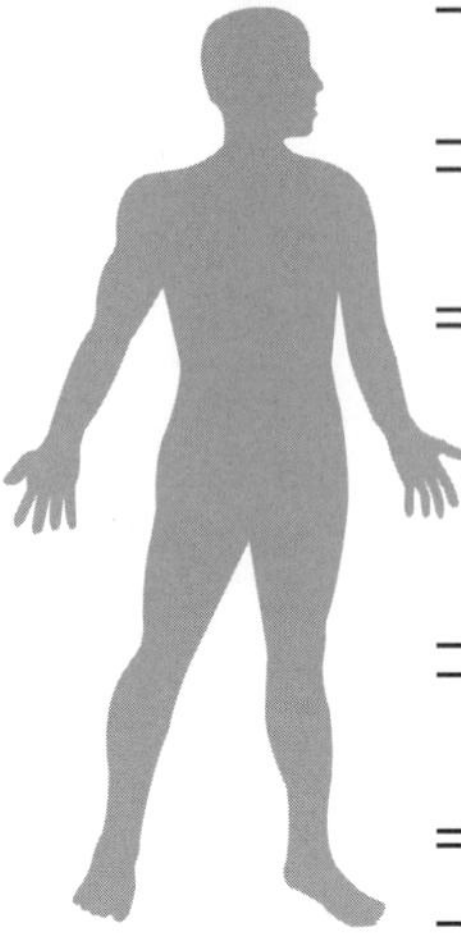

純金の頭（バビロニア）
ネブカドネザル２世のこと。
権力が頂点にあることを示す。

銀の胸と両腕（ペルシア）
バビロニアより劣る
第２の王国が興る。

青銅の腹ともも（ギリシア）
第３の王国が興って世界を治める。

鉄のすね（ローマ）
鉄のように強い国で、
あらゆるものを破壊する。

鉄と粘土でできた足（？）
鉄と粘土が混じり合わないように
一致団結することのない国が興る。
またこのときに神がひとつの国を興し、
その国は永遠に続く。

王の夢を見事に解き明かしたダニエルは、捕囚民でありながらもバビロン全州を治める地位を与えられた。

ライオンの洞窟に投げ込まれるダニエル

異例の出世を遂げたダニエルは、バビロニアの重臣たちの妬みを買うことに……。

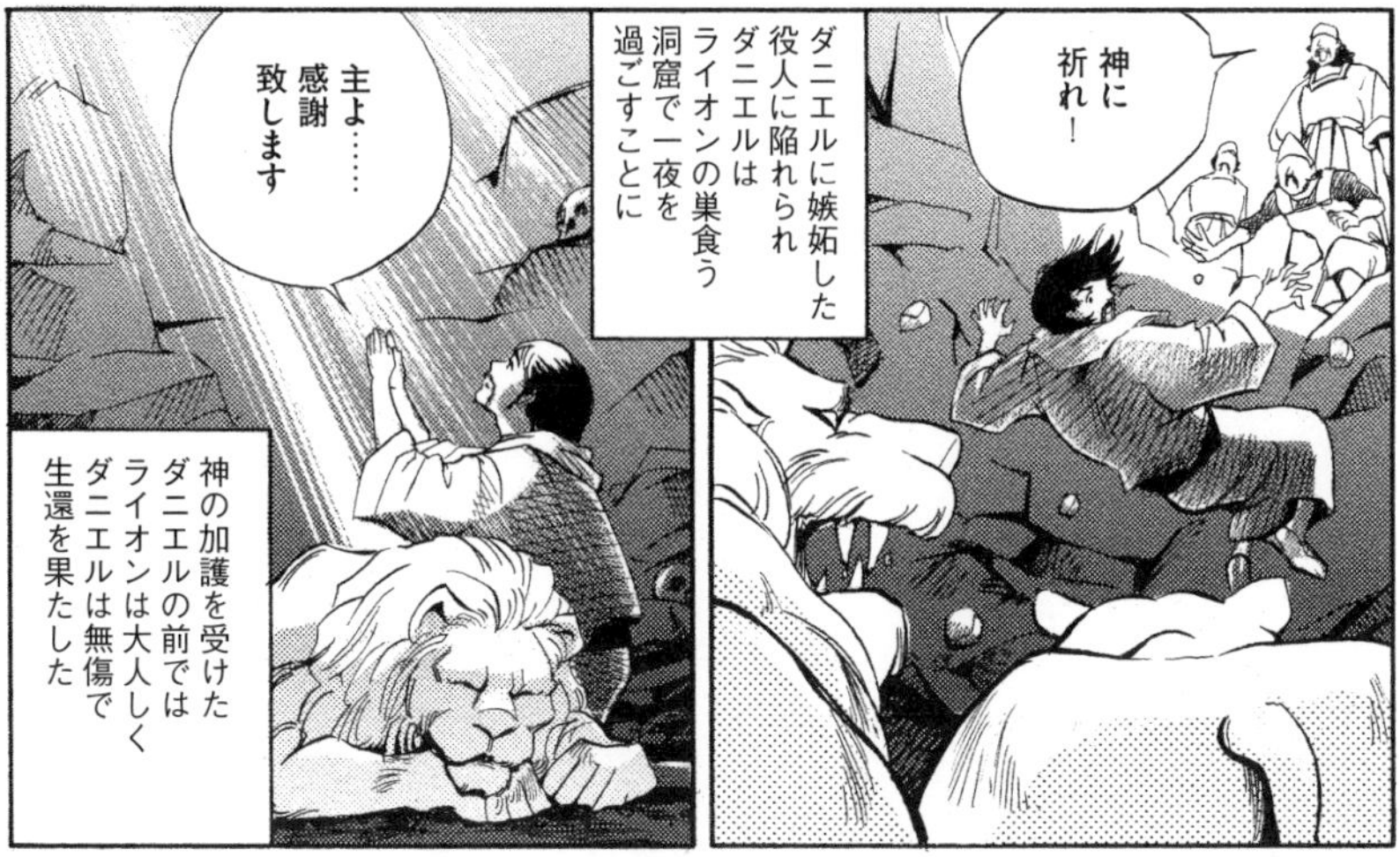

神に祈れ！
ダニエルに嫉妬した役人に陥れられダニエルはライオンの巣食う洞窟で一夜を過ごすことに
主よ……感謝致します
神の加護を受けたダニエルの前ではライオンは大人しくダニエルは無傷で生還を果たした

無傷だったダニエルを見て、バビロン王は全地に住む人々に対して王国全域でダニエルの神を称えるようにとの文書を送った。

聖書の謎 The Bible Episode

黙示文学とは？

　黙示文学とは、紀元前２世紀から１世紀にかけて古代オリエントに広く流行した文学的技法のことである。これは神の啓示《けいじ》の記録であり、とくにこの世の終わりに来る破滅を描写したものが多い。黙示文学は迫害を受けている人を激励する意味合いが大きく、迫害する者に読めないよう暗号のように書かれた。

ネザル2世の夢を解き明かしてみせる。

　それはひとつの巨大な像の夢で、金や銀などでできた部分はそれぞれそのときに全地を治める国を表わし、最後に大きな石がこの像を打ち砕くのは、神の国がすべての国を滅ぼして永遠に続くことを意味するというものだった。

　王はこの解釈を聞き、イスラエルの神を讃美した。そしてダニエルは王の信頼を得て、帝国全土を治める官吏《かんり》にまで上り詰めたのだった。

　この書は、紀元前2世紀頃シリアの迫害に苦しむユダヤ人を励ます目的で書かれたといわれる。のちにユダヤ人の間に広まる黙示《もくし》文学のはしりとなった。

エステル記

Esther

ユダヤ人を迫害の魔の手から救った気高き王妃・エステル

ペルシア王妃となったエステル

バビロニアを滅ぼしたペルシアはキュロス2世の治世に全盛期を迎え、前4世紀頃にはインドからエジプトに至るまで領土を広げた。

バビロン捕囚で連行されたイスラエルの民は、この頃各地へ散らばっており、エステルもその中で誕生した。

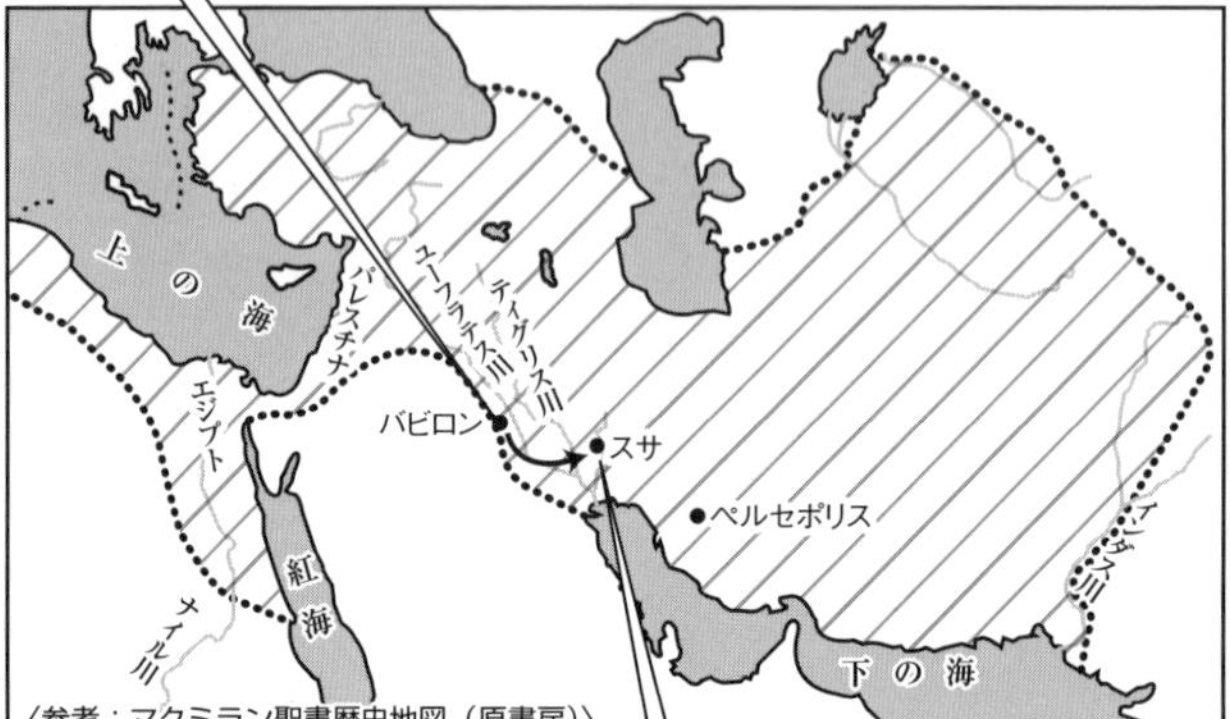

〈参考：マクミラン聖書歴史地図（原書房）〉

アケメネス朝ペルシアの領土

ペルシアの王クセルクセスは、王妃が客前に出ることを拒んだためこれを退け、国中の女性から王妃を選ぶことにした。見事エステルがその座を射止める。

前539年、バビロニア帝国は、アケメネス朝ペルシアによって滅ぼされた。『エステル記』に書かれた物語は、そのペルシア帝国を舞台にしたユダヤ人女性の話だ。

エステルは、要塞《ようさい》の町スサに住む従兄弟《いとこ》のモルデカイに育てられた孤児だったが、その美貌をペルシア王クセルクセスに見初められて、王妃に迎えられる。

ある日、王に次ぐ地位のハマンが、モルデカイが自分に敬意を表わさなかったことに腹を立て、モルデカイだけでなくユダヤ人全員の皆殺しの命令を出すよう王を言

エステルを巡る相関図

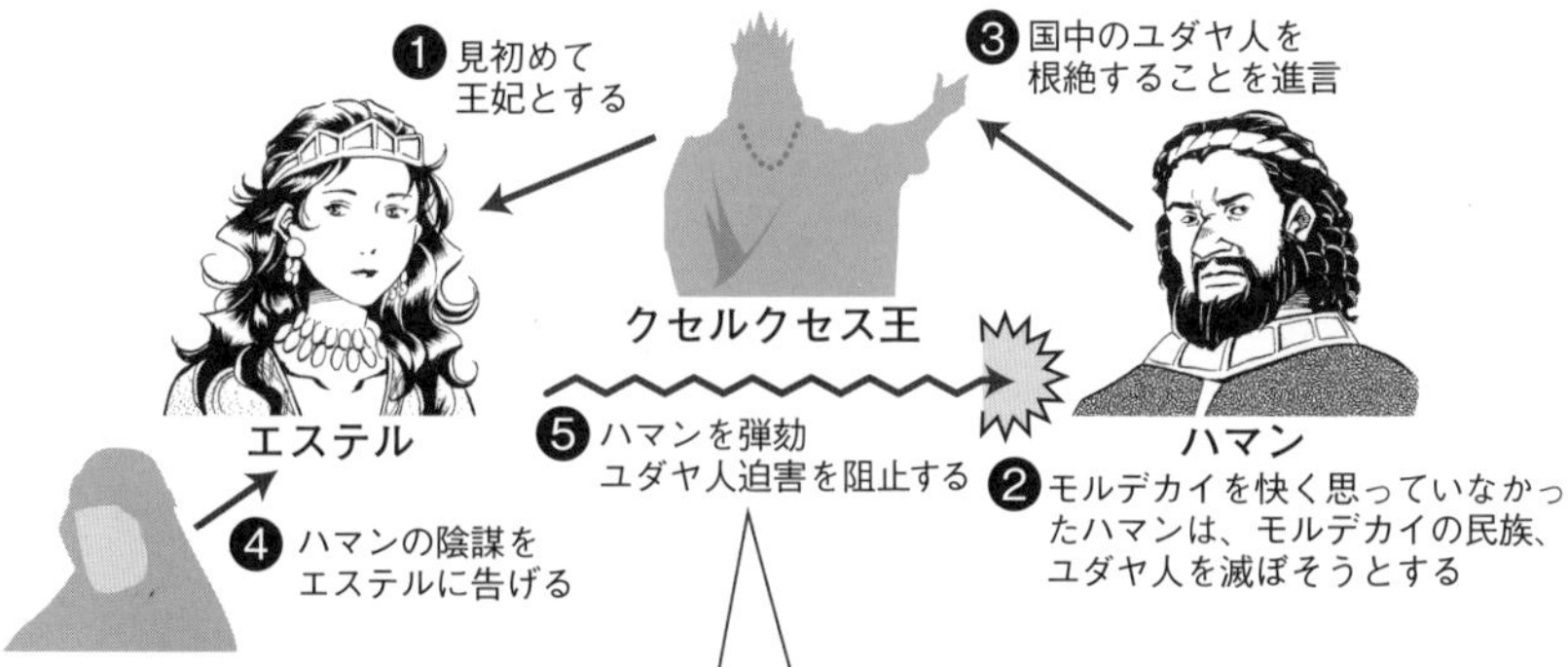

❶見初めて
王妃とする
クセルクセス王
❸国中のユダヤ人を
根絶することを進言
エステル
ハマン
❺ハマンを弾劾
ユダヤ人迫害を阻止する
❷モルデカイを快く思っていなかったハマンは、モルデカイの民族、ユダヤ人を滅ぼそうとする
❹ハマンの陰謀を
エステルに告げる

その仇
その敵は
この悪いハマン
ですっ!!

いくるめたのである。

当時ユダヤ人は世界中に離散していたため、ペルシアにも多くのユダヤ人がいた。彼らはしばしばペルシア帝国の要職につき、ペルシア人たちの憎悪の的になることも多かったようだ。

エステルはこれを知って驚きモルデカイと相談するが、王妃である彼女が王を翻意《ほんい》させるしかなかった。当時、この国では王に呼ばれないのに自ら会いにいくことは死罪に値した。

しかし同胞を救うためにエステルは勇気を振りしぼって王の前に出、ユダヤ人を救ってくれるよう嘆願したのである。王はエステルの願いを聞き届け、逆にハマンを絞首刑にしたのだった。

ネヘミヤ記

捕囚の民がついにエルサレムへの帰還を果たす

国を滅ぼされ、捕らわれの身となって数々の苦難を味わってきたイスラエルの民に、ついに救いのときがやってきた。紀元前539年にバビロニアを滅ぼしたペルシア王キュロスは、翌年、捕囚となっていたイスラエル人をすべて解放したのである。

キュロス王はまた、破壊されていたエルサレムの神殿を再建せよという勅令を出す。人々は多くの困難に直面しながらも、預言者ハガイとゼカリヤの助けによって、神殿再建を進めた。その神殿は、紀元前515年に完成し、ソロモンが造営した神殿に対して第二神殿と呼ばれる。またその後、崩れたままだったエルサレムの城壁の再建の許可も出され、ペルシアから派遣されたユダヤ総督ネヘミヤの指導のもと、人々は城壁を修復した。

さらに、ネヘミヤとともにペルシアから派遣された祭司エズラは、ペルシア王から、イスラエル人を「神の律法」によって正しく治めよという命令を受けていた。エズラは人々にモーセの律法の書を公布して、改めて宗教教育を行なう。そして同時に祭儀の法典化、祭司職の体系化、律法のための学校の制度化などを行なった。

こうしたエズラの活動のもと、イスラエル人の宗教は、ユダヤ教という宗派を構成することになったのである。

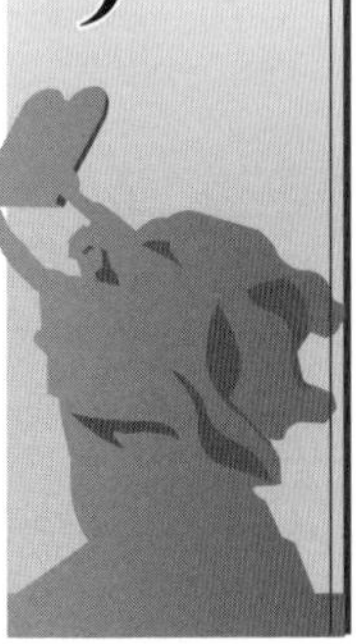

Episode エピソード

エジプトに伝わったユダヤ教

ナイル川の中州にある島イエブで発見されたアラム語の文書には、エジプトに住んだユダヤ人の宗教のあり方について書かれている。それによると、イエブには捧げ物の祭祀を行なうための神殿がいくつかあり、異教の神々にも捧げられていた。これはユダヤ教と異なった教えだった。

エルサレムへの帰還と再建

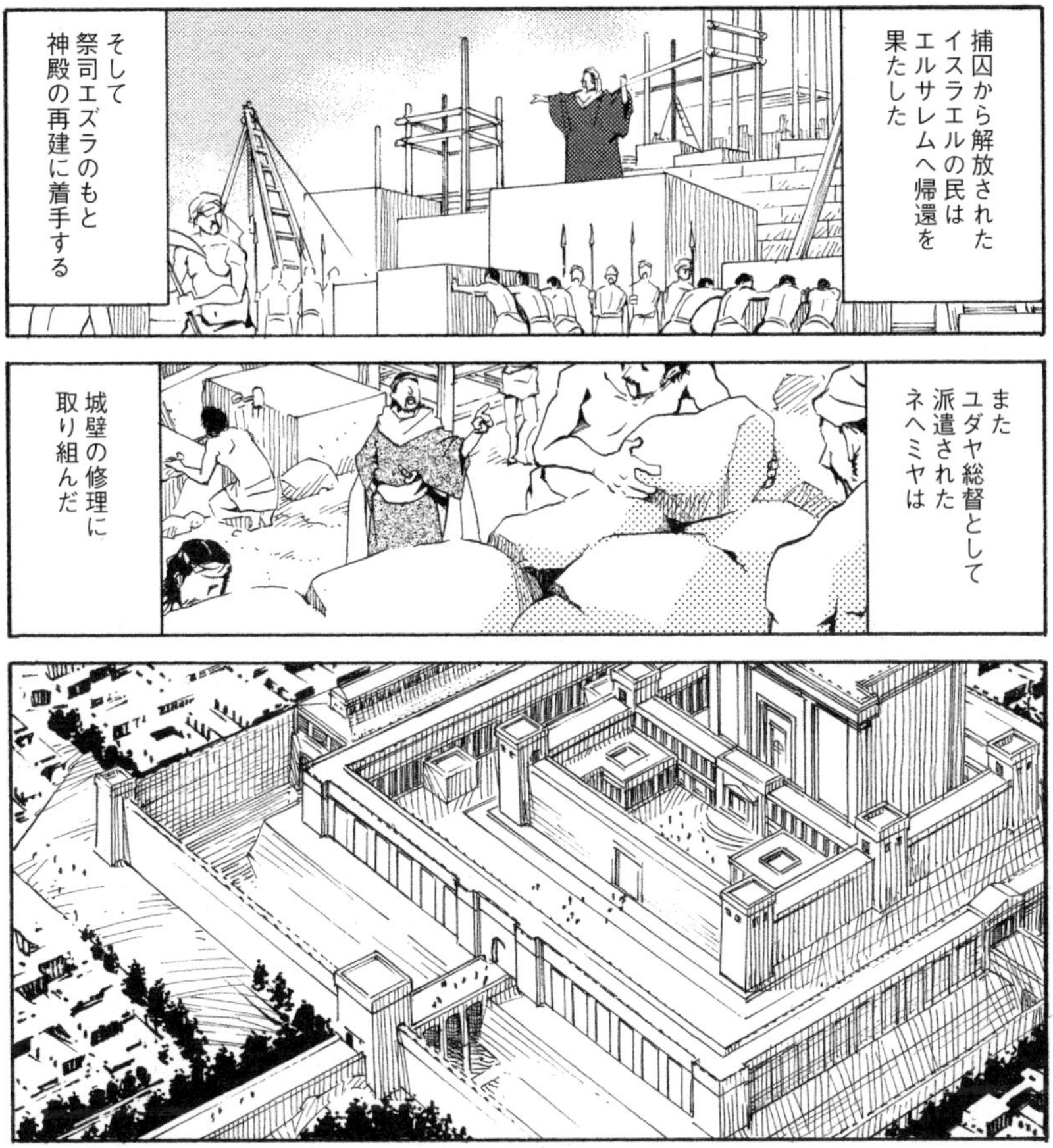
捕囚から解放された
イスラエルの民は
エルサレムへ帰還を
果たした
そして
祭司エズラのもと
神殿の再建に着手する
また
ユダヤ総督として
派遣された
ネヘミヤは
城壁の修理に
取り組んだ

エルサレム再建に尽力した預言者ハガイとゼカリヤ

ハガイ

捕囚からの帰還時、指導者として民を鼓舞する。神殿の再建に最も心を砕き、民族復興には祭司の存在が欠かせないとした。

ゼカリヤ

ハガイと同じくイスラエルの民を鼓舞する預言をし、神殿の再建に尽力。新しい世界秩序の樹立、無名のメシアが世界平和をもたらすなどの幻を見る。

エズラ、ネヘミヤ、そしてふたりの預言者の活躍によりエルサレムが復興された。

ユダヤ教徒の「クリスマス」

ハヌカ祭は、「光の祭り」「宮潔《みやきよ》めの祭り」とも呼ばれるユダヤ教の祭りだ。ユダヤ暦のキスレヴ月（11～12月）の25日に始まって8日間続く。

ハヌカ祭は、旧約聖書に記された祭りではなく、歴史上の出来事に由来している。

紀元前2世紀、イスラエルの地はシリアのギリシア人の支配下にあった。当時のセレウコス朝シリアのアンティオコス4世は、ユダヤ教を禁止し、聖所《せいじょ》であるエルサレム神殿を汚した。だが、これに対してユダヤ教の人々の不満と怒りが渦巻くようになり、紀元前164年にモディイン村の祭司マタティアとその息子たちのハスモン家が反乱を起こしたのだ。やがてアンティオコス4世の強力な軍隊を撃破し、エルサレムを奪還したハスモン家は、エルサレム神殿を解放して、再びユダヤ教の神殿としたのである。

これを記念して行なわれるのがハヌカ祭だ。祭りの初日には、エルサレム郊外のハスモン家の墓所で灯された火を嘆きの壁の前まで運び、そこで点火式を行なう。全国からやってきた代表はその火を分け合い、「ハヌキヤ」という8つの燭台《しょくだい》に1夜に1灯ずつ順番に火を灯していく。これはエルサレム神殿を奪還した際に、灯明《とうみょう》を捧げようとしたところ、燭台の油壺に1日分のオリーブ油しかなかったにもかかわらず、なぜか8日間も炎が燃え続けたという出来事にちなんだ慣習で、各家庭でも同じようなことが行なわれる。

ハヌカ祭は、同時期に行なわれるキリスト教のクリスマスほど知名度がなく、昔はユダヤ教でもそれほど関心を持たれることがなかった。それでも次第にユダヤ教徒の間で年中行事として普及し始めたのだ。子どもたちにプレゼントをするなど、楽しい祝い方を工夫するようになったのは、クリスマスの影響が大きいのではないかとも考えられている。

断章

知恵文学と旧約聖書続編

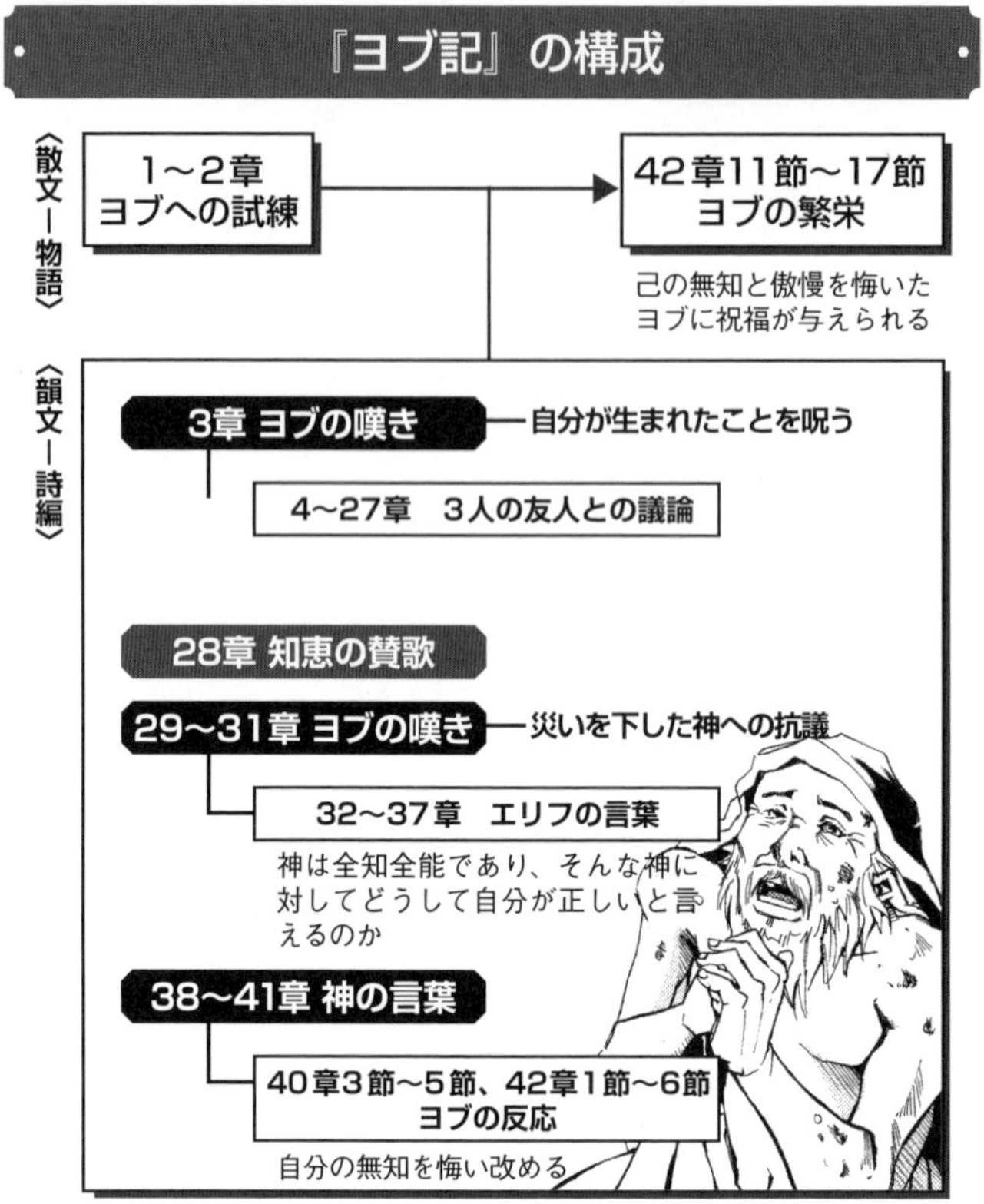
『ヨブ記』の構成
〈散文―物語〉
1～2章
ヨブへの試練
42章11節～17節
ヨブの繁栄
己の無知と傲慢を悔いた
ヨブに祝福が与えられる
〈韻文―詩編〉
3章 ヨブの嘆き
自分が生まれたことを呪う
4～27章　3人の友人との議論
28章 知恵の賛歌
29～31章 ヨブの嘆き
災いを下した神への抗議
32～37章　エリフの言葉
神は全知全能であり、そんな神に
対してどうして自分が正しいと言
えるのか
38～41章 神の言葉
40章3節～5節、42章1節～6節
ヨブの反応
自分の無知を悔い改める

ヨブは神から与えられた試練を素直に受け入れるが、「詩編」では神を疑い、自らの潔白を訴える。

様々な苦難に遭いながらも信仰心を失わなかったヨブ

『ヨブ記』では、不条理な苦しみを受けることにはどんな意味があるのかという、大きな問題が示されている。

ヨブは家族にも富にも恵まれ、徳も高く、信心深い人間であった。

神がヨブの敬虔《けいけん》さを誉めると、サタンはヨブが信心深いのはたまたま恵まれているからだという。そこで神は、サタンにヨブを苦しめてもかまわないと許可すると、サタンはヨブの財産と子どもたちを奪ってしまうのである。しかしヨブはこれを受け入れて、神への信仰心を失わなかった。

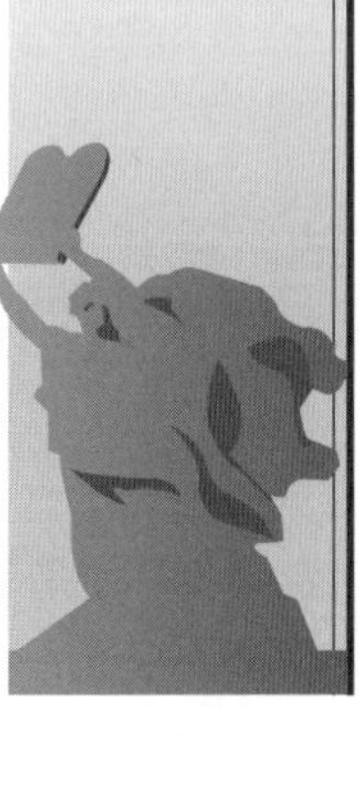

『ヨブ記』が伝えたいこと

私がこの世を造ったとき、お前はどこにいたのか知っていたというなら理解していることを言ってみよ
神よ、私が愚かで無知でした
私は悔い改めます

悔い改めたヨブに神は祝福－財産と長寿と子宝－を与える

与えられる苦難は人間の理解をはるかに超えた神からの試練であり、信仰をもってそれを克服すべきであると『ヨブ記』は語る。

聖書の謎 *The Bible Episode*

知恵文学とは？

人生哲学というものは、古代オリエントでも「知恵の伝統」として格言集などにまとめられていた。旧約聖書にも、『箴言《しんげん》』『コヘレトの言葉』『ヨブ記』の３つの知恵文学が収録されている。しかし知恵文学の著者は、真の知恵を持つのは神だけであるとして、神の知恵への完全な信頼を勧めている。

次にサタンはヨブの全身に腫《は》れ物をつくり、肉体的な苦しみを味わわせる。それでも神を信じたヨブに対して、神はその苦しみを取り除き、そして以前よりも幸福になるよう祝福したのだった。

物語はハッピーエンドに終わるが、その途中でヨブは何の罪もないはずの自分がどうして苦しみを受けなければならないのかを神に激しく問うている。神はこの疑問に対し、人間の苦難の意味とは人間の理解をはるかに超えたものであることを示したのである。

この世界を造り上げた神の前に、何が正しいかを知り得る人間はいない。ヨブは圧倒的な神の力を知り、己の無知と傲慢《ごうまん》を悔いたのだった。

人生の教訓を集めた『箴言』と、厭世的な人生観を説く『コヘレトの言葉』

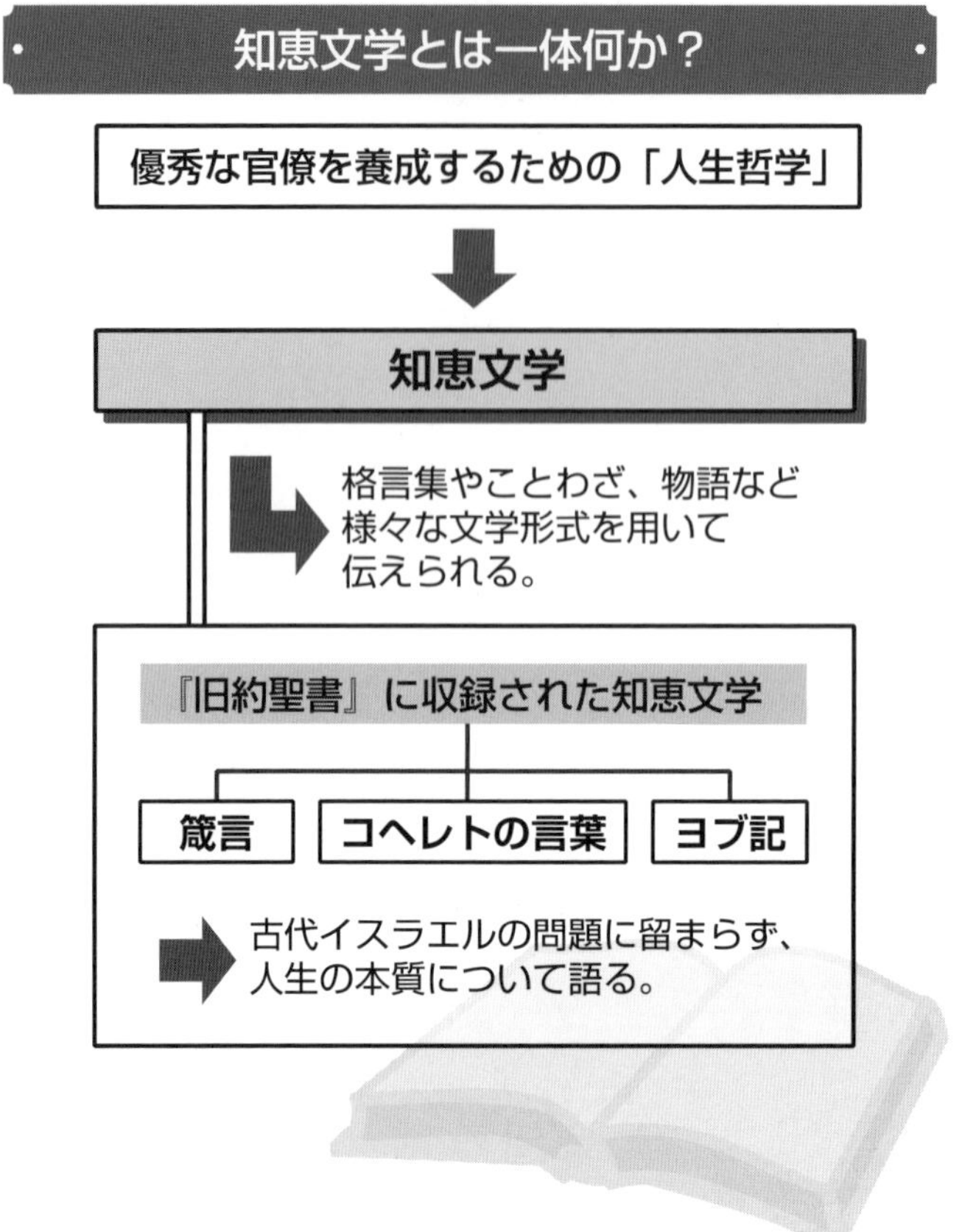
知恵文学とは一体何か？
優秀な官僚を養成するための「人生哲学」
知恵文学
格言集やことわざ、物語など
様々な文学形式を用いて
伝えられる。
『旧約聖書』に収録された知恵文学
箴言
コヘレトの言葉
ヨブ記
古代イスラエルの問題に留まらず、
人生の本質について語る。

聖書の知恵文学の中の『箴言《しんげん》』は、古代イスラエルの人々の間で伝えられてきた人生訓や格言を編集したものだ。

短い章句からなり、道徳的、日常的な知恵が集められている。『箴言』は、正直、勤勉、敬虔、謙遜《けんそん》、節制《せっせい》というものが最終的に幸福をもたらし、不正や強欲、虚偽などは結局は災いをもたらすという教訓を与える。

一方『コヘレトの言葉』は、従来「伝道《でんどう》の書」と訳されていたもので、「コヘレト」は人生の空《くう》を悟ったある人物の固有名詞とされ

生の無常を描いた『コヘレトの言葉』

『コヘレトの言葉』は厭世的な人生観を描き、旧約聖書の中でも異彩を放っている。

なんという空しさ……
すべては空しい……
すべての労苦も何になろう

コヘレトは誰か？

エルサレムの王ダビデの子、コヘレトの言葉（コヘレトの言葉1章1節）

➡ 聖書の1節より、古代のユダヤ教ではソロモンが青年時代に『雅歌《がか》』を著し、老年になってから『コヘレトの言葉』を著したとされる。

➡ 現在ではソロモンより後の、前200年頃に書かれたと推定され、著者はギリシア哲学を学んだ人物ではないかといわれているが、詳細は定かではない。

聖書の謎 The Bible Episode

エジプトの知恵文学

イスラエルの知恵文学は、エジプトの知恵文学の影響を大いに受けたとされている。たとえば1923年に発表されたエジプトの『アメンエムオペの教訓』は、『箴言』22章17節から24章33節の部分と非常に類似しており、古代イスラエル人が、国境を越えて学問を学んでいたことがわかった。

ている。彼はあらゆる成功を収めた王で、これ以上望むものもないほど満ち足りた人生を送っていた。しかしいざ死という現実に直面すると、その途端すべてのものに空《むな》しさを感じてしまうようになるのだ。

コヘレトは正直者は得をするなどといった因果応報《いんがおうほう》観を嫌い、神がこの世を支配していることは認めても、神が個々人の幸福を配慮しているという考えには疑問を持つ。そして最終的には、日常的な快楽にささやかな幸福を見つけるように説くのだ。

神の存在を無視したかのようなこの思想に、この書を旧約聖書から削除すべきかどうかが問題となったこともあるという。

神への讃美歌『詩編』と男女愛を描いた歌の中の歌『雅歌』

『詩編』の構成

巻	詩	内容	備考
第1巻 1~41編	詩1−2	『詩編』の書全体の序文	
	詩3−41	「ダビデの詩」集（その1）	
第2巻 42~72編	詩42−49	「コラの子の詩」集（その1）	エロヒーム詩集（「神」の語をよく用いる）
	詩51−72	「ダビデの詩」集（その2）	
第3巻 73~89編	詩73−83	「アサフの詩」集	
	詩84−88	「コラの子の詩」集（その2）	（詩86を除く）
第4巻 90~106編	詩93−99	「主（ヤハウェ）こそ王」詩集	
	詩100−106	讃美歌集（一部、無標題）（その1）	
第5巻 107~150編	詩108−110	「ダビデの詩」集（その3）	
	詩111−119	讃美歌集（無標題）（その2）	一部ハレルヤ詩編
	詩120−134	「都に上る歌」集（巡礼歌集）	神への讃美を共通のテーマとしている。
	詩135−136	讃美歌集（無標題）（その3）	
	詩138−145	「ダビデの詩」集（その4）	
	詩146−149	讃美歌集（無標題）（その4）	ハレルヤ詩編
	詩150	『詩編』の書全体の結び	ハレルヤ詩編

※「ダビデの詩」集（その1～4）は必ずしもダビデが書いたものとは限らない。

詩編はもともと10個の主要な詩集から構成されていたが、モーセの律法（5巻）に合わせてまとめられたと考えられる。

『詩編《しへん》』は、150の宗教的詩歌《しいか》がまとめられたものである。これらはエルサレム神殿での祭儀《さいぎ》の際に、楽器に合わせて合唱された。とくにユダヤ人がバビロン捕囚《ほしゅう》から帰還して神殿を再建した頃に歌われた詩が多いようだ。

その詩歌の多くは、のちにユダヤ教やキリスト教の讃美歌《さんびか》のもとになったほか、教会音楽や芸術音楽の中にも数多く取り入れられた。

詩歌のテーマは、神を讃美するものと、困難や危機からの救済に対して神に感謝するものなどに分けられる。そして苦しみに耐える

歌の中の歌『雅歌』

『雅歌』とは…
若い女性とその恋人が自分たちの思いを熱狂的に表現したラプソディ

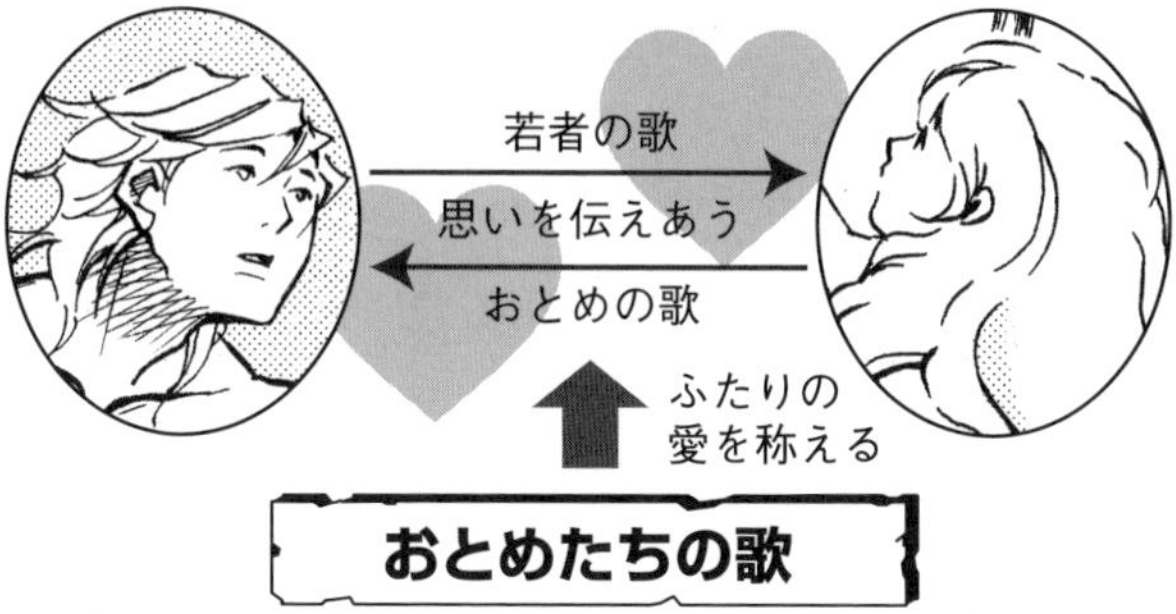

若者の歌
思いを伝えあう
おとめの歌
ふたりの愛を称える
おとめたちの歌

ユダヤ教とキリスト教の伝統的な解釈によれば、『雅歌』に描かれた男女は神と人間との間の神秘的な関係を表わしているという。

聖書の謎 The Bible Episode

聖書と音楽

すべての文化は音楽を持っている。旧約聖書の世界にも音楽はしばしば登場し、結婚式や戦勝の祝い、軍隊の行進、あるいは井戸掘りの最中にも人々は音楽を奏でたり、歌を歌った。新約聖書でも同様で、ここには最後の晩餐の後で歌が歌われたとあり、この歌が初代教会から現代にまで継承されている。

人々と勝利を喜ぶ人々が繰り返し登場し、「ハレルヤ」という有名な言葉で、詩編は結ばれる。「ハレルヤ」とは、「主をほめたたえよ」という意味だ。

『雅歌《がか》』は、ヘブライ語では「歌の中の歌」という表題がつけられている。「ソロモンの雅歌」ともされるが、ソロモン王の名のもとに、紀元前3世紀頃に書かれたものと考えられる。

内容は、若者と娘の間で交わされる会話形式の古典的な愛の歌で、自然の中の動植物もひんぱんに登場する。ちなみにユダヤ教やキリスト教の伝統的な解釈によれば、この男女の姿は、神と人間、キリストと教会の神秘的な関係をなぞったものであるという。

旧約聖書続編
トビト記

同時期に死を願ったトビトとサラを救うため、神は天使ラファエルを派遣する

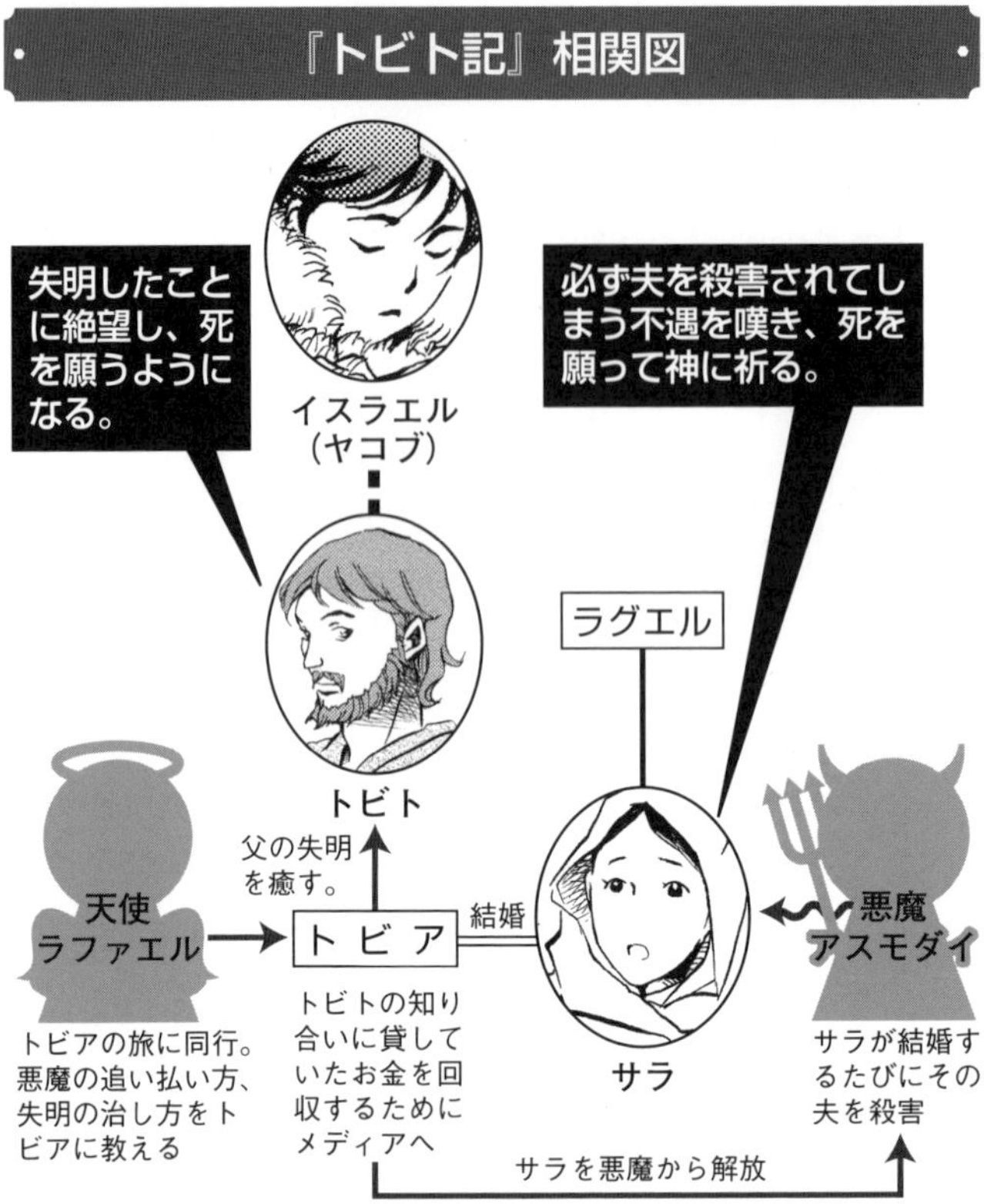
『トビト記』相関図
失明したことに絶望し、死を願うようになる。
イスラエル（ヤコブ）
必ず夫を殺害されてしまう不遇を嘆き、死を願って神に祈る。
ラグエル
トビト
父の失明を癒す。
天使
ラファエル
トビア
結婚
サラ
悪魔
アスモダイ
トビアの旅に同行。悪魔の追い払い方、失明の治し方をトビアに教える
トビトの知り合いに貸していたお金を回収するためにメディアへ
サラが結婚するたびにその夫を殺害
サラを悪魔から解放

同時期に死を願ったトビトとサラを救うため、神は天使ラファエルを遣わした。ラファエルのおかげで悪魔は追放され、トビアとサラは無事結婚。そしてラファエルの指示に従い、トビアは父の視力を回復させた。

『トビト記』は、善行には神からの報いがあるということを語る。

ニネベに住むトビトは、日頃から正しい行ないをしていた。ところがある日、失明するという不運に見舞われる。絶望したトビトは死を願うようになった。

また同じ頃、メディアに住むサラという娘も死を願っていた。彼女は7度結婚したが、そのたびに夫が悪魔アスモダイに殺されていたのである。ふたりの嘆きを耳にした神は、天使ラファエルを地上に送ってふたりを救うことにした。

人間に扮《ふん》したラファエルは、ト

旧約聖書続編の成立背景

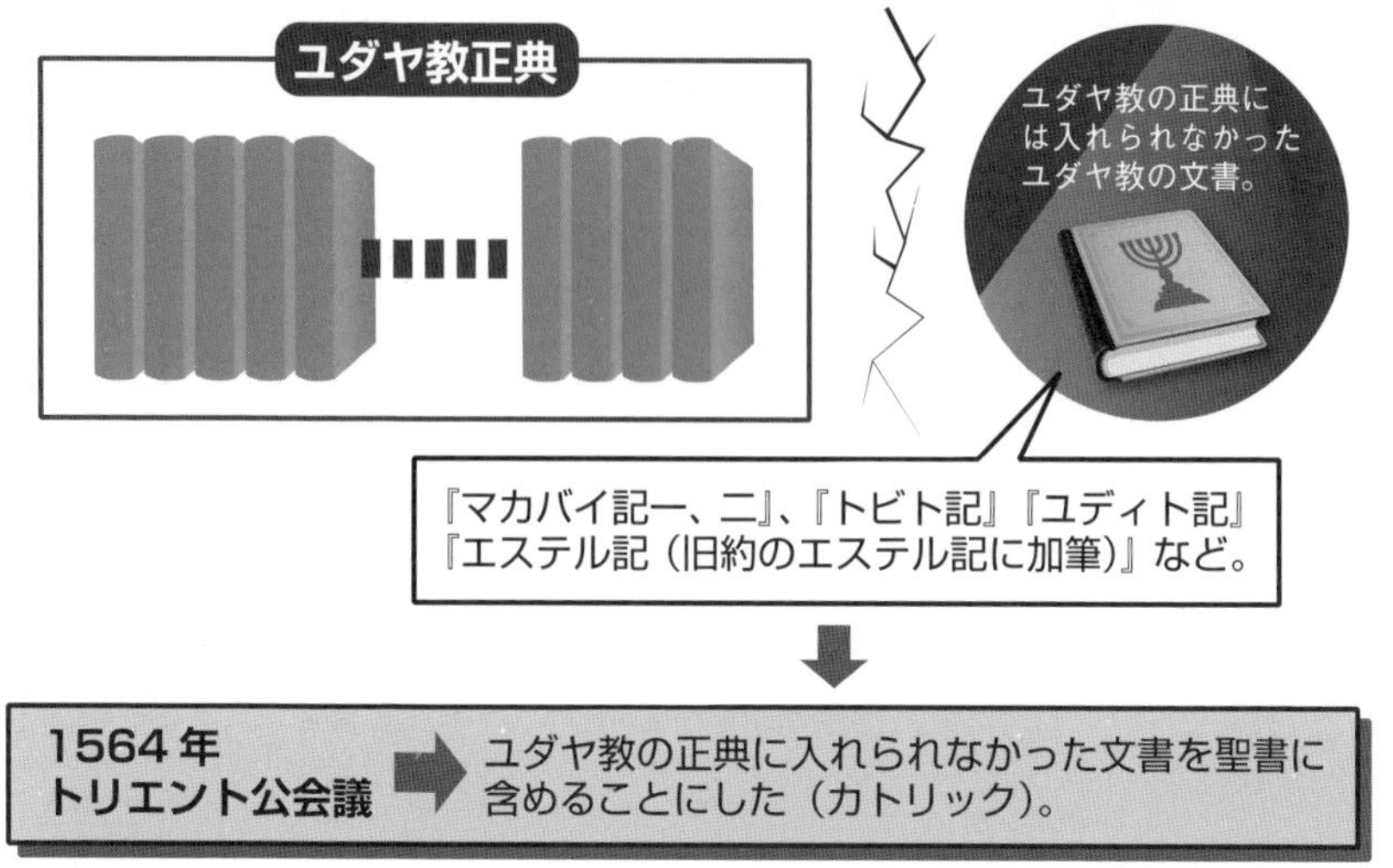
ユダヤ教正典
ユダヤ教の正典には入れられなかったユダヤ教の文書。
『マカバイ記一、二』、『トビト記』『ユディト記』『エステル記（旧約のエステル記に加筆）』など。
1564年 トリエント公会議
ユダヤ教の正典に入れられなかった文書を聖書に含めることにした（カトリック）。

旧約聖書続編は、ユダヤ教の正典に含まれなかった文書のこと。1564年のトリエント公会議でカトリックはこれを聖書に含めることに決めたが、プロテスタントの聖書には含まれていない。

聖書の謎 The Bible Episode

旧約聖書続編とは？

旧約聖書続編は、旧約聖書と新約聖書の間の時代、紀元前２世紀から紀元２世紀頃に書かれたものだ。ギリシア語で「アポクリファ」といい、これは「隠された」「秘密の」という意味を持つ。これらはユダヤ教の正典には含まれていない文書群で、古来これらを聖書に含めるべきかどうかという論争があった。

ビトの息子トビアの旅に合流した。その道中、トビアは大きな魚に襲われたが、ラファエルはその魚を捕らえ、そしてその心臓や肝臓、胆のうを取っておくように言った。

そしてメディアに到着するとラファエルはトビアとサラを結婚させ、結婚した日の夜に魚の心臓と肝臓を燃やせば悪魔を追い払えると教えた。こうして逃げ出した悪魔アスモダイはラファエルに捕らえられたのである。

また、魚の胆汁をトビトの目に塗ればよいと教え、トビアがその通りにするとトビトの目は見えるようになった。その後トビアとサラは幸せに暮らし、そして視力の回復したトビトも幸福な晩年を過ごしたのであった。

旧約聖書続編
マカバイ記
Maccabees

450年ぶりにユダヤ独立を成し遂げたマカバイ一族の物語

「マカバイの乱」発端と周辺国の状況

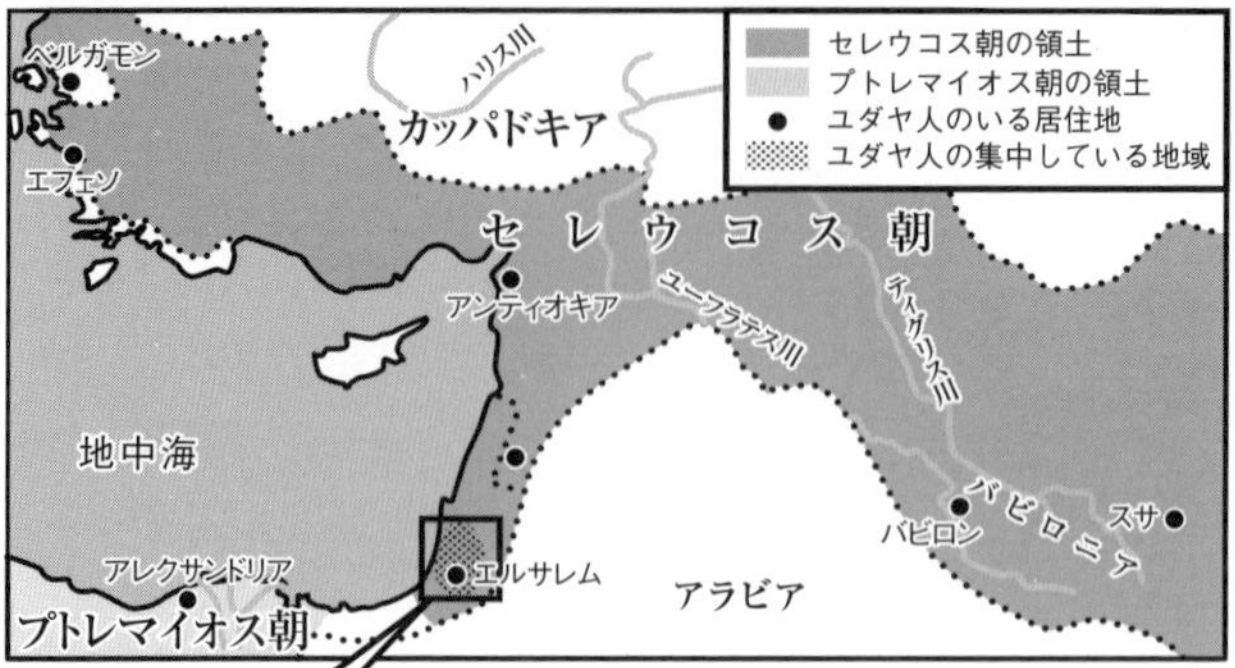
セレウコス朝の領土
プトレマイオス朝の領土
ユダヤ人のいる居住地
ユダヤ人の集中している地域
ペルガモン
エフェソ
ハリス川
カッパドキア
セ　レ　ウ　コ　ス　朝
アンティオキア
ユーフラテス川
ティグリス川
地中海
バビロン
バ　ビ　ロ　ニ　ア
スサ
アレクサンドリア
エルサレム
アラビア
プトレマイオス朝

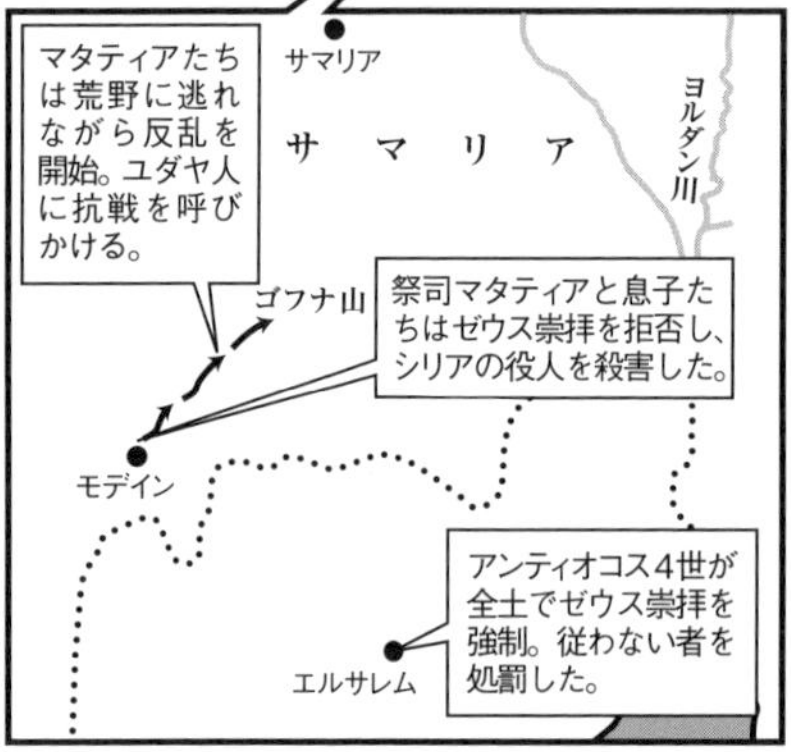
マタティアたちは荒野に逃れながら反乱を開始。ユダヤ人に抗戦を呼びかける。
サマリア
サ　マ　リ　ア
ヨルダン川
ゴフナ山
祭司マタティアと息子たちはゼウス崇拝を拒否し、シリアの役人を殺害した。
モデイン
アンティオコス4世が全土でゼウス崇拝を強制。従わない者を処罰した。
エルサレム

紀元前４世紀後半になると、ユダヤはセレウコス朝の支配下に置かれた。セレウコス朝シリア王アンティオコス４世がユダヤ教弾圧政策を行なったため、祭司マタティアと彼の息子が反乱を起こす。

『マカバイ記』には、ギリシア人支配者に抵抗したマカバイ一族の活躍が描かれている。

紀元前2世紀から1世紀にかけてのメソポタミアは、セレウコス朝シリアの支配下に置かれ、アンティオコス王のユダヤ教弾圧政策に苦しんでいた。そんな状況下、マカバイ族のひとり・祭司《さいし》のマタティアは、アンティオコスの政策に従ってユダヤ人にとっては忌《い》むべきものを神に捧げようとした同胞を殺し、5人の息子と少数の仲間とともに山に逃れる。

そして彼らは、ギリシア人たち

ユダヤを独立へと導いたハスモン朝の王たち

大祭司に就任。親セレウコス朝派へ転換し、全ユダヤ地方の総督に任ぜられる。
ヨナタン（前152～前142年）

シモンの死後版図を拡大させる。
ヨハネ・ヒルカノス（前134～前104年）

律法を侮辱。ユダヤ人のハスモン朝に対する反感高まる。
アレクサンドロス・ヤンナイオス（前103～前76年）

アリストブーロス２世（前67～前63年）

ローマ帝国によって処刑され、ハスモン朝の最後を迎える。
アンティゴノス（前40～前37年）

前160年	前150年	前140年	前130年	前120年	前110年	前100年	前90年	前80年	前70年	前60年	前50年	前40年

ユダ・マカバイ
マタティアの死後、跡を継いだユダ・マカバイは前165年エルサレムに入城し、神殿から異教の祭壇を撤去。

シモン（前142～前134年）
兄弟でひとり生き残ったシモンは大祭司の跡を継ぎ、前142年にセレウコス朝軍をエルサレムから撤退させ、独立を認めさせる。

アリストブーロス１世（前104～前103年）
弟たちを投獄して権力を握る。

サロメ・アレクサンドラ（前76～前67年）

ヒルカノス２世（前63～前40年）
前63年ローマ帝国がユダヤを支配。独立国家に終止符が打たれる。

マカバイ家によって独立を成し遂げたユダヤだったが、前63年、ローマ帝国によって征服される。

聖書の謎 The Bible Episode

ユダ・マカバイ

マタティアの三男ユダ・マカバイは、父の死後、反乱を指揮する。マカバイとは「槌《つち》」の意味で、それはユダの戦いぶりにふさわしい名だった。幾多の激戦の末、彼は勝利を収めてエルサレムに入城。そして前164年12月14日、アンティオコスが豚を生けにえとして汚していた神殿の清めと奉献《ほうけん》を行なった。

の支配に抵抗し、セレウコス朝に対してゲリラ戦を展開したのだった。

反乱の末、彼らはセレウコス朝を屈服させることに成功し、紀元前１６４年には、反ユダヤ教的な勅令を廃棄させたのである。そして同年、エルサレム神殿は清められ、神に祈りが捧げられた。

祭司の一族であるマカバイ族は、当初は宗教の自由を回復することだけが目的だったが、次第に政治的独立のために戦うようになり、ついには約４５０年ぶりにユダヤ人の政治的独立を達成したのである。マカバイ一族はハスモン朝を興し、それは、紀元前63年にローマに征服されるまで約80年にわたって続いた。

第2部

新約聖書

「求めなさい。そうすれば、与えられる。探しなさい。そうすれば、見つかる。門をたたきなさい。そうすれば、開かれる。」

（新約聖書　マタイ福音書7章7節　イエスの言葉）

第１章
救世主
イエスの誕生

ローマの忠実な臣下に徹し ユダヤの独立を保ったヘロデ王

イエスの時代のユダヤ

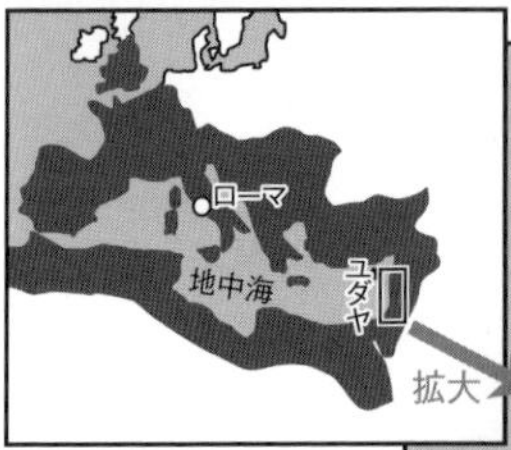
ローマ
地中海
ユダヤ
拡大

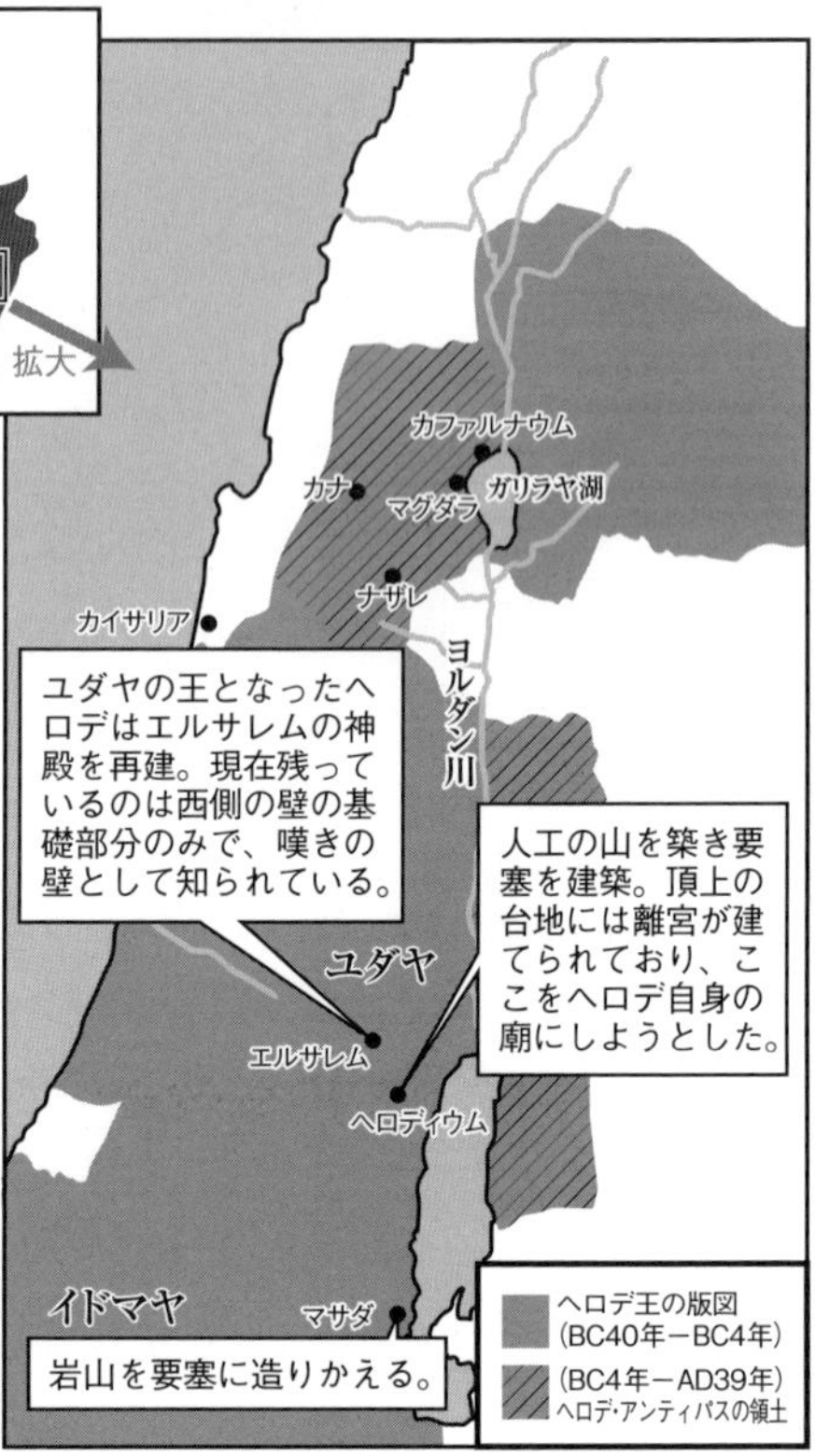
カファルナウム
カナ
マグダラ
ガリラヤ湖
ナザレ
カイサリア
ヨルダン川
ユダヤの王となったヘロデはエルサレムの神殿を再建。現在残っているのは西側の壁の基礎部分のみで、嘆きの壁として知られている。
人工の山を築き要塞を建築。頂上の台地には離宮が建てられており、ここをヘロデ自身の廟にしようとした。
ユダヤ
エルサレム
ヘロディウム
イドマヤ
マサダ
岩山を要塞に造りかえる。
ヘロデ王の版図（BC40年－BC4年）
（BC4年－AD39年）ヘロデ・アンティパスの領土

(上) ローマ帝国の版図
ローマは、紀元前１世紀にイタリア半島を統一。前27年に即位したオクタヴィアヌスから始まる５賢帝時代に全盛期を迎えた（１～２世紀）。

(右) ローマの支配下に置かれたユダヤの状況
紀元前63年にユダヤはローマに征服される。その後イドマヤ出身のヘロデがローマの傀儡としてユダヤを支配した。

マカバイ一族によって約450年ぶりの独立を成し遂げたユダヤだったが、紀元前63年に、ローマ帝国の支配下に置かれた。その後、イドマヤ出身のヘロデが王位に就いて、ローマの傀儡《かいらい》としてユダヤを支配するようになった。

ヘロデは疑い深く残忍な性格で、ローマ帝国への反逆を疑わせる動きに対しては容赦なく弾圧を行なった。また、自分の地位を危うくする動きに対しても、厳しい制裁を加えたのだった。

また、この頃ユダヤ教はその解釈の違いから、サドカイ派、ファ

分化したユダヤ教

バビロン捕囚以降ユダヤ教が確立したが、律法の解釈を巡ってユダヤ教内で分裂。複数の教派が生まれる。

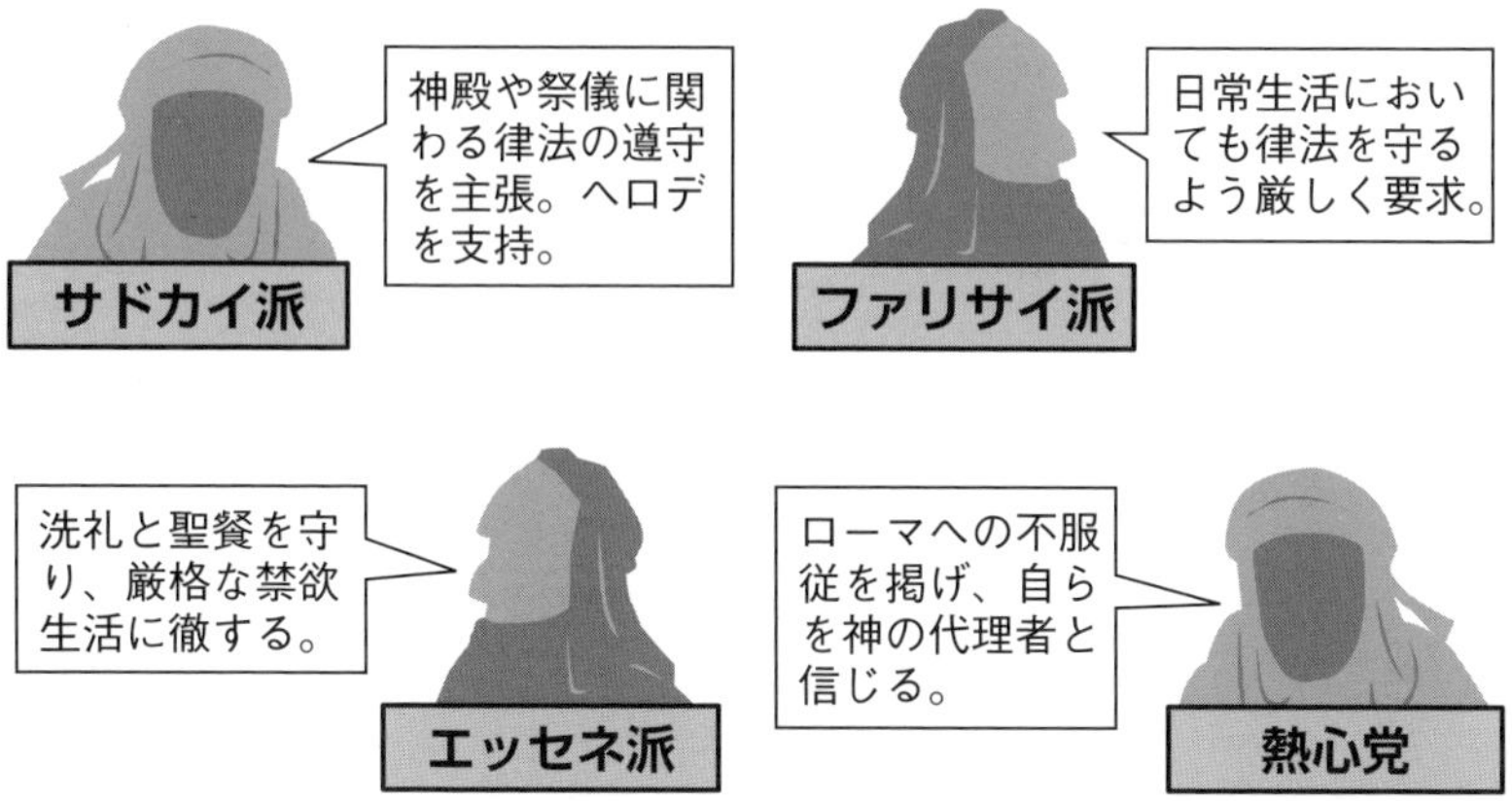

神殿や祭儀に関わる律法の遵守を主張。ヘロデを支持。
サドカイ派
日常生活においても律法を守るよう厳しく要求。
ファリサイ派
洗礼と聖餐を守り、厳格な禁欲生活に徹する。
エッセネ派
ローマへの不服従を掲げ、自らを神の代理者と信じる。
熱心党

このなかでもファリサイ派は、日常生活における律法を覆す教えを説いたイエスを敵対視していった。

聖書の謎 The Bible Episode

ヘロデは名君だった？

ヘロデ王は、敵対者を情け容赦なく葬り去った暴君として知られている。だが、ローマにユダヤ人の存在を認めさせ、対外援助を切り札にして地域の平和に貢献した名君でもあった。また、減税を実施したり、飢饉の際には自腹で穀物を輸入して人々に施すなど、暴君のイメージとは違う顔も持っていたのである。

リサイ派、エッセネ派、熱心党《ねっしんとう》、サマリア教徒といったいくつかの教派に分かれるなど、宗教事情も複雑に絡まりあっていた。ヘロデに対する各教派の評価も分かれ、サドカイ派がヘロデを支持する一方で、ファリサイ派やエッセネ派などは沈黙を守った。

やがてヘロデが亡くなると、ユダヤの地はヘロデの子たちによって3つに分割されたが、いずれも王とは認められず、ローマ帝国によって任命される地方領主の身分となった。そしてローマへの重税に苦しむ民衆が、いつ反乱を起こしてもおかしくない状況下にあったのである。イエスが誕生したのは、こうした混沌《こんとん》とした暗黒の時代だったのだ。

ルカによる福音書

洗礼者ヨハネの誕生

『ルカ福音書《ふくいんしょ》』によると、ヘロデの治世下、エルサレムの神殿に勤めるザカリアという祭司のもとに主《しゅ》の天使が現われた。

彼は、ザカリアと妻のエリサベトとの間に男の子が誕生するから、その子に「ヨハネ」と名づけるようにと告げる。だが、すでにザカリアも妻も高齢であったため、「そんなことはあるはずがない」と疑った。すると神を疑ったがために、ザカリアは口がきけなくなってしまったのである。

ところがそれからしばらくして、エリサベトは天使が告げた通り本当に妊娠した。

やがてエリサベトは男の子を産んだ。周囲の人々はこの地方の慣習にしたがって、父の名をとってザカリアと名づけようとした。だが、エリサベトとザカリアはこれを断固として拒否し、天使のお告げ通り、その子をヨハネと名づけたのである。

するとその瞬間にザカリアは口がきけるようになり、神を讃美するとともに、「ヨハネは将来、偉大な人物の先駆者《せんくしゃ》になるだろう」と預言した。

こうして誕生したヨハネは、身も心も健やかに成長した。やがて洗礼《せんれい》者となってイスラエルの人々の前に現われるようになるまで、ヨハネは家を出て荒野《こうや》で暮らしたと、『ルカ福音書』は記している。

Episode エピソード

洗礼者ヨハネ

ヨハネは洗礼運動を行ない、人々から洗礼者ヨハネと呼ばれるようになった。聖書によると、彼の弟子の中にはイエスの活動に参加した者もあったが、すべてのヨハネの弟子たちがキリスト教に吸収されたのは、イエスの復活後のことであったと思われる。

新約聖書の家系図

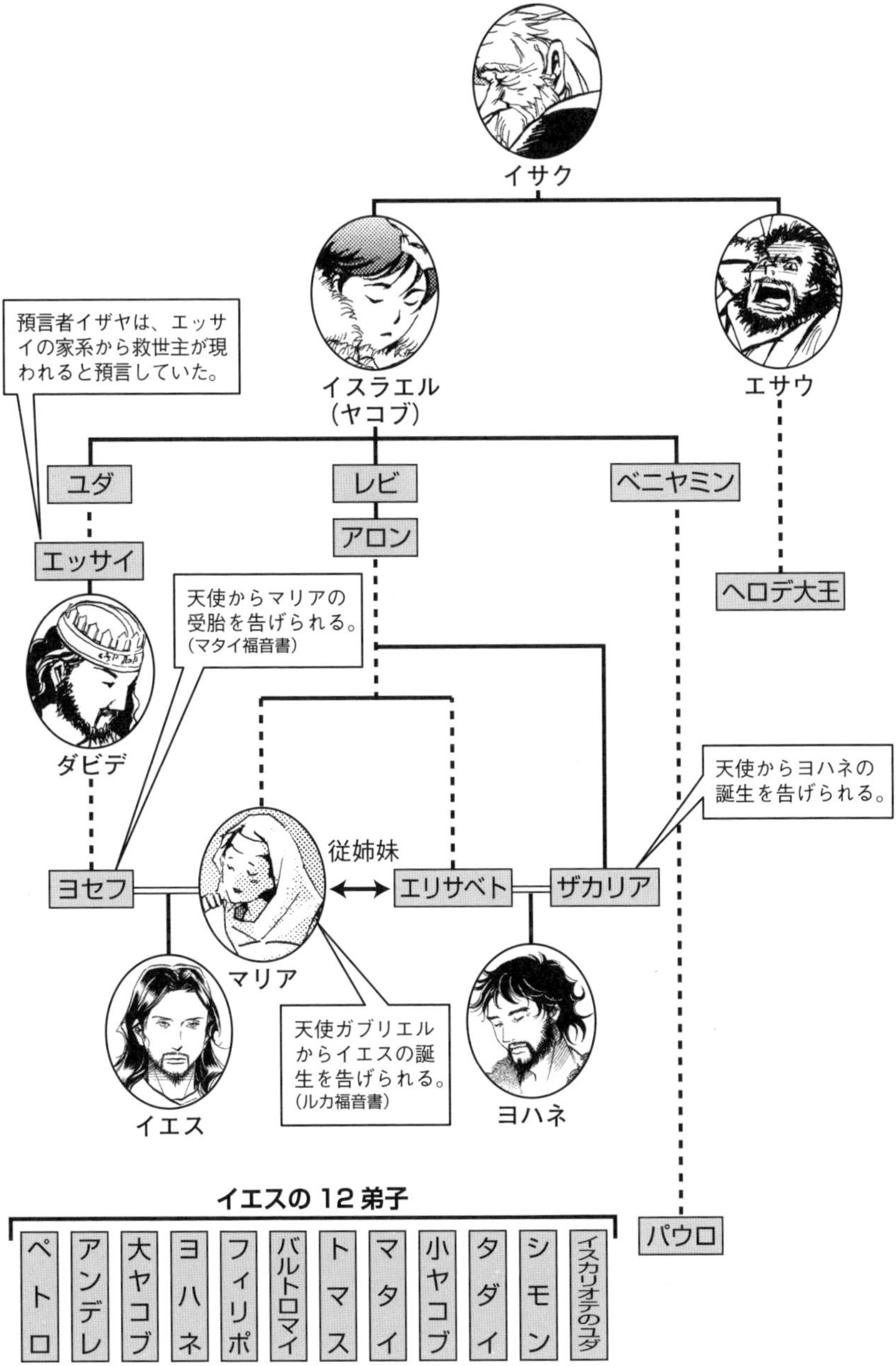
イサク
イスラエル
(ヤコブ)
エサウ
預言者イザヤは、エッサイの家系から救世主が現われると預言していた。
ユダ
レビ
ベニヤミン
エッサイ
アロン
ヘロデ大王
天使からマリアの受胎を告げられる。
(マタイ福音書)
ダビデ
天使からヨハネの誕生を告げられる。
従姉妹
ヨセフ
エリサベト
ザカリア
マリア
天使ガブリエルからイエスの誕生を告げられる。
(ルカ福音書)
イエス
ヨハネ
イエスの12弟子
ペトロ
アンデレ
大ヤコブ
ヨハネ
フィリポ
バルトロマイ
トマス
マタイ
小ヤコブ
タダイ
シモン
イスカリオテのユダ
パウロ

ルカによる福音書ほか

天使が告げたマリアの処女懐胎

『ルカ福音書』によると、ザカリアのもとに天使が現われたその半年後、ナザレのマリアという処女のもとに天使ガブリエルが現われて、彼女が処女のまま妊娠して男の子を産むことを告げる。これが有名な「受胎告知《じゅたいこくち》」である。

このときマリアはヨセフと婚約していた。マリアの妊娠に疑念を持ち婚約を解消しようとしたヨセフだったが、彼の前に天使が現われてこう言ったのである。「マリアの胎《はら》の子は聖霊《せいれい》によって宿ったのだ」（『マタイ福音書』）。ヨセフは生まれてくる子が神に与えられた子であることを知り、予定通りマリアと結婚したのだった。

それから住民登録のためナザレからベツレヘムへ向かったふたりだったが、宿がないため馬屋で一晩を過ごすこととなった。マリアはここで男の子を出産。こうしてイエスがこの世に誕生した。

『マタイ福音書』によると、東方の占星術《せんせいじゅつ》の学者たちが天体の動きからユダヤ人の王の誕生を知って、イエスに会いにやってきた。しかし彼らからユダヤの王が生まれたことを耳にしたヘロデ王は、自らの地位を脅かされることを恐れて、ベツレヘムとその周辺の2歳以下の男児をすべて殺害することを命じる。しかし、ヨセフはその前に天使から危険を告げられていたので、一家はエジプトに無事逃れることができたのである。

Episode エピソード

イエスの故郷はどこ？

『マタイ福音書』と『ルカ福音書』には、イエス誕生の地がベツレヘムであることが記されている。これは、ダビデの故郷であるベツレヘムから救世主が誕生するという聖書の記述と呼応させるためと考えられている。しかし一方で、史実ではイエスはナザレで生まれたとする説もある。

救世主イエスの誕生

おめでとう、恵まれた方
あなたは男の子を産むが、その子をイエスと名づけなさい
どうしてそのような……私は男の人を知りません
聖霊があなたに降りその子は「神の子」と呼ばれる
神にできないことはない
私は主にお仕えする女です
お言葉通りになりますように
こうして
イエスはこの世に誕生した

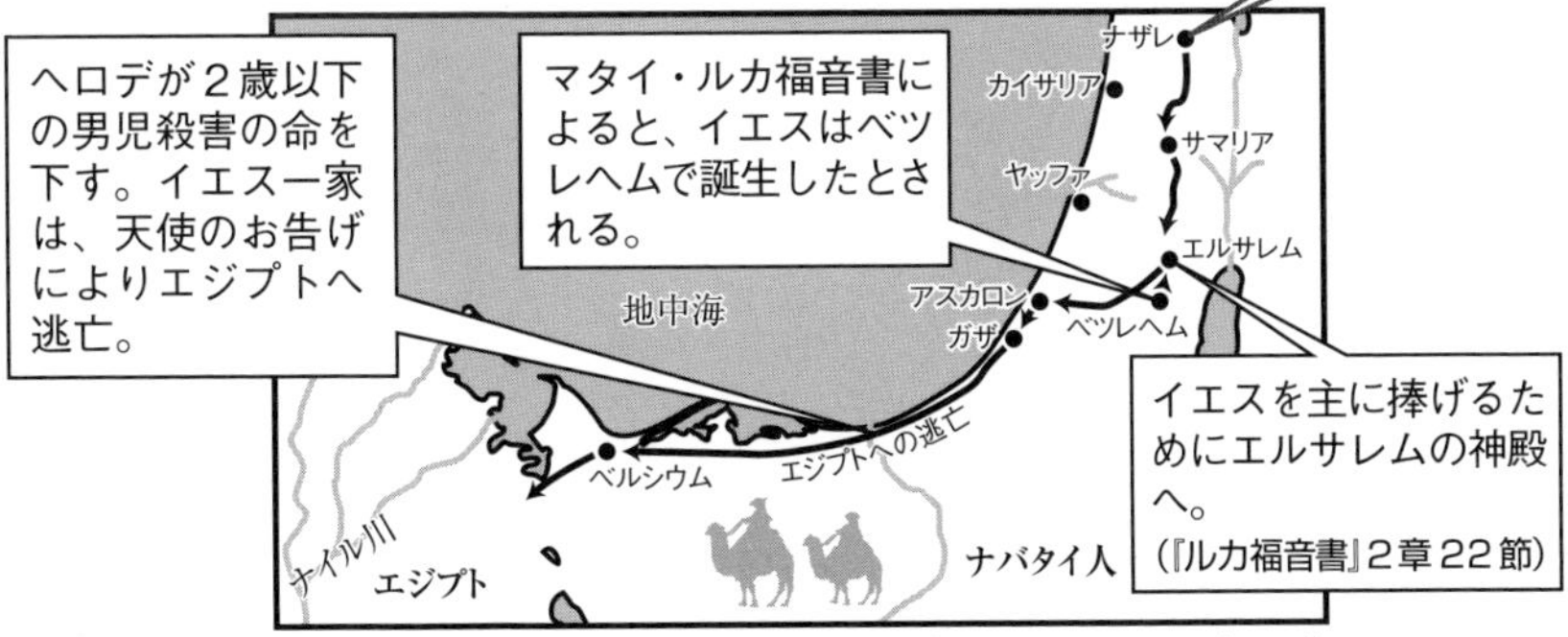

ヘロデが2歳以下の男児殺害の命を下す。イエス一家は、天使のお告げによりエジプトへ逃亡。
マタイ・ルカ福音書によると、イエスはベツレヘムで誕生したとされる。
イエスを主に捧げるためにエルサレムの神殿へ。（『ルカ福音書』2章22節）
ナザレ
カイサリア
サマリア
ヤッファ
エルサレム
アスカロン
ガザ
ベツレヘム
地中海
エジプトへの逃亡
ペルシウム
ナイル川
エジプト
ナバタイ人

ベツレヘムで生まれたイエスはその後エジプトへ移住し、ヘロデの死後ナザレに戻りそこで30歳まで大工として過ごした。

ルカによる
福音書ほか

子どもの頃からイエスには神の子としての自覚が芽生えていた

ヘロデが再建したエルサレムの神殿

バビロン捕囚後に再建された神殿 → ・小規模 ・装飾もなし

↓

ヘロデは外庭や回廊を造り、神殿を壮麗なものに改築！

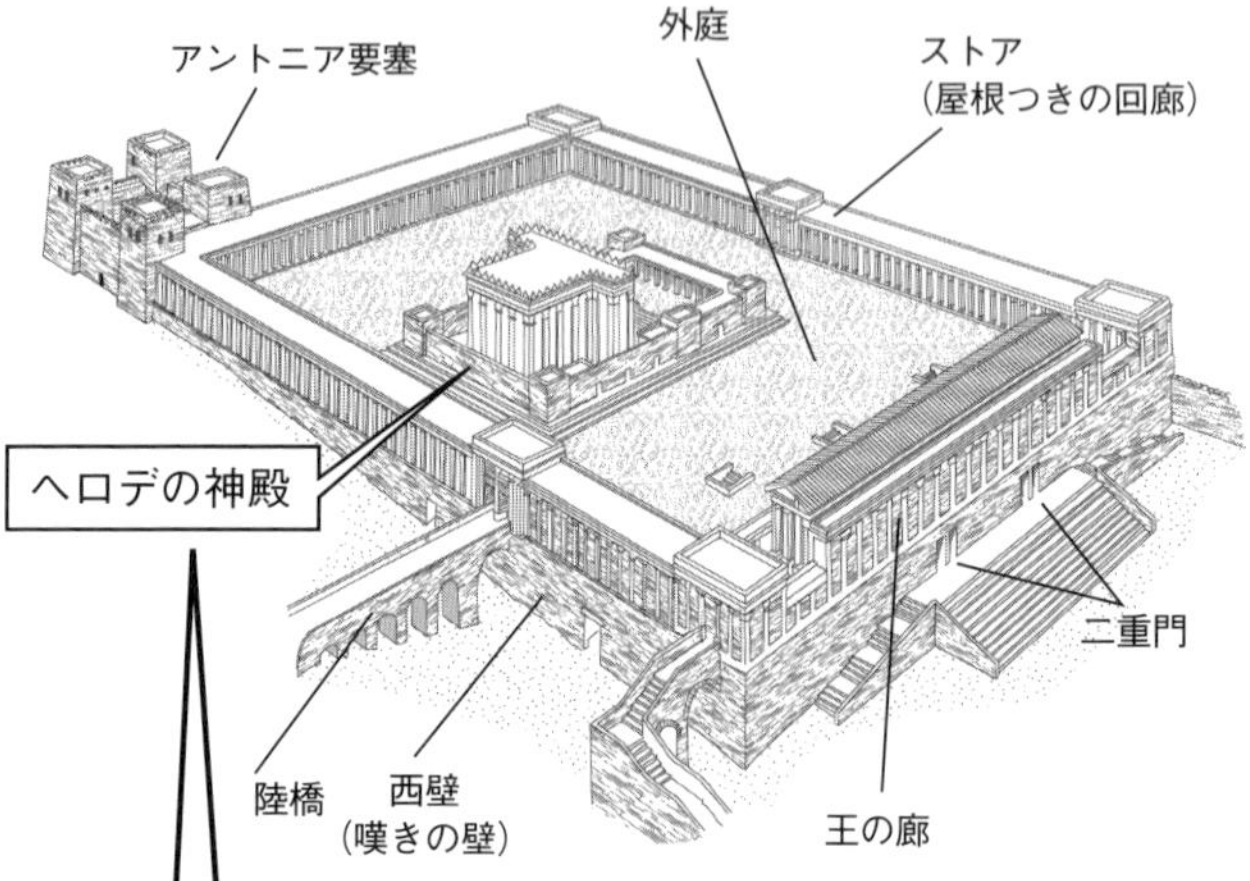
アントニア要塞
外庭
ストア
（屋根つきの回廊）
ヘロデの神殿
二重門
陸橋
西壁
（嘆きの壁）
王の廊

神殿が太陽に映えて輝き、まともに神殿を見ることができないほどだったとされる。

王位剥奪《はくだつ》を恐れたヘロデ王による男児殺害計画から逃れていたイエス一家だったが、その後ヘロデの死とともに両親の故郷であるナザレへと戻った。成長したイエスは、12歳のときに年に一度の過越《すぎこし》祭《まつり》を祝うため、両親とともにエルサレムへと向かう。当時のエルサレムの人口は5万人ほどだったが、過越祭には10万人もの巡礼《じゅんれい》者が訪れたといわれる。

やがて一家は帰途についたが、大混雑の中で両親はイエスとはぐれてしまう。慌ててエルサレムへ戻って必死で捜し回るが見つから

神の子・イエス

イエスがいなくなったことに気づいたマリアとヨセフは必死にイエスを捜した
そのときイエスは、神殿で学者たちを相手に論争を繰り広げていた
すごい……神についてこんなに知っているなんて
小さいのに大したものだ
心配して捜したのですよ
僕が父の家にいるのは当然じゃない！
どうしてわからなかったの？

12歳のときに過越祭を祝うためにエルサレムへ。イエスは神殿を「父の家」と呼ぶ。

⬇

イエスは少年の頃から自らが「神の子」であるという認識を持っていたことをルカは語る。

ず、ようやく3日後に神殿の中で律法《りっぽう》学者と問答《もんどう》をしているイエスの姿を発見した。

　両親はイエスを叱ったが、それに対してイエスはこう言ったのだ。「私が父の家にいるのが当たり前だとわからなかったのですか?」。この頃から、自分は神の子であるという自覚が、すでに少年イエスに生まれていたと聖書は記すのである。

　その後、イエスはおよそ30歳になるまで、家業の大工仕事を手伝いながらナザレで過ごしたといわれている。それからイエスは宣《せん》教《きょう》の旅に出ることとなるが、その頃荒野で修行していたヨハネに神からお告げが降《くだ》り、それに従ってヨハネはヨルダン川のほとりで人々に洗礼を施し始めていた。

マルコによる福音書ほか

ヨハネから洗礼を受けたイエスに聖霊が降る

ヨルダン川のほとりでは、洗礼者ヨハネが、ユダヤ教徒にも異教徒にも罪を悔《く》い改めるための洗礼を授けていた。

ヨハネによれば、人々は神の怒りから逃れられない罪人であり、救い主を迎えるために、一人ひとりが心から悔い改めなければならないというのである。

人々は、ヨハネこそ救世主《きゅうせいしゅ》だと考えたが、ヨハネは「私よりさらに優れた方がこれからやってきます。その方はあなた方に聖霊《せいれい》と火で洗礼を授けます」と述べたのだった。

やがて、ヨハネの前にイエスが現われて洗礼を求めた。しかしヨハネはイエスが救世主であることを認識して、いったんは洗礼を躊躇《ちゅうちょ》する。自分がイエスに洗礼を授けるのではなく、逆にイエスから洗礼を受けねばならないと考えたのだ。

だが、イエスは「神の心に適《かな》うことだ」と主張して譲らなかったため、ヨハネはイエスに洗礼を授けたのだった。

このとき、洗礼を受けたイエスの上に天が開け、聖霊が鳩のような姿で降りてきた。そして「これは私の愛する子、私の心に適う者」という神の言葉が降ったのだった。

このときヨハネから受けたイエスの洗礼は、神の意思を受けて救世主としての活動を宣言する意味を持っていたのである。

Episode エピソード

ヨハネと死海文書

1947年に「死海文書《しかいぶんしょ》」が発見された。これによって、ヨハネは、ユダヤ教の一分派であるエッセネ派にかなり近いクムラン教団の一派だったのではないかという見方が浮上した。クムラン教団では盛んに洗礼を行なっており、ヨハネとの関連性をうかがわせる。

ヨハネの洗礼を受けるイエス

私に洗礼を
お授けください
それは正しいことではありません
私こそあなたから洗礼を授かるべきなのに
よいのです神の求められているものは
すべて行なわなければなりません
こうしてイエスはヨハネから洗礼を受けたそのとき天が開き神の声が聞こえた
これは私の愛する子私の心に適う者私はこれを喜ぶ

ヨハネの洗礼を受けたイエスのもとに神の声が降り、ここからイエスの宣教活動が本格化する。

聖霊の役割

聖霊は、信者が神とともに歩むよう導く役割を果たす。

イエスの洗礼時に「聖霊が鳩のように目に見える形で降ってきた」（ルカ：3章22節）ことから鳩が聖霊の象徴として描かれるようになった。

世界に神の目的を伝え成し遂げる手段。

初代教会は、礼拝と宣教において聖霊を体験し、それによって新しい世界への希望を与えられた。

神の霊であり、一人ひとりの信徒の生活の中で作用する。

マタイによる福音書ほか

サタンの3つの誘惑を聖書の言葉を用いて退けたイエス

イエスの洗礼とサタンの誘惑

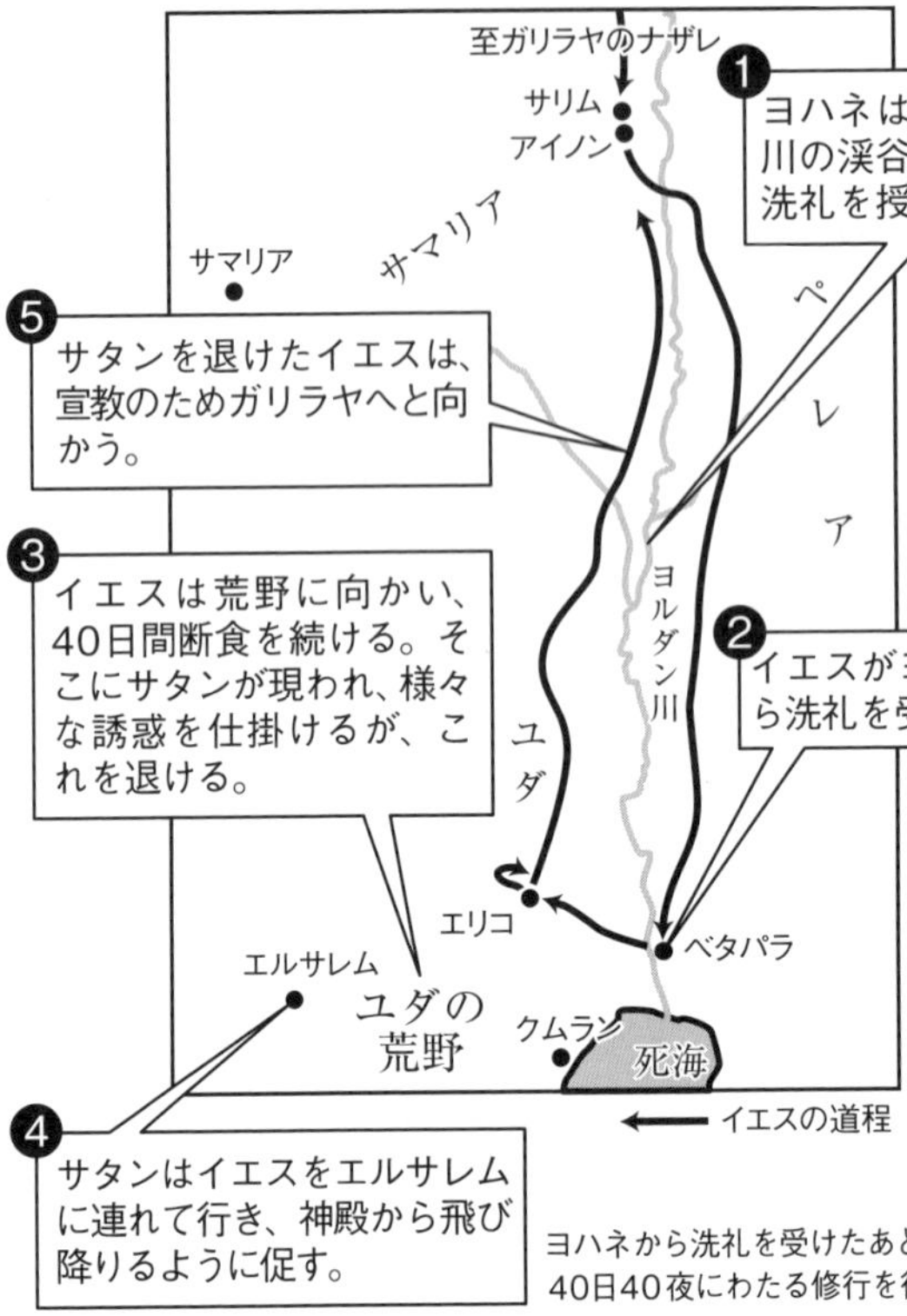

至ガリラヤのナザレ
サリム
アイノン
サマリア
サマリア
ペレア
ヨルダン川
ユダ
エリコ
ベタパラ
エルサレム
ユダの荒野
クムラン
死海
イエスの道程
1 ヨハネはヨルダン川の渓谷で人々に洗礼を授けた。
2 イエスがヨハネから洗礼を受ける。
3 イエスは荒野に向かい、40日間断食を続ける。そこにサタンが現われ、様々な誘惑を仕掛けるが、これを退ける。
4 サタンはイエスをエルサレムに連れて行き、神殿から飛び降りるように促す。
5 サタンを退けたイエスは、宣教のためガリラヤへと向かう。

ヨハネから洗礼を受けたあと、イエスは40日40夜にわたる修行を行なった。

ヨハネの洗礼を受けた後、イエスはユダの荒野へ向かった。そして、そこで40日40夜にわたる断食修行を行なったのである。

修行が終わりに差しかかった頃、身も心も擦《す》り減ったイエスの前にサタンが現われて、様々な誘惑を仕掛けてきた。『マタイ福音書』によれば、サタンは3つの試みをしたという。

それは、「あなたが神の子ならば、この石がパンになるように命じなさい」「あなたが神の子ならば、神殿の端から飛びなさい。神が、天使にあなたを支えさせるは

サタンの誘惑を退けるイエス

サタンよ退け!!
聖書にはただ主なる神に仕えよと書いてある！

サタンの誘惑		イエスの答え
神の子ならこの石がパンになるよう命じよ。	➡	「人はパンだけで生きるものではない。神の口から出る一つひとつの言葉で生きる」（申命記８章３節の言葉を用いる）
神の子なら飛び降りよ。神は天使たちに命じてあなたを守る。	➡	「神である主を試してはならない」（申命記６章１６節）
もし私にひれ伏すならばすべての国々を与えよう。	➡	「あなたの神である主を拝み、ただ主に仕えよ」（申命記６章１３節）

イエスは旧約聖書に記された言葉を用いてサタンの誘惑を退けた。

ずである」「私に平伏《へいふく》して拝むなら、この国の一切の権力と栄華をあなたに授けましょう」といった誘惑だった。

　こうした誘惑に対して、イエスは旧約聖書の言葉を用いて対抗し、サタンを退けた。

　つまり、「人はパンだけで生きるのではなく、神の言葉によって生きる」ことを宣言し（申命記《しんめいき》8章3節）、「神である主を試すことを否定」し（申命記6章16節）、「神である主を拝み、ただ主に仕える」ことを誓ったのである（申命記6章13節）。

　するとサタンはイエスのもとから離れ去り、今度は天使たちがやってきてイエスに仕えたのだった。

マタイによる福音書ほか

洗礼者ヨハネはなぜ殺されたのか

洗礼者として活動し、イエスにも洗礼を授けたヨハネだったが、ガリラヤ領主ヘロデ・アンティパスに反逆罪で捕らえられ、牢獄《ろうごく》に入れられてしまう。ヘロデが自分の弟の妻のヘロディアを娶《めと》ったことを、ヨハネが「姦通《かんつう》の罪だ」として激しく糾弾《きゅうだん》したのが直接の原因だった。その背景には、ヨハネの民に対する絶大な影響力が、何か恐ろしい騒乱を引き起こすのではないかと考えたヘロデの強い警戒心があったといわれる。

　ヘロデは捕らえたヨハネを殺してしまおうとも考えたが、なかなかそこまでは踏み切ることができずにいた。

　そんな中、ヘロデの誕生日を祝う盛大な祝宴が行なわれる。その席でヘロディアの娘は見事な舞を披露し、出席者の大喝采を浴びた。これに気分を良くしたヘロデは、娘に対して「欲しいものがあれば何でもやろう」と告げる。すると娘は「今すぐに洗礼者ヨハネの首を盆に載せてきてください」と答えたのだった。

　一説では、娘の母で、自分たちを糾弾するヨハネを憎んでいたヘロディアの入れ知恵であったともいわれる。こうして洗礼者ヨハネは、最期のときを迎えた。

　娘の名については聖書中に記述はないが、『ユダヤ古代誌《こだいし》』には、ヘロディアの娘・サロメと記述されている。

Episode エピソード

戯曲『サロメ』

　祝宴でヨハネの首を求めたとされるサロメを悪女に仕立てたのが、19世紀のイギリスの作家オスカー・ワイルドだ。彼は戯曲《ぎきょく》『サロメ』の中で、ヨハネに恋をしたサロメが、彼に不義の子として冷たくされたため、復讐心からその首を取ったというストーリーを描いた。

ヘロディアの陰謀とヨハネの最期

すばらしい！
ぱち
ぱち
欲しいものがあれば何でも言うがよい
それでは
ヨハネの首を盆に載せて頂きとうございます

ヘロデの誕生日を祝う宴席で見事な踊りを披露した娘に、ヘロデは褒美を授けようとした。すると娘はヨハネの首を所望したためヨハネの首をはねたヘロデだったが、これは妻ヘロディアの陰謀だったとされる。

ヨハネに糾弾されたことを恨む
ヘロディア
ヘロデ
首をはねるよう命令
ヨハネ
ヘロデ・アンティパスが弟の妻と強引に結婚したことを糾弾
褒美として何をもらうか母に相談
ヨハネの首をもらうようそそのかす
娘

ヘロデがヨハネを投獄したのは、民衆の支持を集めるヨハネが人々を扇動し、反乱を引き起こすのではないかという警戒心からだったという説もある。

マタイによる福音書ほか

すべてを捨ててイエスに従った4人の漁師がイエス最初の弟子となる

イエスの宣教活動と弟子の召命

最初の弟子として、ヨナの息子シモンとアンデレの兄弟、ゼベダイの息子ヤコブとヨハネを召命。
（『マタイ福音書』ほか）
カナの町で最初の奇跡を行なう。
（『ヨハネ福音書』）
イエスは30歳のときに宣教を開始したといわれる。ヨハネが捕らえられたと聞き、カファルナウムに移り住む。
（『マタイ福音書』）
カファルナウム
ベトサイダ
ゲネサレト
アルベラ
マグダラ
ガリラヤ湖
カナ
ガリス
ガト・ヘフェル
ナザレ

当時のユダヤはローマ帝国の支配下にあり、ヘロデの息子ヘロデ・アンティパスにより民衆は抑圧されていた。その中で語られたイエスの教えは人々の心をとらえ、多くの民が救いを求めてイエスにつき従った。

ヨハネが捕らえられたあと、イエスはガリラヤへ向かい、本格的に宣教を開始した。そこでイエスは、ヨナの息子であるシモンとアンデレ、そしてゼベダイの息子であるヤコブとヨハネという4人の漁師を弟子《でし》とする。

『マタイ福音書』によると、シモンとアンデレはガリラヤ湖で網を打っているときに、イエスに「私についてきなさい。あなたがたを人間をとる漁師にしよう」と言われ、すぐにすべてを投げ捨てて弟子になったと記されている。

『ルカ福音書』には違う場面が描

イエスの弟子となる条件

1. 故郷を離れ、遍歴の旅に出ること
2. 所有するすべてのものを捨てること
3. 家族関係を断ち切ること

「彼らは舟を陸に引き上げ、すべてを捨ててイエスに従った」
（ルカ５章11節）

「ふたりはすぐに網を捨てて従った」「このふたりもすぐに舟と父親とを残してイエスに従った」
（マタイ４章20節、22節）

漁師だった4人はすべてを捨てて、イエスの最初の弟子となった。

聖書の謎 The Bible Episode

ガリラヤとはどんな場所か

イエスが宣教活動を行なったガリラヤは、「ゲリル・ハ・ゴイム（異邦人の地域）」と呼ばれ、エルサレムからサマリアを隔てた辺境の地だった。古代イスラエルの歴史を通して、ガリラヤは一度も政治・文化の中心に組み込まれることがなかったのだ。イエスはその生涯のほとんどをそんなガリラヤで過ごした。

かれ、イエスに命じられてシモンが漁をすると、その日はまったく魚が獲れなかったにもかかわらず、魚が大量に網にかかった。これに感激したシモンはイエスの弟子となったとされる。

イエスは、シモンを「岩」という意味の「ペトロ」と呼んだ。彼はその名の通り、のちキリスト教会の基礎を形作る「岩」となる。

その後イエスは、ヤコブとヨハネが父親とともに、船の中で網の手入れをしているところに遭遇する。イエスは彼らにも声をかけて、自分についてくるように誘った。すると、彼らもすべてを捨ててイエスのあとに従ったのだ。こうしてイエスと弟子たちによる村々を巡る遍歴《へんれき》の旅が始まったのである。

マタイによる
福音書ほか

イエスは宣教活動の中で12人の弟子を選抜し、十二使徒とする

ペトロ、アンデレ、ヤコブ、ヨハネという4人の弟子とともに、イエスはガリラヤ地方を回って宣教活動を続けた。そんな中で、イエスは合計12人の直《じき》弟子を次々に選抜した。12という数字は、かつてイスラエルを支配した「12部族の復興」への希望を暗示していたともいわれる。また、民族が12部族で成り立っていたことから、12は完全なものを表わす数字でもあった。

最初の4人に続いて弟子になったのは、ペトロ、アンデレと同郷のフィリポだった。「私に従って来なさい」というイエスの言葉に応じて弟子となった彼は、友人のナタナエルを勧誘した。その後、マタイ、イスカリオテのユダ、アルファイの子ヤコブ、熱心党のシモン、トマス、タダイが弟子に加わった。

このうちマタイは徴税人《ちょうぜい》で、同胞のイスラエル人からローマ帝国の税金を徴収しており、ローマ帝国の手先として軽蔑されていた。それでも、イエスは「私についてきなさい」と彼を誘ったのだ。

イエスはこの12人の弟子たちを常に身近に置いて教えを説き、寝食をともにする。このため、彼らは「使徒《しと》」と呼ばれた。イエスは、この十二使徒をふたり一組で各地へ福音《ふくいん》を知らせる旅に送り出した。やがて、イエスが死ぬと、再び結集してイエスの教えを世界に広める役割を担ったのである。

Episode エピソード

使徒とは？

イエスは12人の弟子を選抜して、他の弟子と区別するために「使徒」という名称を使い、「神の国の教えを広める権威」と、「悪霊《あくりょう》を追放して病人を癒す権威」を与えた。12人の使徒はそれに従って、各地で宣教を行なうとともに人々の病を癒したのである。

イエスが選出した十二使徒

ペトロ(シモン)

イエスの筆頭弟子。天の国の鍵を授かったとされる。

アンデレ

ペトロの弟。イエスの死後、十字架上で殉教。

大ヤコブ

気性が荒く、イエスから「雷の子」と呼ばれる。使徒の中では最初の殉教者に。

ヨハネ

大ヤコブの弟。イエスに最も愛された弟子といわれる。

フィリポ

ペトロ、アンデレと同郷。ギリシア語の名前を付けられる。

バルトロマイ

ナタナエルと同一人物か。フィリポに誘われてイエスの弟子に。

マタイ

徴税人で人々からはローマの手先として嫌われていた。

トマス

イエスの復活を疑う。後の伝承によればインドやパルティアに伝道。

小ヤコブ

もうひとりのヤコブより年少だったために小ヤコブと呼ばれたという。

タダイ

小ヤコブの子ユダ・タダイ。聖ユダと呼ばれ、ユダの手紙の著者とされることが多い。

シモン

反ローマ帝国を掲げた熱心党に属していた。

イスカリオテのユダ

銀貨30枚と引き換えにイエスを裏切る。その後自殺。

新約聖書では、女性もイエスの重要な弟子だったことを記しており、マグダラのマリアは女性信者を束ねる指導者として描かれている。『ルカ福音書』は、イエスに同行し、財政的に支えた女性グループのことを記録する。

カナの婚礼の席でイエスが見せた最初の奇跡とは？

イエスはさまざまな奇跡《きせき》を起こしたとされる。そのうち最初の奇跡は、ナザレの北方にあるカナの町で起きた。

母マリアや弟子たちとともにカナの結婚式に招かれたイエスは、現地を訪れて宴席に出席した。すると、その席上でトラブルが起きてしまう。客たちに振る舞うぶどう酒が底をついてしまったのだ。宴席はまだ途中であり、人々はおおいに困ってしまった。

それを見たイエスは、置いてあった6つの水がめに水を入れるよう手伝いの者たちに命じた。手伝いの者たちが言われたとおりにすると、イエスは今度はその水を汲んで宴席に持っていくように命じたのである。すると、なんと水がめから汲み上げた水が極上のぶどう酒に変わっていたのだった。

宴席の者たちは、「宴会の途中までこんなに良いぶどう酒を取っておくとは見上げたものだ」と感激したが、このぶどう酒がどこから来たものなのかは知らなかった。

このイエスの奇跡を信じたのは、わずかに彼の弟子たちだけだった。そして彼らのイエスに対する信仰心は、この出来事をきっかけにますます強まったのである。

この奇跡について『ヨハネ福音書』は、「イエスは、この最初のしるしをガリラヤのカナで行なって、その栄光を現わされた」と記している。

Episode エピソード

奇跡

聖書では、奇跡は神の「力ある業《わざ》」であり、神の力がそこにあることのしるしだと考えられた。そしてイエスが起こした奇跡は、彼が救世主であることを証明するものだった。これらの奇跡を描いた物語は、現在の世界における神の力を示すために書かれたのである。

イエス、最初の奇跡

そこのかめに水をいっぱいに入れなさい
こんなことをして何になるんだ……
……まさかそんな……！
ぶ、ぶどう酒になっている!!

水をぶどう酒に変えたイエスの奇跡を信じたのは弟子たちだけだったが、この奇跡を目のあたりにして、弟子たちはイエスへの信仰心を強くした。

カナの婚礼に関するひとつの解釈

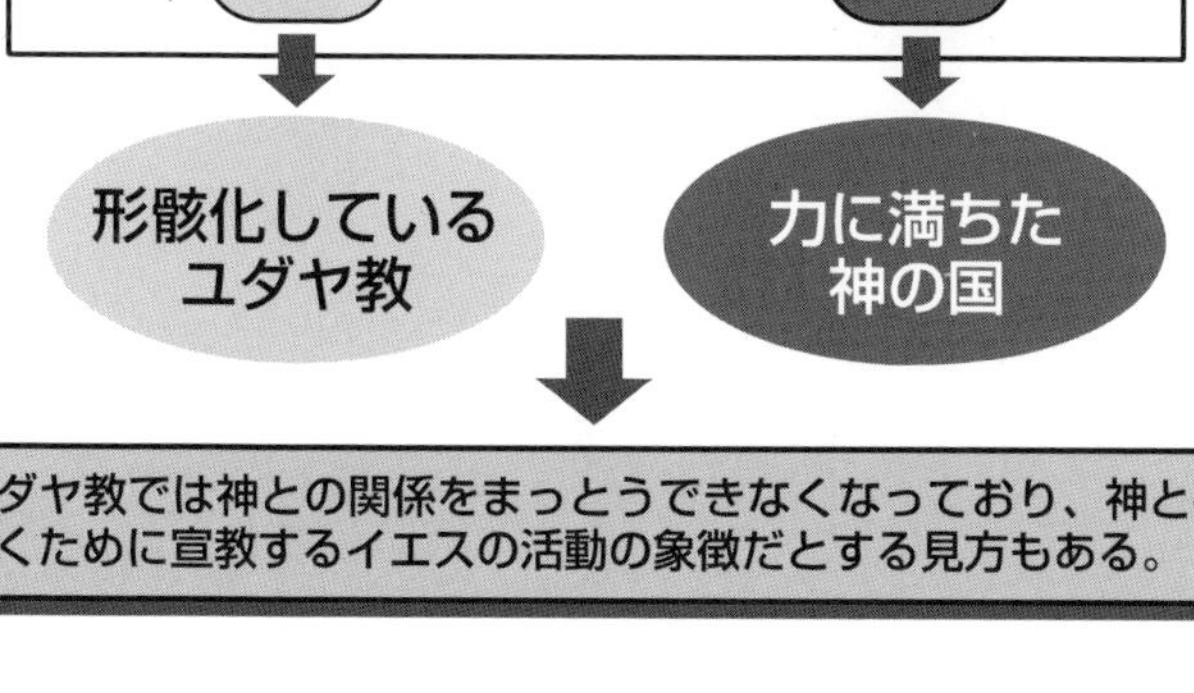
イエスの奇跡
水
ぶどう酒
形骸化しているユダヤ教
力に満ちた神の国

現状のユダヤ教では神との関係をまっとうできなくなっており、神との新しい関係を築くために宣教するイエスの活動の象徴だとする見方もある。

聖書の祭り⑤ ハロウィン

仮装でにぎわうお祭りは、もとは死の神を称えるものだった！

ハロウィンは、もともと「諸聖人の日の前夜《しょせいじん》」という意味で、10月31日に行なわれるキリスト教の行事である。キリスト教では、11月1日はペトロやパウロといった諸聖人を称える日となっていて、ハロウィンはその前夜祭とされている。

ハロウィンの起源は、ケルトの習俗《しゅうぞく》にあるとされる。古代ケルト人たちは、死の神サムハインを称える祭りを行なっていた。この日は、死者の霊が訪れたり、精霊《せいれい》や魔女が姿を現わす日であり、人々は仮面をかぶったり、火を焚《た》いて自分の身を守ろうとした。

こうした風習がキリスト教文化に取り込まれたのである。

やがてハロウィンはアメリカにわたり、おもに子どもたちがにぎやかに騒ぎ、ご馳走を食べる収穫の祝いとして定着していった。

現在も、アメリカでは盛大にハロウィンを祝う。人々は大きなかぼちゃをくりぬいて、目、鼻、口をつけて、中にろうそくを立てた「ジャック・オ・ランタン」という提灯《ちょうちん》を飾る。また、夜になると子どもたちがさまざまな仮装をして家々を回り、「トリック・オア・トリート（お菓子をくれないと、いたずらをするぞ）」とお菓子をねだるのもおなじみの光景だ。

最近は、日本でも多彩なイベントが行なわれている。２０１０年には、東京ディズニーランドで「ディズニー・ハロウィーン」と題するイベントが開催され、ディズニーキャラクターとおばけがパーティーで楽しむ、華やかなパレードや仮装イベントなどが行なわれた。

また、大阪のユニバーサル・スタジオ・ジャパンでも、来場客が参加できるハロウィンのパレードが行なわれ、スヌーピーなどの人気キャラクターもイベントを盛り上げた。

第2章
数々の奇跡を起こしたイエス

マタイによる福音書ほか

イエスが山上で民衆に説いた8つの幸いとは？

ガリラヤ地方で宣教を行ったイエスの評判は高まり、大勢の人々がイエスにつき従った。それを見たイエスは群衆を連れて山に登り、弟子や群衆に向けて説教《せっきょう》を始める。これが「山上《さんじょう》の説教」と呼ばれる有名な場面である。

この「山上の説教」には、イエスの重要な教えがまとめられており、イエスの教えの真髄《しんずい》が記されている。

イエスは人の幸福について教え始め、そして人のとるべき行動、戒《いまし》め、その根底を流れる隣人愛《りんじんあい》の精神、そして神への祈りに至るま

山上の説教と8つの幸いの教え

イエスは群衆を率いてガリラヤの山に登りそこで説教を行なった
心の貧しい人々は幸いである
天の国はその人たちのものだから

8つの特質を持った人々は、神によって祝福が与えられるとイエスは説いた。

8つの幸いの教えとは

心の貧しい人々	→	天の国はその人たちのもの
悲しむ人々	→	その人たちは慰められる
柔和な人々	→	地を受け継ぐ
義に飢え渇く人々	→	満たされる
憐れみ深い人々	→	憐れみを受ける
心の清い人々	→	神を見る
平和を実現する人々	→	神の子と呼ばれる
義のために迫害される人々	→	天の国はその人たちのもの

律法学者とはまったく違うイエスの教え

目には目を　歯には歯を
右の頬を打たれたら左の頬も差し出しなさい。
➡**復讐してはならない。**

隣人を愛し、敵を憎め
敵を愛し、自分を迫害する者のために祈りなさい。
➡**敵を愛せよ。**

主への誓いは必ず果たせ
一切誓いを立ててはならない。➡**「はい」「いいえ」のみ言いなさい。**

- **人の前で善行をしてはならない。**
- **天に富を積みなさい。**
- **思い悩むな。**

人を殺した者は裁きを受ける
腹を立てる者は誰でも裁きを受ける。
➡**腹を立ててはいけない。**

姦淫するな
淫らな思いで他人の妻を見る者はすでに心の中で女を犯している。➡**もし右目が悪いのならば、それをえぐり出せ。地獄に落とされるよりはましだから。**

妻を離縁する者は離縁状を渡せ
妻を離縁する者は、その女に姦通の罪を犯させることになる。
➡**離縁してはならない。**

⬇

律法学者とまったく違う説教が、
このあち学者との間で様々な論争を巻き起こしていく。

聖書の謎 The Bible Episode

ガリラヤでの活動

イエスの宣教活動はガリラヤから始まった。「時は満ち、神の国は近づいた。悔い改めて福音を信じなさい」。これがイエスの第一声であった。ガリラヤでの活動はわずか3年程度だったが、神の国の到来を告げ、現実社会で貧しい者や虐げられる者こそが神の国に入れるという教えは、人々の心を捉えた。

でを人々に語って聴かせた。

この説教に貫かれている精神は、神の愛とともに弱者へ向けられたまなざしである。それは、この説教の中でも有名な「8つの幸い」の教えに如実《にょじつ》に表われている。

イエスは「心の貧しい人々」「悲しむ人々」「義に飢え渇く人々」「柔和《にゅうわ》な人々」「憐《あわ》れみ深い人々」「心の清い人々」「平和を実現する人々」「義のために迫害される人々」が幸いだと語りかけた。なぜなら、こうした資質を持ち悩める弱者こそ、神の御心《みこころ》にかない、天の国に行くことを約束された幸せな人々だからだという。

こうしてイエスは、弱者でも救われること、そのためになすべきことなどを説いたのである。

マタイによる福音書ほか

イエスが見せた奇跡の業を見て信仰を深めていく民衆

ガリラヤ湖でイエスが見せた奇跡

聖書には、イエスの自然の摂理をも超越した奇跡が描かれている。

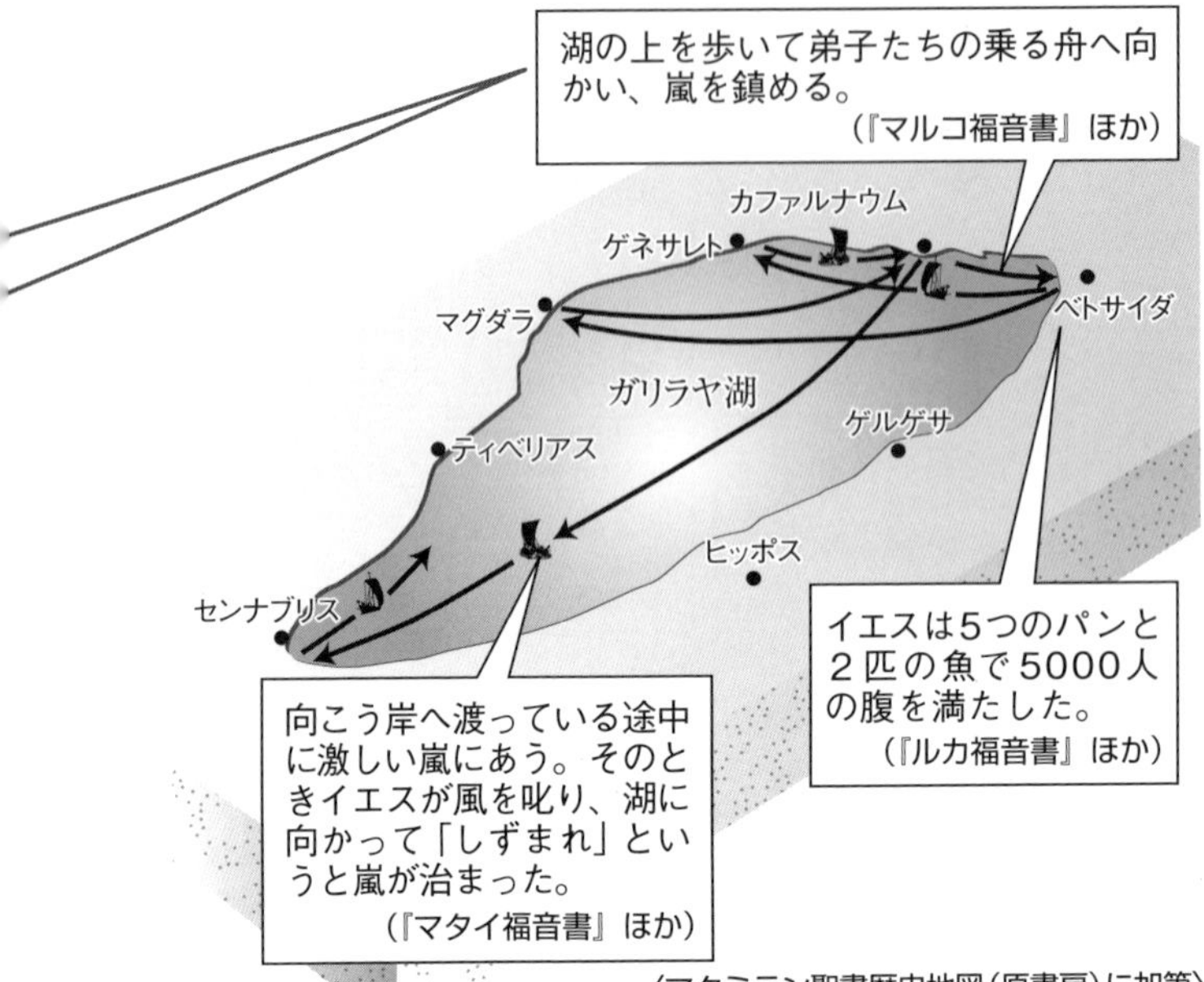
湖の上を歩いて弟子たちの乗る舟へ向かい、嵐を鎮める。
（『マルコ福音書』ほか）
カファルナウム
ゲネサレト
ベトサイダ
マグダラ
ガリラヤ湖
ゲルゲサ
ティベリアス
ヒッポス
センナブリス
イエスは5つのパンと2匹の魚で5000人の腹を満たした。
（『ルカ福音書』ほか）
向こう岸へ渡っている途中に激しい嵐にあう。そのときイエスが風を叱り、湖に向かって「しずまれ」というと嵐が治まった。
（『マタイ福音書』ほか）

〈マクミラン聖書歴史地図（原書房）に加筆〉

風や湖といった自然を自在に操るイエスの姿を目のあたりにした弟子たちは、イエスを「神の子」と言い、イエスにひれ伏した。

あるとき、イエスはひとりで祈りを捧げるために、人里離れた場所へと向かう。ところがイエスの行くところ彼を慕う人々がつき従ったため、イエスはそこでも数々の説教や癒しを行なったのだった。

夕暮れ時になり、食事の心配をした弟子たちは集まった人々を家に帰すようイエスに申し出た。しかしイエスは「その必要はない」と言い、少年が持っていた5つのパンと2匹の魚を手にして天を仰いで神に祈りを捧げた。そしてそれらを弟子たちに渡し、民衆に分け与えるように命じる。

湖の上を歩くイエス

弟子たちだけで舟でガリラヤ湖を渡っていた際、途上で嵐に遭ってしまう。そんな弟子たちを救うために、イエスは湖を歩いて舟に向かった。

うわっ！あれはなんだ!?
私だ……
恐れることはない

聖書の謎 The Bible Episode

リベラリズムとファンダメンタリズム

イエスのさまざまな奇跡のとらえ方について、キリスト教内部でも議論を呼んできた。そのため奇跡については取りあわず、キリスト教の教えのみを信仰する「リベラリズム」と、聖書をすべて受け止める「ファンダメンタリズム」というふたつの立場が生まれた。このふたつの考えの対立は、現在に至るまで続く。

するとパンと魚は配っても尽きることがなく、何と5000人すべてに行き渡ったのだ。人々はイエスの不思議な力に驚嘆し、イエスへの尊敬の念を深めていった。

また、イエスは自然を操り、弟子たちを驚かせている。

イエスと弟子の一行が乗った舟がガリラヤ湖で嵐に襲われ転覆《てんぷく》しかけたとき、弟子たちは慌てふためき、眠っているイエスに救いを求めた。それを聞いたイエスは悠《ゆう》然《ぜん》と起き上がり、そして嵐に向かって「しずまれ」と一喝《いっかつ》。すると、嵐はたちまち鎮まったのである。

弟子たちは、自然がイエスの言うことを聞くのを目のあたりにし、驚愕するとともに改めてイエスへの信仰心を強めたのだった。

マタイによる福音書ほか

病める者たちを救った神の子・イエスの力

イエスは神の子の到来を告げるため、各地でさまざまな奇跡を行なった。人知を超えた奇跡を見せるイエスに人々は圧倒され、感服し、多くの人々がイエスへの信仰を強めていく。

もちろんイエスは、これみよがしに奇跡を起こしたわけではなく、本当に必要とされるときだけに起こしたのだ。そんなイエスの奇跡の中でも、原因不明の病気に苦しむ人たちを救った癒《いや》しの奇跡は、とくに人々の心を捉えた。

イエスは言葉、手、唾などを使ってさまざまな病気を癒した。盲人の目を見えるようにしたり、不治の病に悩んでいた女性を救ったりするなど、絶望に打ちひしがれた彼らを救ったのである。

また、こんなエピソードもある。イエスがある家の中で説教をしているとき、寝たきりの中風《ちゅうぶう》の男が友人たちに担がれてやってきた。ところが家の周りを群衆が囲んでいたため、男たちは家の中に入ることができない。そこで彼らは瓦をはがし、屋根から男を運び込んだのだ。説教をしていたイエスの前に寝たままの男性が突然降りてきたのである。

イエスは男たちの信仰心を知り、その中風の男性に「あなたの罪は許された」と告げた。すると、それまで寝たきりだった男は立ち上がり、イエスを崇《あが》めて家に帰っていったのである。

Episode エピソード

医神・アスクレピオス

ギリシア神話に登場するアスクレピオスは、死者を蘇生させる力を持った治癒神だ。初期キリスト教の史料では、キリスト教とこのアスクレピオス信者とが対立していたことを伝える。その後5世紀に入ってシリア教会がアスクレピオス信仰根絶を命令し、抗争は終結した。

イエス信仰を確実なものとした癒しの奇跡

あなたの罪は許された
起き上がって家に帰りなさい
あ……動ける……
わっ
動けるぞ……!!

長年中風を患い歩けなくなった人をイエスは癒した。この奇跡を目のあたりにした人々は、神を称え、そしてイエスを崇めた。

癒しの奇跡の方法

イエスはさまざまな手法を用いて、苦しむ人々を癒した。

言葉で癒す

「起きあがり、床を担いで家に帰りなさい」。 ➡ 今まで歩けなかった人が起きあがり、自分の足で帰った。(マルコ2章1~12節、マタイ9章1~8節、ルカ5章17~26節)

触れて癒す

皮膚病の人に触れながら「清くなれ」という。 ➡ 皮膚病が治り、きれいな肌に。(マルコ1章40~42節、マタイ8章1~4節、ルカ5章12~13節)

出血の止まらない女性がイエスの服に触れる。 ➡ 12年間治らなかった病気が一瞬で治る。(ルカ8章43~48節、マタイ9章20~22節、マルコ5章25~34節)

唾で癒す

盲人のまぶたにつばで土をこねたものを塗って洗う。 ➡ 生まれつき見えなかった目が見えるように。(ヨハネ9章1~12節)

⬇

イエスが病気を治してくれるという噂を聞きつけた人々は、イエスのもとを訪れ、そしてイエスこそ救世主であるとしてつき従った。

ヨハネによる福音書ほか

死者をも生き返らせたイエスの力に驚愕する民衆

イエスは病人を治すだけでなく、布教中に3度死者を蘇らせるという奇跡を見せている。

夫のない女のひとり息子、地域の会堂長《かいどうちょう》を務めるヤイロの娘、そしてイエスの親しい友人のラザロである。なかでもラザロの場合は、息を引き取った直後に蘇った前述のふたりとは異なり、埋葬されて4日も経ったうえで復活させるという驚愕の奇跡であった。

あるときイエスは、友人のラザロが重病だという知らせを受け取った。しかしイエスが到着したときには、ラザロはすでに亡くなっていたのである。

イエスは嘆き悲しむラザロの姉妹マルタに「私を信じる者は死んでも生きる」と告げた。そして彼女が「信じます」と答えたため、イエスは墓石を取り除かせ「ラザロよ出てきなさい」と大きな声で叫んだのだ。すると、死んで包帯を巻かれた姿のラザロが自力で墓の中から出てきたのである。

この死者の復活を目のあたりにした大勢のユダヤ人は、驚嘆した。そして人々はイエスへの信仰を確かにし、イエスを信じる者たちがますます増えていった。

しかし、ユダヤ人指導者たちは、こうしたイエスの活動がローマを刺激し、やがてユダヤを滅ぼしてしまうと考えた。そのためイエスに反感を抱くようになったのであった。

Episode エピソード

埋葬の習慣

当時は火葬ではなく埋葬が一般的だった。死亡当日、洗った遺体を担架に乗せて墓まで運び、その担架の後に親族や町の人々が従う。そして遺体は地下か岩に穴を開けた洞穴に埋葬された。ユダヤ人は死者を丁重に扱い、埋葬しないことはその人に対する最大の侮辱行為とされていた。

ラザロの復活

イエスの親しい友人
マルタ・マリア・ラザロ3姉弟の
ラザロが亡くなった
イエス様 ラザロは 死んで しまいました ……
………
ラザロ……
ラザロが納められた洞穴にやってきたイエスは、入り口を塞いでいた石を取り除かせ
ラザロ！出てきなさい！
大声で叫んだ
おおっ
……ラザロッ!!

ラザロの復活は人々に衝撃を与え、多くのユダヤ人がイエスを信じるようになった。

イエスの民衆の支持の高まりがローマ帝国を刺激すると考えたユダヤ人指導者たちは、イエスの殺害を画策するように!

マタイによる福音書ほか

ユダヤ人に蔑まれた人々に手を差し伸べるイエス

当時、ユダヤ人はおもに次のような人々を差別していた。周囲に汚《けが》れをもたらすとされた病人、律法の最も重い罪にあたる姦通をした女性、ローマ人の手先の徴税人、汚れているとされた異邦人（サマリア人やローマ人）などである。いわば彼らを神の御心《みこころ》に沿わない正しくない者として、ユダヤ社会から排除していたのだ。

しかしイエスの救いの手は、そういった蔑《さげす》まれた人々にこそ差し伸べられていた。

それは、姦通をした女性のエピソードが如実に物語る。姦通をし

ユダヤ人に蔑まれた人々とイエスの対応

イエスは、当時ユダヤ人に蔑まれた人々にこそ救いの手を差し伸べ、神の国に入る方法を指し示した。

ユダヤ人		イエス
汚れを帯びた者として社会から排除。	病人	病人の罪を許し、救いの手を差し伸べる。
最も忌《い》むべき者とされ、血の制裁が下される。	姦通の女	罪を犯したことのない者のみ罰することができるとする。
ローマ人の手先として、罪人と同列におかれる。	徴税人	徴税人だったマタイを弟子にしたり、ともに食事をとる。
自分たちを支配する敵。	ローマ人	ローマの手先とされた百人隊長の部下の病を癒す。
アッシリア人との混血で、イスラエルの民としての血を汚した。	サマリア人	サマリア人にも教えを説く。

各地で様々な奇跡を起こしたイエス

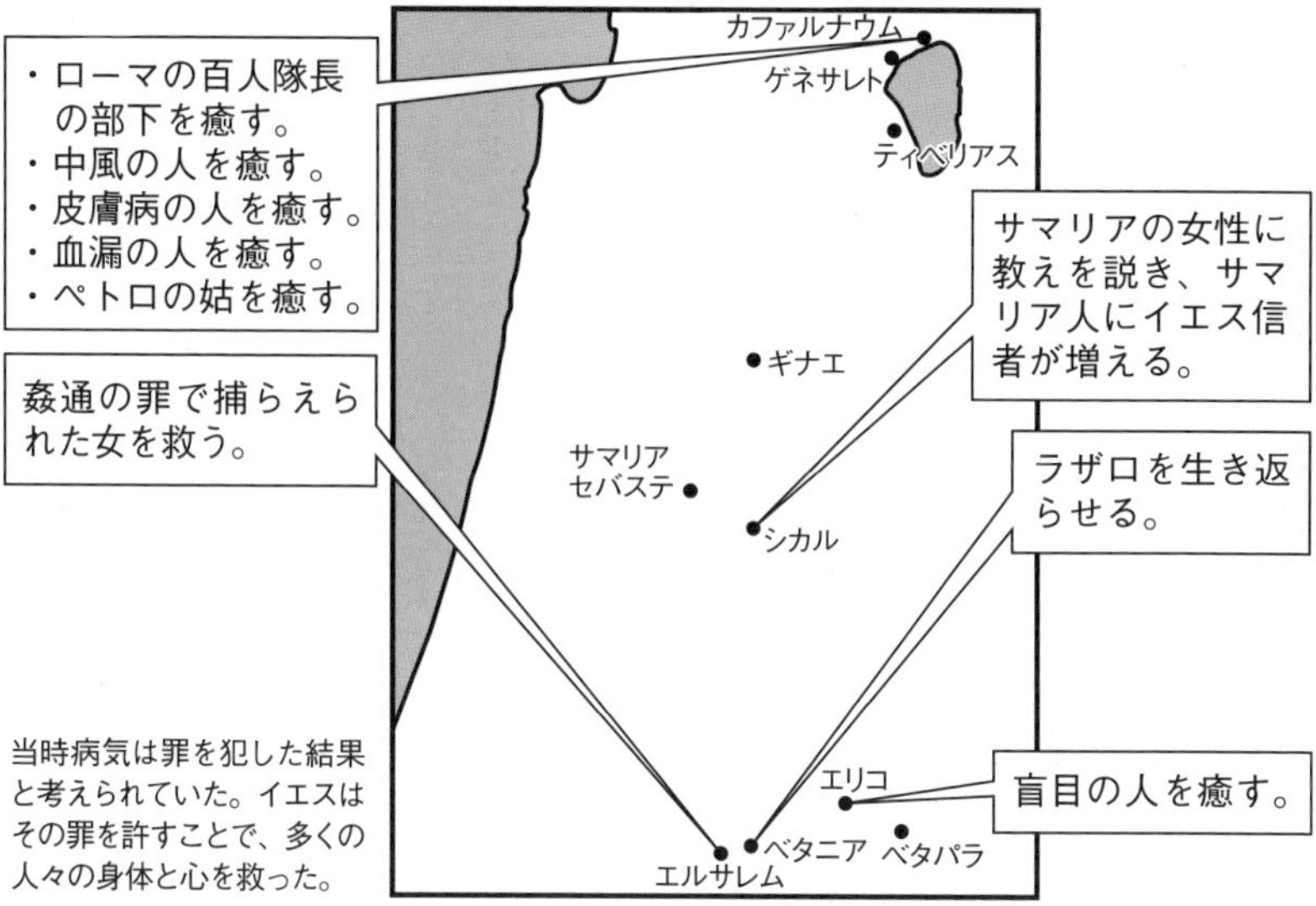

・ローマの百人隊長の部下を癒す。
・中風の人を癒す。
・皮膚病の人を癒す。
・血漏の人を癒す。
・ペトロの姑を癒す。
姦通の罪で捕らえられた女を救う。
カファルナウム
ゲネサレト
ティベリアス
サマリアの女性に教えを説き、サマリア人にイエス信者が増える。
ギナエ
サマリア
セバステ
シカル
ラザロを生き返らせる。
エリコ
盲目の人を癒す。
ベタニア
ベタパラ
エルサレム

当時病気は罪を犯した結果と考えられていた。イエスはその罪を許すことで、多くの人々の身体と心を救った。

聖書の謎 The Bible Episode

罪の概念

聖書では、罪とは神に背いたり、神を敬わず自分や他人を傷つけることを指す。旧約聖書では神に背いた罪を償《つぐな》うために、神に生けにえの動物を捧げたが、新約聖書ではイエスがその生けにえとして十字架にかけられ、人々を罪から救ったのである。そのためキリスト教では、生けにえの制度は廃止されている。

た女性が捕らえられ、罪人として石を投げつけられようとしていた。それを見たイエスは彼女を責めようとする人々に向かって「あなたたちのなかで、罪を犯したことがない者だけがこの女に石を投げなさい」と言い放ったのだ。

つゆほども罪を持たない人間などいない。やがて群衆がひとり去り、ふたり去り、イエスとその女だけが取り残された。そしてイエスは「私もあなたに罪を定めない」と告げて立ち去らせたのだった。

イエスは様々な場面で、差別されている人々こそ救われることを説いた。イエスは彼らに罪があるわけではないことを伝え、彼らを不当な差別や抑圧から解放しようとしていたのである。

ルカによる福音書ほか

すべてを投げ出してイエスに従ったマグダラのマリア

当時のユダヤ社会では女性たちも差別されていた。そんな女性たちと分け隔てなく接したのもイエスの特徴のひとつである。そのため多くの女性がイエスの弟子としてつき従い、そしてその中心にいたのがマグダラのマリアである。彼女はのちに十字架にかけられて復活したイエスと出会った最初の証人として知られている。

マリアがイエスにつき従うようになったのは、癒されたことがきっかけだった。マリアはイエスに7つもの悪霊を追い出してもらったと『ルカ福音書』にはある。悪霊とは罪や汚れを表わし、7という数は当時強調するために用いられていた。すなわちマリアは重病人か重い罪人で、心身ともに病んでいた女性だったのだろう。

重い苦しみを癒されたマリアは、ともに癒されたほかの女性たちと一緒に全財産を捧げてイエスに奉仕して従った。とくにマリアはイエスを強く敬愛し、イエスに従う女性たちの中心的な存在として活動したようだ。そしてイエスが十字架にかけられる最期の瞬間も見届け、遺体を埋葬したのである。

埋葬後、墓で名を呼びかけられたマリアが振り向くと、そこには復活したイエスが立っていた。復活したイエスが最初に姿を見せたのがマリアだったことから、彼女がイエスに最も愛された女性だったとする説もある。

Episode エピソード

初代教会における女性

新約聖書には、初代教会で女性が活発に活動していたことが記されている。使徒パウロに称賛されたフェベと呼ばれる女性は、初代教会において最初の「奉仕者《ほうししゃ》」に任じられている。これは自分の資産と影響力で教会に奉仕する後援者もしくは保護者のこととされる。

イエスに救われたマグダラのマリア

7つの悪霊

新約聖書では、７つの大罪として高慢《こうまん》、物欲《ぶつよく》、色欲《しきよく》、憤怒《ふんど》、貪欲《どんよく》、嫉妬《しっと》、怠惰《たいだ》を挙げる。マグダラのマリアが悪霊にとりつかれていた理由までは記述されていない。後世の人々は７つの悪霊からマリアを娼婦《しょうふ》あがりだとしているが、これも真相は定かではない。

女性信者の束ね役に

ともに病気を癒された女性たちとイエスに従う。その際、自分の持ち物を出し合って、イエスと弟子の旅をサポートした。

聖人とされたマリア

カトリック、東方正教会、聖公会ではマグダラのマリアを聖人と考え、7月22日をマグダラのマリアの祝祭日としている。

あなたの罪は許された……

マグダラのマリアは７つの悪霊に取りつかれていたとされるが、当時悪霊は罪の結果と考えられていたので、相当の大罪を背負っていたと思われる。

イエスの宣教の旅につき従うマリア

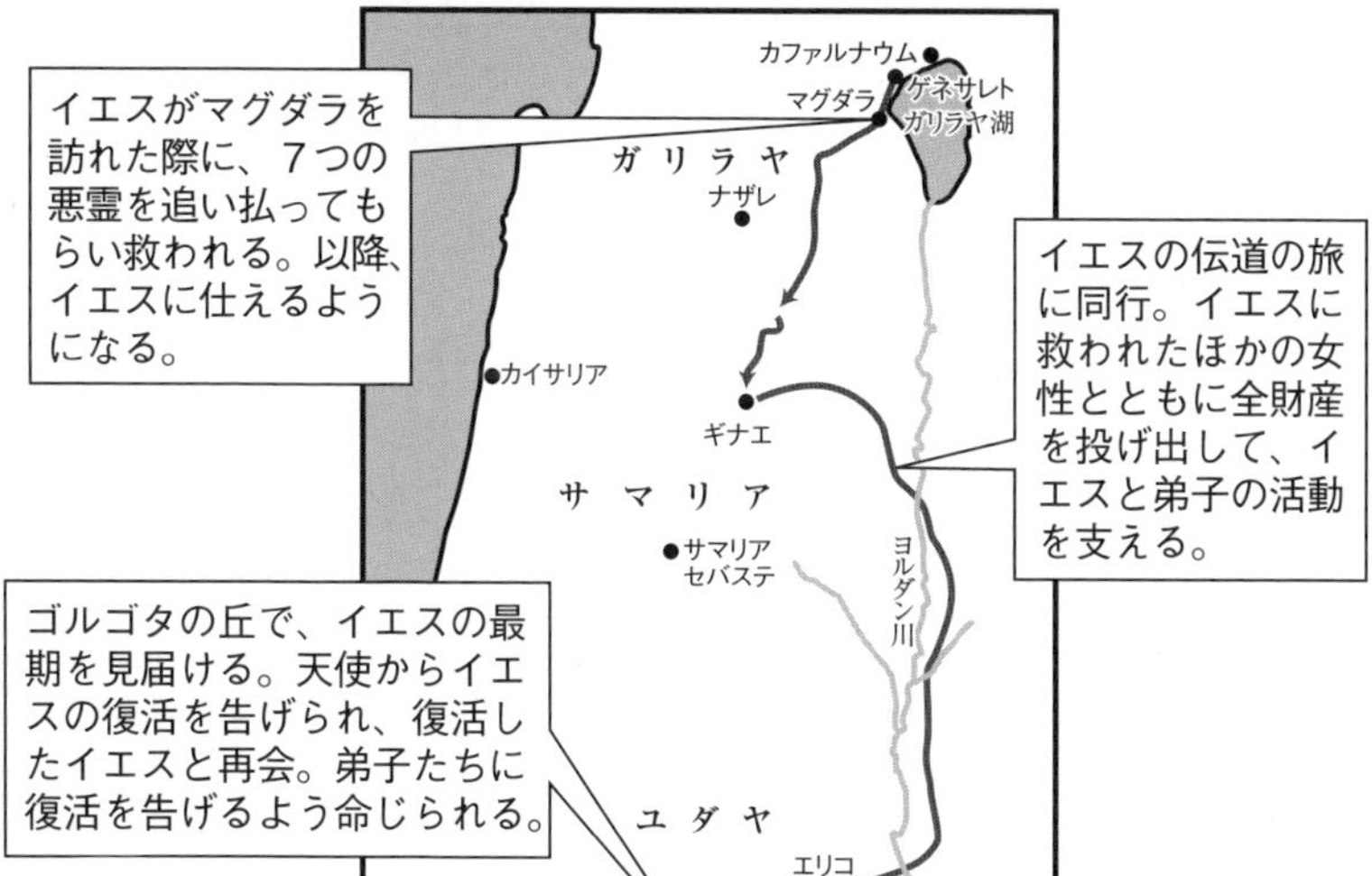

カファルナウム
マグダラ
ゲネサレト
ガリラヤ湖
ガリラヤ
ナザレ
カイサリア
ギナエ
サマリア
サマリア セバステ
ヨルダン川
ユダヤ
エリコ
ベトファゲ
エルサレム
ベタニア
イエスがマグダラを訪れた際に、７つの悪霊を追い払ってもらい救われる。以降、イエスに仕えるようになる。
イエスの伝道の旅に同行。イエスに救われたほかの女性とともに全財産を投げ出して、イエスと弟子の活動を支える。
ゴルゴタの丘で、イエスの最期を見届ける。天使からイエスの復活を告げられ、復活したイエスと再会。弟子たちに復活を告げるよう命じられる。

イエスに救われたマリアは、その後イエスの旅に同行し、イエスの最期のときを見届けた。

ルカによる
福音書ほか

真の隣人愛について説いた善きサマリア人のたとえ話

　イエスの教えの特徴は、幅広い階層の人が受け入れやすいように身近なたとえ話を用いたところにある。その目的は神の国のありようをわかりやすく民衆に説くことであり、神の国に行ける人と行けない人を明確に表わすことにあったともいえよう。

　なかでも有名なたとえ話が、民族の枠など関係ないことを明らかにした「善《よ》きサマリア人のたとえ」だ。これはイエスがユダヤ人の律法学者から、「律法には『隣人を愛せよ』と書かれているが、この『隣人』とは誰のことなのか」と

・たとえ話で教えをわかりやすく伝えるイエス・

律法に書かれている「隣人」とは誰のことか。律法学者に尋ねられたイエスは以下のように語った。

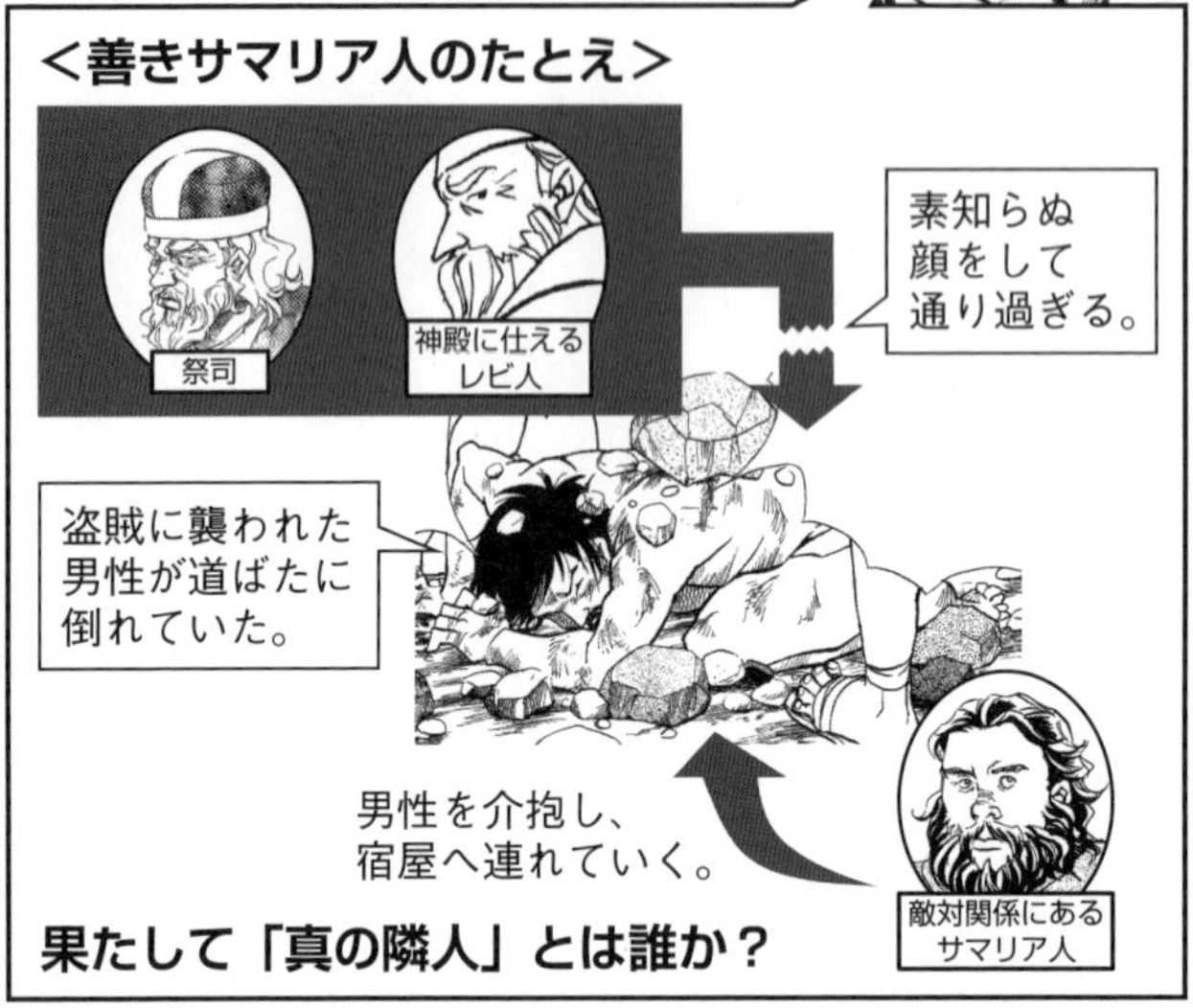
<善きサマリア人のたとえ>
祭司
神殿に仕える
レビ人
素知らぬ
顔をして
通り過ぎる。
盗賊に襲われた
男性が道ばたに
倒れていた。
男性を介抱し、
宿屋へ連れていく。
敵対関係にある
サマリア人
果たして「真の隣人」とは誰か？

人種や職業などは関係なく、憐れみの心をもって行動する人こそ真の隣人であるとイエスは語る。

その他のたとえ話

イエスはたとえ話を多用して、神の国に入るにはどうしたらよいのかを民衆に説いた。

放蕩息子のたとえ (ルカ:15章11〜32節)	父親に財産を分け与えられた兄弟がいた。弟は父のもとを去り放蕩の限りを尽くすが、財産をすべて失ってしまったため父のもとに帰る。父はそれを大変喜び、息子を許した。

➡ **人間が何度神に背く行為を行なっても、神はそれを許し続ける。**

種を蒔く人のたとえ (マタイ:13章1〜9節、18〜23節)	悪い土地に蒔かれた種は、芽が出ないか、芽が出てもすぐ枯れてしまう。いい土地に蒔かれた種は、実を結び、30倍、60倍、100倍になる。

➡ **神の言葉を素直に受け入れれば、大きな恵みが与えられる。**

見失った羊のたとえ (ルカ:15章1〜7節)	100匹の羊を持っている人がいる。ところが羊が1匹いなくなってしまい、その男は必死に捜す。その1匹を見つけたとき、彼の喜びは大変なものだった。

➡ **悔い改める必要のない99人の正しい人よりも、ひとりの罪人が悔い改める方が、神の喜びは大きい。**

聖書の謎 The Bible Episode

サマリア人とは？

　ユダヤ人が差別していたサマリア人は、もともとはイスラエルの民族だった。しかしアッシリアによる占領後、アッシリア人の移住により異民族と残ったユダヤ人との混血が進んでいったのである。彼らはイスラエルの血を汚した存在としてユダヤ人からは蔑まれ、神殿に入ることさえ拒まれていた。

論戦を仕掛けられたときに語ったたとえ話である。

　ある男がエルサレムからエリコへ行く途中、強盗に襲われて倒れていた。そこへ祭司が通りかかり、ついで聖職者のレビ人が通ったが、ふたりは素知らぬ顔をして負傷した男を助けずに通り過ぎた。そこへユダヤ人から差別されていたサマリア人が通りかかって、この倒れている男を助け、介抱した。

　この話を終えたイエスは問う。誰が真の隣人かと。律法学者は「善き行ないをした人」、つまり自分たちが差別していたサマリア人と答えるしかなかった。イエスは、神の教えを受け入れるのならば、誰もが真の隣人たりうるということを明らかにしてみせたのである。

イエスの誕生祭はもともと異教徒の祭りだった?

12月25日はクリスマスだ。この日を中心に町は華やかなイルミネーションで飾られる。子どもたちはサンタクロースからのプレゼントを楽しみにし、クリスマス・イブには恋人同士が楽しい時間を過ごすのが恒例となっている。

このように現代の日本では楽しいイベントとなっているクリスマスだが、もともとはキリスト教徒にとっては大切な宗教行事である。クリスマスが行なわれる12月25日は、イエス・キリストの誕生祭なのだ。

ただし、実際にイエスが誕生したのがいつなのかはよくわかっていない。それなのに、なぜこの日がイエスの誕生日として祝われるようになったのだろうか。

12月25日がイエスの誕生日として祝われるようになったのは、4世紀のローマ教皇ユリウス1世の時代からだ。もともとこの時期には、古代ローマの祭りであるサトゥルナリア(太陽神のお祭り)が行なわれていた。当時のキリスト教会は、異教徒をキリスト教徒に改宗《かいしゅう》させるために、懐柔策《かいじゅうさく》として地元の祭りをそのまま取り入れるケースが多かった。そのためローマ人の歓心を買うために、サトゥルナリアをキリスト聖誕の祭りであるクリスマスと同化させたといわれている。厳格なキリスト教徒の中には、異教徒の祭りであったかもしれないクリスマスを祝わない人もいるという。

現在、純粋にクリスマスを継承するキリスト教圏では日本のような大騒ぎはせず、ツリーの下にプレゼントを置いて家族とともに過ごすなど静かにクリスマスを祝うのが一般的である。

クリスマス節《せつ》(降誕節《こうたん》)は12月24日の夕方から1月6日まで続くが、クリスマス前夜には動物や鳥が人間のように言葉を発し、ラテン語で神を称える歌を歌ったり、家畜が東方に向けてひざまずいたり、蜜蜂《みつばち》が詩編を口ずさむなど数々の伝説が残されている。

第3章
イエスの最期と復活

マタイによる福音書ほか

イエスの姿が白く輝きだし、モーセ、エリヤと語り合う

イエスは伝道《でんどう》の先々で信仰者を増やしたが、弟子たちも含めて、イエスがいったい何者なのか正確に知る者はいなかった。しかし、ついにイエスの正体が明らかになるときがやってくるのである。

　イエス一行がガリラヤの北東の町、フィリポ・カイサリアに至ったときのことだった。

　自分の死と復活を弟子たちに預《よ》言《げん》したイエスは、その後ペトロ、ヨハネ、ヤコブの3人の弟子を連れて近くの高い山に登ったのである。

　このとき、イエスに異変が起こ

天の国の鍵を預かるペトロ

数々の奇跡を見せたイエスのことを、人々は預言者や洗礼者だと噂していた。そんなある日、イエスは弟子に自分が何者なのかを尋ねる。

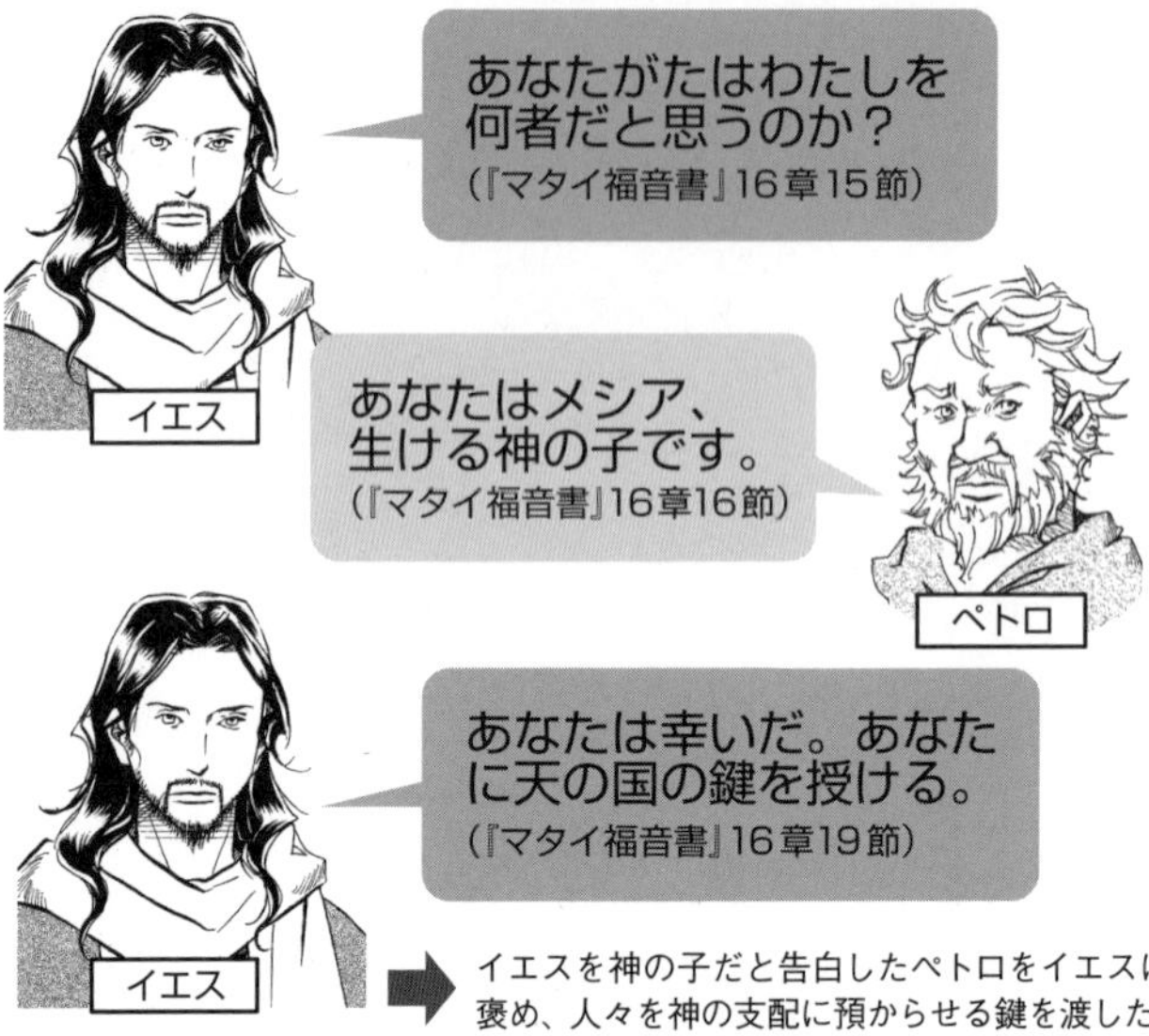
あなたがたはわたしを何者だと思うのか？
（『マタイ福音書』16章15節）
イエス
あなたはメシア、生ける神の子です。
（『マタイ福音書』16章16節）
ペトロ
あなたは幸いだ。あなたに天の国の鍵を授ける。
（『マタイ福音書』19章19節）
イエス

➡ イエスを神の子だと告白したペトロをイエスは褒め、人々を神の支配に預からせる鍵を渡した。

天の国の鍵　カトリックの伝統では、教皇位のシンボルとなっている。現在鍵は２本あり、ひとつ（金の鍵）は天国の門を開き、もうひとつ（銀の鍵）は煉獄《れんごく》の門を開くとされている。

山上の変容にいたる道程

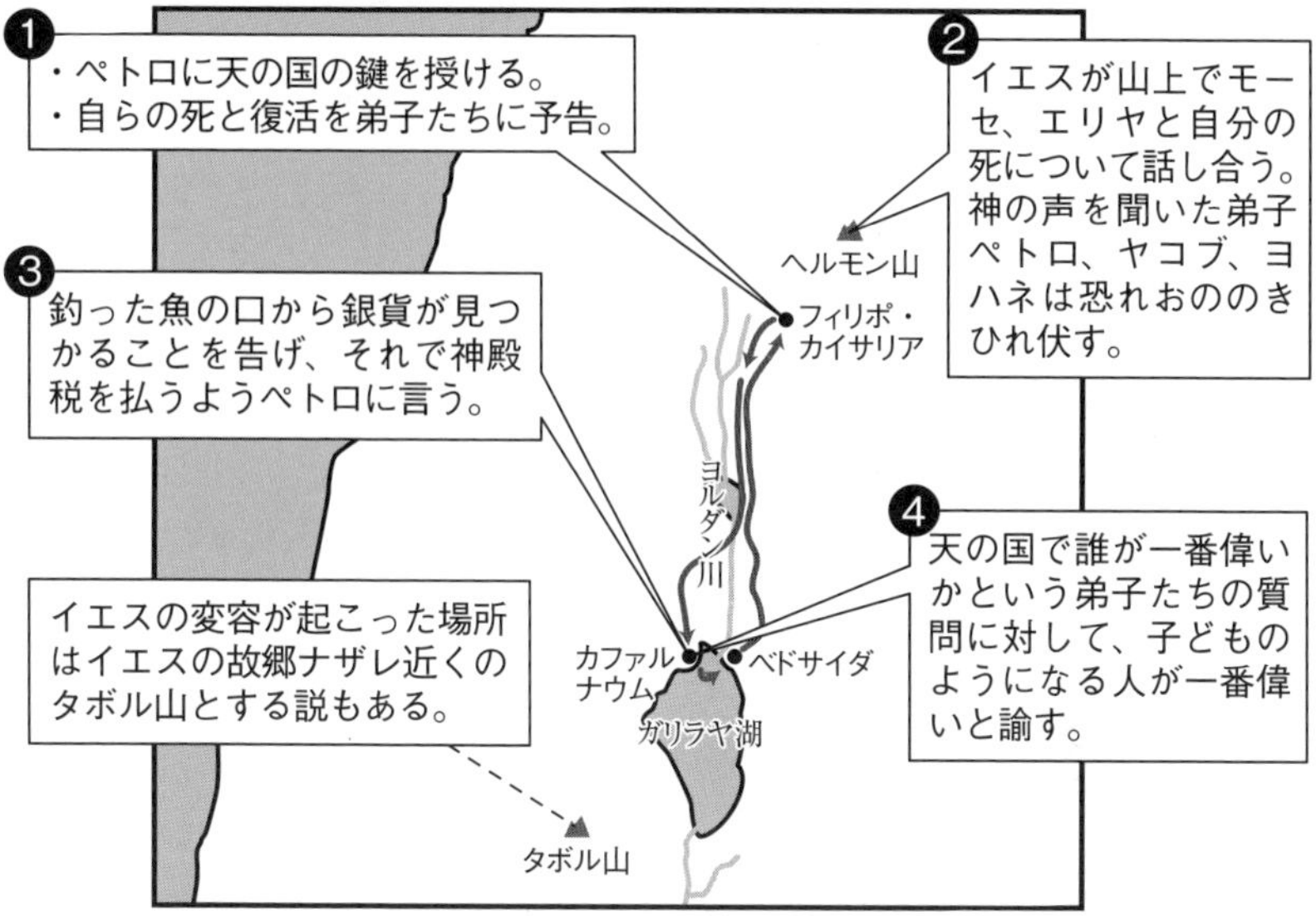

1
・ペトロに天の国の鍵を授ける。
・自らの死と復活を弟子たちに予告。
2
イエスが山上でモーセ、エリヤと自分の死について話し合う。神の声を聞いた弟子ペトロ、ヤコブ、ヨハネは恐れおののきひれ伏す。
3
釣った魚の口から銀貨が見つかることを告げ、それで神殿税を払うようペトロに言う。
4
天の国で誰が一番偉いかという弟子たちの質問に対して、子どものようになる人が一番偉いと諭す。
イエスの変容が起こった場所はイエスの故郷ナザレ近くのタボル山とする説もある。
ヘルモン山
フィリポ・カイサリア
ヨルダン川
カファルナウム
ベドサイダ
ガリラヤ湖
タボル山

聖書の謎 The Bible Episode

『マラキ書』とエリヤ

　イエスが山上でモーセ、エリヤと３人で語り合うのは新約聖書の中でも重要な場面だ。数ある預言者の中でエリヤが登場した理由は、旧約聖書の『マラキ書』にある「恐怖が来る前にエリヤを遣わす」という記述にあるとされる。『マラキ書』はユダヤ人がバビロン捕囚から帰還後に書かれ、必ず救いは訪れると説いた。

る。突然イエスの顔が輝き、衣服が白く光った。そしてモーセやエリヤが光の中に現われて、３人が語り合い始めたのである。

　さらに天から「これは私の愛する子、私の心に適《かな》う者。これに聞け」という神の声が響き渡ったのだ。この異様な光景を見た３人の弟子は、恐怖で震え、ただひれ伏すことしかできなかった。

　イエスは自らの復活のときまでこのことを固く口止めするよう言い聞かせ、そして自らの死と復活を再び弟子たちに説きながら、エルサレムへと向かう。これまでの人類の罪を贖《あがな》うため。そして神との新たな契約を成就させるため。イエス、終焉のときが訪れようとしていた。

ヨハネによる福音書ほか

救世主イエスのエルサレム入城に沸き返るユダヤ人

エルサレムへ向かう途中、ベタニアに立ち寄ったイエスは、マルタ、マリア、ラザロの姉弟が住む家へと赴いた。ここでマリアが思わぬ行動をとって周囲を驚かす。イエスを慕うマリアは、非常に高価なナルドの香油《こうゆ》を惜しげもなくイエスの足に塗り、自分の髪でそれをぬぐったのである。

しかしそんなマリアの行為を、イスカリオテのユダが激しく非難した。「その香油を売って貧しい人に施すべきだ」。これに対しイエスは「私の埋葬の準備をしてくれているのだ」とマリアを弁護し、逆にユダを諭したのだった。

このユダこそ、のちにイエスを銀貨と引き換えに祭司長らに売り渡し、裏切り者となった人物である。

一行の会計係だったユダは、このときすでに会計のお金を着服していたともいわれ、ユダがこの場面でマリアを非難したのは、自分の不正の後ろめたさを隠すためだったと『ヨハネ福音書』は記す。

エルサレムが目前に迫ったとき、イエスは弟子にロバを連れてくるように命じた。そしてイエスはそのロバに乗ってエルサレムへの入城を果たす。

これは『ゼカリヤ書』で預言されていた救世主《きゅうせいしゅ》の到来を象徴するものだった。４００年間ユダヤ人が待ち望んだ救世主がついにやってきた。民衆はイエスの入城を大喝采で迎えた。

Episode エピソード

ユダヤ人が待ち望んだ王

ユダヤ人が待ち望んでいたメシアはダビデの再来、具体的には圧政を加えるローマの支配から解放し、軍事的手段によってイスラエルを導いてくれる王であった。民衆がイエスを十字架にかけた理由のひとつは、イエスがローマに対して蜂起しなかったからといわれている。

イエスの受難週

イスラエルの王に祝福あれ！
我らに救いを！
わあっ

救世主の登場を、民は大歓声で迎えた。

?	イエス、エルサレム入城を果たす。
?	イスカリオテのユダがイエスを裏切り、祭司長と取引きをする。
木曜日	最後の晩餐
木曜日	イエスの逮捕
金曜日	ゴルゴタの丘で十字架刑に処せられる。
金曜日	埋葬される。
日曜日	イエスが復活する。

ユダ、裏切りの序章

イエスが親しい友人であるマリアたちの家を訪れた際、マリアが高級な香油でイエスをもてなした。そのことをユダがとがめたのだが、イエスは逆にユダを諭した。

❶ナルドの香油をイエスの足に塗り、髪の毛でぬぐう
❸諭す
❷批判
イエス
マリア
ユダ
「そのままにしておきなさい。私の埋葬の準備をしてくれたのだから」
「香油を売ってその代金を貧しい人に施すべきだ！」
（一行の金庫番だったがお金をごまかしていたので、その不正を隠すために言ったとされる）

マタイによる福音書ほか

商人の住みかと成り果てた神殿を見て怒りを露わにするイエス

エルサレム入城を果たしたイエス一行は、神殿へと向かった。ところがイエスは神殿の様子を見て憤慨する。

境内《けいだい》では、羊や鳩など生けにえ用の動物を売る屋台が軒を連ね、献金《けんきん》用の両替を行なう商売人が我が物顔で横行していたのだ。礼拝《れいはい》は形式的なものとなり、神聖な場であるはずの神殿が金儲けの場と化していたのである。

神の家を汚されたと感じたイエスは怒りを爆発させ、実力行使に及んだ。激しい剣幕で、商売人たちに縄で作った鞭を打ちおろす。

そして、両替用の金を蹴散らし、屋台や物をひっくり返して回ったのだ。そして声を荒らげ、「わが父の家を商売に使うな。あなたがたは神殿を強盗の巣としている」と一喝。神殿から商売人をすべて追い出したのである。これを「宮《みや》清《きよ》め」という。

弟子たちはイエスの激しい行動に驚くとともに、神の家を汚す行為は許さないというイエスの強い意志に感じ入った。また、法外なレートで儲けていた商人を快く思っていなかった民衆も、イエスの行動に拍手喝采したという。

イエスのこうした行動は、ユダヤ教の祭司や律法学者にとっては神への冒涜《ぼうとく》だった。そのため彼らはイエスを敵対視し、どうにかしてイエスを捕らえようともくろんだのであった。

Episode エピソード

イエスの称号

イエスの称号は場面、意味によって使い分けられている。「主《しゅ》」はイエスに対する重要な呼びかけの称号。「神の子」は神の国から地上に遣わされた方という意味で使用され、「メシヤ」または「キリスト」は救世主としての概念が強く含まれている。

イエスが神殿の商人に激怒！

商売の場となっていた神殿を見てイエスは激怒する
私の家は祈りの家でなければならない!!
あなたがたはそれを強盗の巣としている!!
そうだ!!
出ていけ！
この様子を聞いた祭司長たちは憤り
どのようにしてイエスを捕らえ、殺すかを謀るようになった

礼拝が形骸化し、商人が横行する神殿を見てイエスは激怒。商人を追い出し、神殿を清めた。商人に金銭を納めさせ金を儲けていた祭司や律法学者たちは、イエスのこの行動を耳にし、イエスを亡き者にする画策を始める。

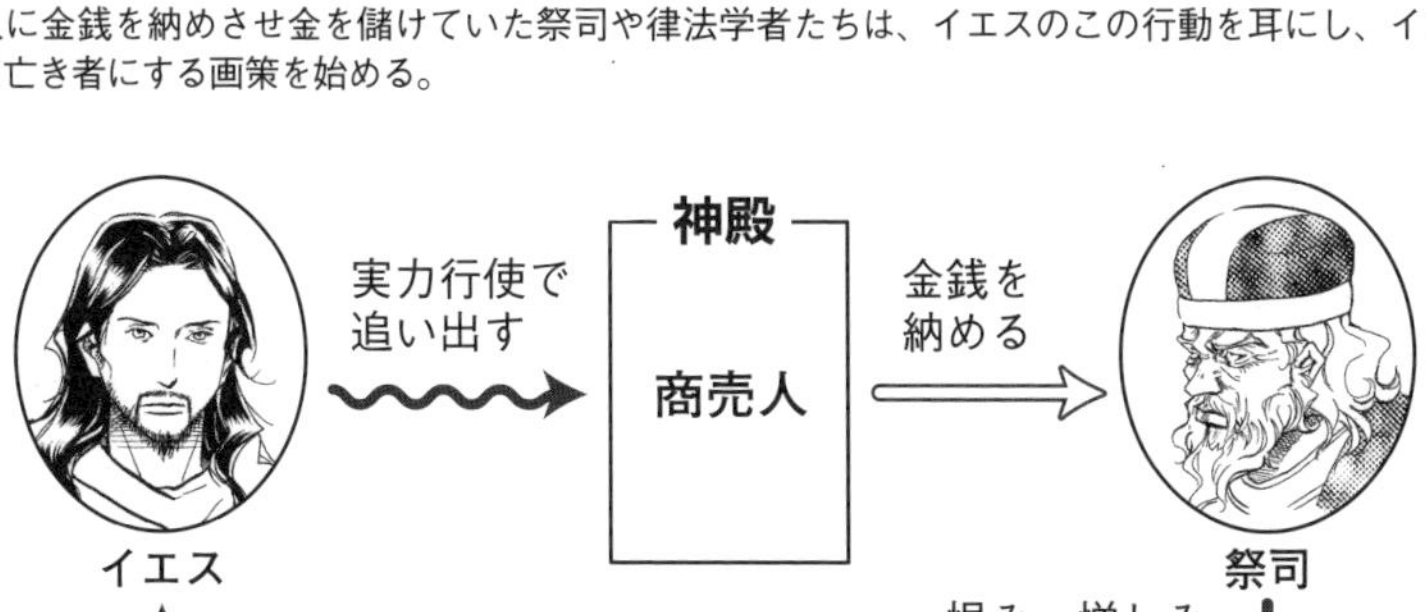

神殿
商売人
実力行使で追い出す
金銭を納める
イエス
祭司
恨み・憎しみ

マタイによる福音書ほか

律法学者を批判するイエスに対して、学者たちの憎しみが高まっていく

イエスと律法学者の論争

ことあるごとに律法学者たちはイエスに論争を仕掛けたが、イエスはこれをことごとく退けた。

律法学者の主張		イエスの反論
なぜあなたの弟子は昔の人の言い伝えに従わず、汚れた手で食事をするのか！？	食事のときに手を洗わないイエスの弟子がいた。	人が汚れるのは人間の心から悪（盗み、殺意、悪意など）が出てくるからであって、外から人の身体に入るもので人を汚すことはできない。
安息日に禁じられている労働をした！	イエスの弟子たちが安息日に麦畑の穂を摘んで食べた。	安息日は人のために定められたのであって、人が安息日のためにあるのではない。
なぜ徴税人や罪人と食事をするのか	徴税人や罪人たちと食事の席をともにする。	医者を必要とするのは病人である。私は罪人を招いて悔い改めさせるためにここにある。
神のほかに誰が罪を許すことができるだろうか？神への冒涜だ！	何年も寝たきりの男に対して、あなたの罪は許されたと言った。	罪は許されたというのと起きて歩けというのとどちらが易しいか。

宮清めをきっかけに律法学者らはイエスを亡き者にしようとする思いをさらに強くするが、もともとイエスと律法学者たちとは相容れない関係にあった。その理由は、ユダヤ人に律法の遵守を求めていたファリサイ派の律法学者たちに対し、イエスが彼らを偽善的だとしばしば批判していたからである。

そのため彼らはイエスを異端視《いたんし》し、ことあるごとに糾弾《きゅうだん》。さらにはイエスを陥《おとしい》れようとしてさまざまな論争を仕掛けた。

たとえば次のような話がある。イエスの弟子たちが安息日《あんそくび》に空腹

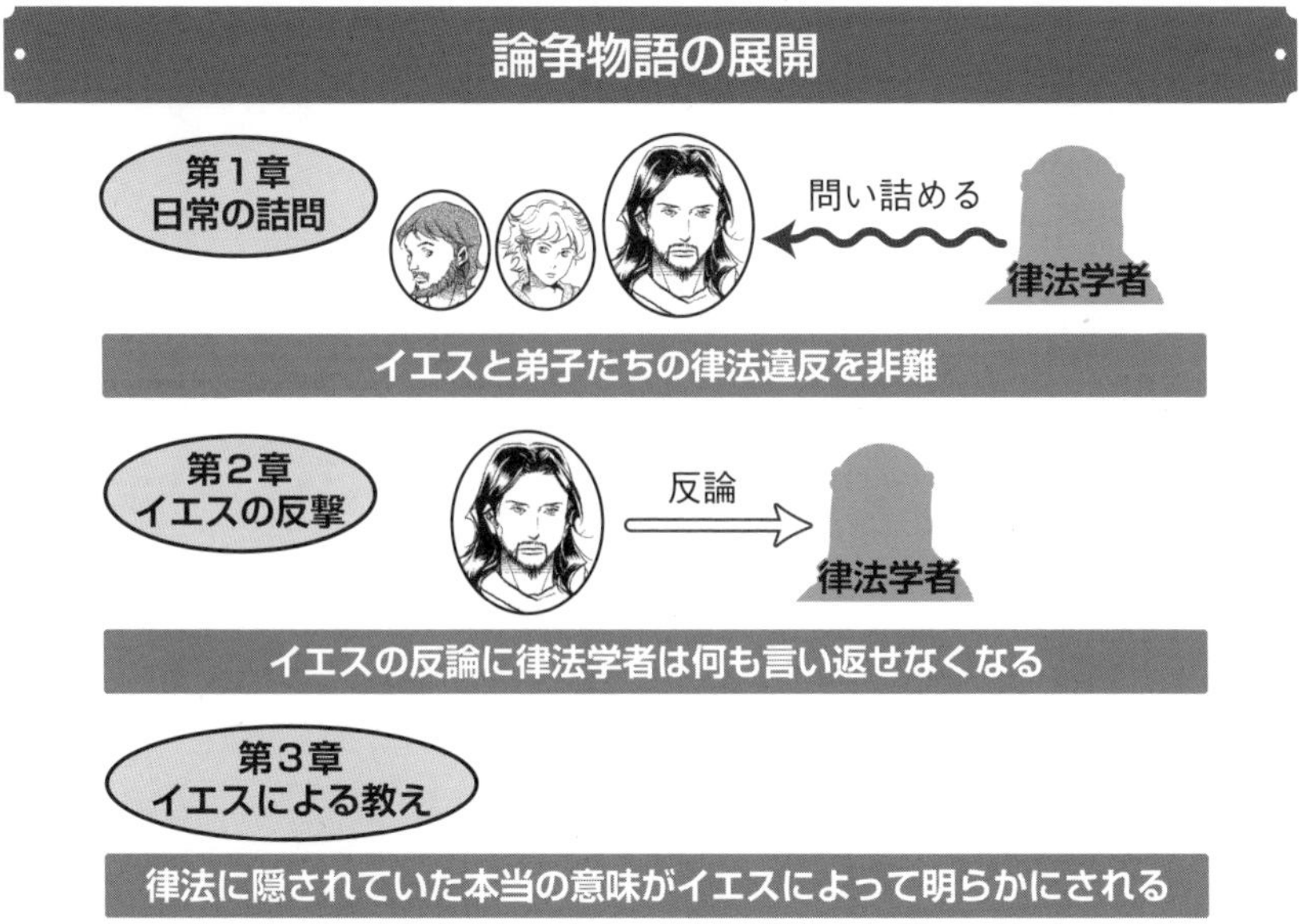
論争物語の展開
第１章
日常の詰問
問い詰める
律法学者
イエスと弟子たちの律法違反を非難
第２章
イエスの反撃
反論
律法学者
イエスの反論に律法学者は何も言い返せなくなる
第３章
イエスによる教え
律法に隠されていた本当の意味がイエスによって明らかにされる

イエスと律法学者との論争は上記のような流れで繰り返され、イエスの言葉によって律法の持つ本当の意味が明らかにされていった。

聖書の謎 The Bible Episode

ニコデモ議員とイエス

　ニコデモ議員はユダヤ人指導者のひとりだったが、イエスの教えに感心した彼は人目をしのんで彼に教えを請いに行った。イエスはそんな彼に、神の国に入る方法を優しく諭したのだった。ニコデモはイエスに強く心をひかれ続け、『ヨハネ福音書』によると、のちにその遺体を葬るという重要な役割を担ったのである。

にかられて麦を摘んで食べたのを見た律法学者たちは、「労働を禁じられている安息日に麦穂を摘んだ」としてイエスを非難した。

　しかしイエスは「人が安息日のためにあるのではない」とこれを退ける。律法を守ることにのみ終始し、神への愛が形骸《けいがい》化《か》しているファリサイ派の律法学者らへの痛烈な批判でもあった。

　律法学者らにとって、律法を厳格に守ろうとしないイエスは罪人の仲間と同じだった。そして、律法の権威の上に成り立っている当時のユダヤ社会を否定するものでもあった。イエスが律法をも超えた自由な見解で論争を論破するたびに、律法学者たちの反感と危機感は大きくなっていったのである。

ヨハネによる福音書ほか

最後の晩餐で明らかにされた裏切り者・ユダ

イエスは、自分の受難《じゅなん》の日が近づいていることを悟っていた。そして逮捕される前日の過越祭《すぎこしまつり》の晩、イエスは弟子たちと食事をともにした。これがキリスト教の聖餐式《せいさんしき》（ミサ）の原型となった最後《さいご》の晩餐《ばんさん》である。この席でイエスは弟子たちに彼の愛を余すところなく示し、最後の教えを説いている。

　そのひとつが弟子たちの足を洗うことだった。イエスは食事の前に自ら弟子一人ひとりの足を洗って手ぬぐいで拭《ふ》き始めたが、これは本来奴隷《どれい》の仕事だった。弟子たちは恐縮したが、イエスは弟子たちに身をもって謙遜《けんそん》を示し、最後の教えとしたのである。

　そして自分の身体をパンに、自分の血をぶどう酒に見立てて弟子たちに与え、これからも弟子たちとともにいることを伝えて彼らに勇気を与えた。

　一方で、イエスは悲痛な事実をも伝えねばならなかった。それは、弟子のひとりが自分を裏切るという衝撃的な内容だった。「この中に私を裏切ろうとしている者がいる」。それを聞いた弟子たちは動揺しながら「主よ、それは誰のことですか」と言った。するとイエスはパン切れをぶどう酒に浸してユダに与え、「あなたがしようとしていることを今すぐしなさい」と告げたのである。すべてを察したユダは、ひとり外へ出て行ったのだった。

Episode エピソード

現代の最後の晩餐

　現在、プロテスタントでは聖餐式、カトリックではミサと呼ばれる儀式は、最後の晩餐を原型にしたもので、キリスト教にとっては洗礼と並ぶ重要な儀式だ。これは、イエスが人類の罪を贖うため、自らの命を捧げたことを思い起こさせるために行なわれている。

ユダの裏切りを断言するイエス

あなたがたの中に
私を裏切ろうとしている者がいる……
!!
そんなことは絶対にありません！
私たちが裏切るなど！
今
パンを渡す者が
そうだ

イエスから裏切りを予告されたユダは何も言わず、その場から姿を消した。

最後の晩餐の食事が意味するものとは？

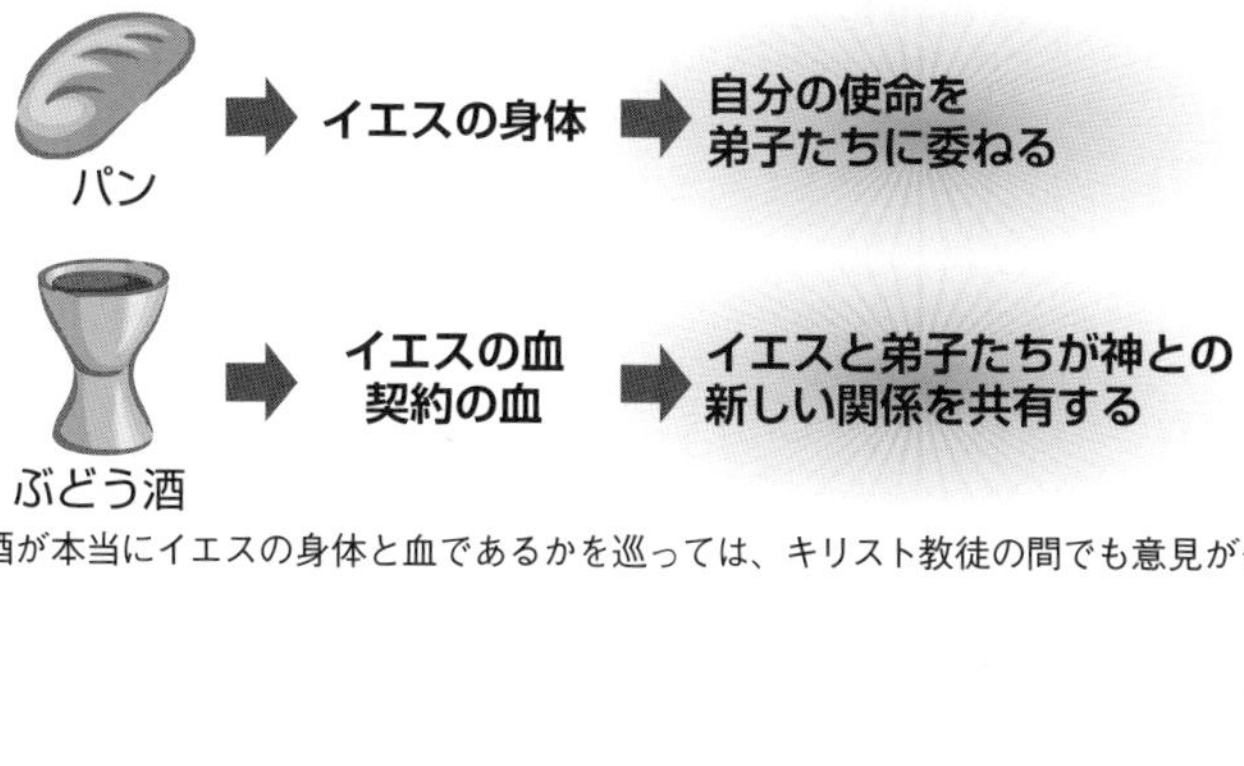
パン
イエスの身体
自分の使命を
弟子たちに委ねる
ぶどう酒
イエスの血
契約の血
イエスと弟子たちが神との
新しい関係を共有する

パンとぶどう酒が本当にイエスの身体と血であるかを巡っては、キリスト教徒の間でも意見が分かれている。

マルコによる福音書ほか

ゲツセマネで明かした人の子・イエスとしての苦悩

　最後の晩餐を終えたイエスは、弟子のペトロ、ヤコブ、ヨハネを従え、オリーブ山近くにあるゲツセマネと呼ばれる場所で最後の祈りを捧げた。イエスはここで、生身の人間である自分と神の子である自分との狭間で悩む自分のすべての思いを神に訴えたのだった。

「私は死ぬばかりに悲しい。ここを離れず私とともに目を覚ましていなさい」。３人の弟子に語ったイエスの言葉から、その苦悩の大きさがしのばれる。

　そして倒れるように地に伏して祈り始めたイエスは父なる神に向

イエス、逮捕までの道程

十字架にかけられる前日、弟子たちと最後の食事をともにしたイエスはゲツセマネへと向かう。

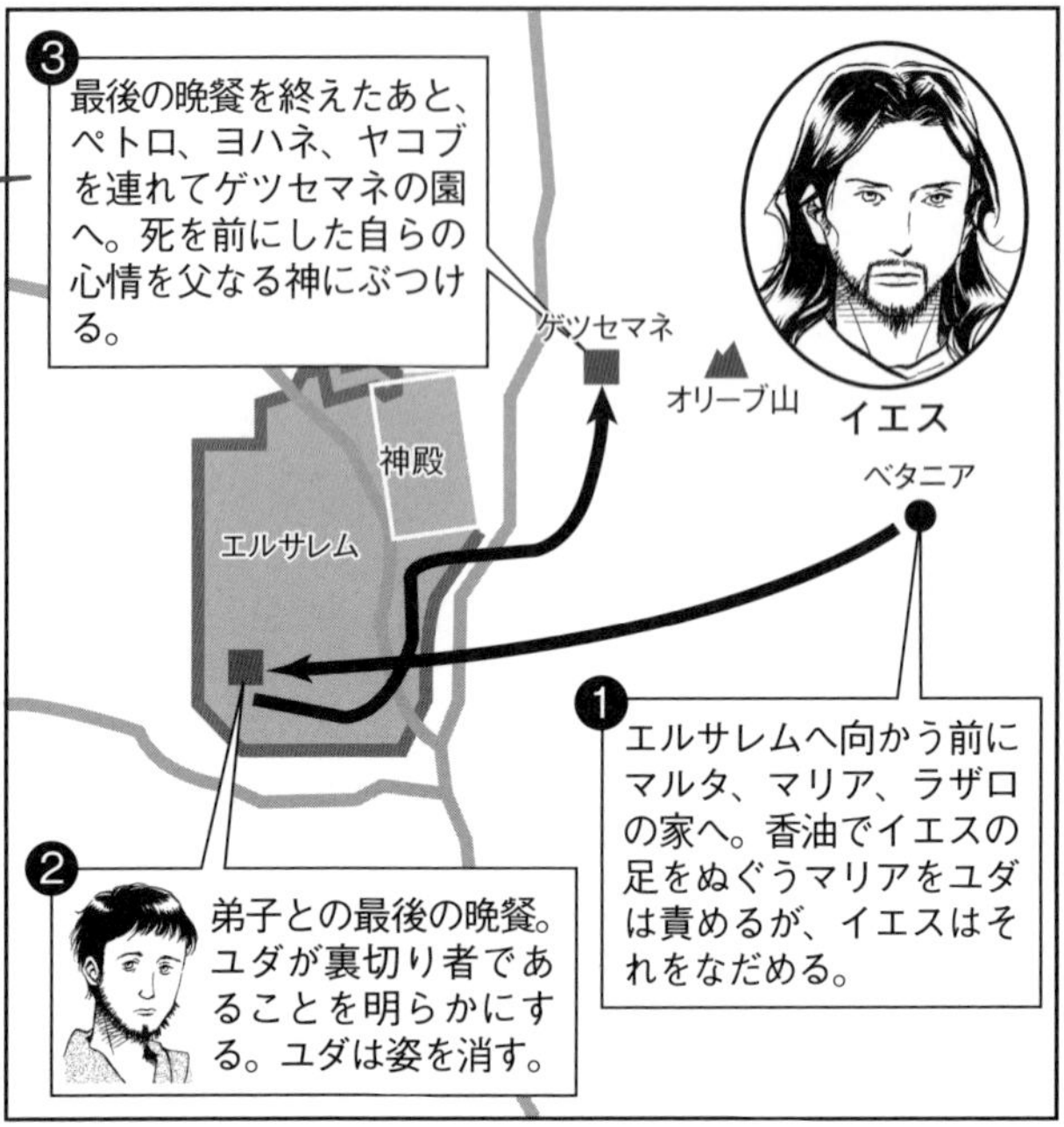

❶
エルサレムへ向かう前にマルタ、マリア、ラザロの家へ。香油でイエスの足をぬぐうマリアをユダは責めるが、イエスはそれをなだめる。
❷
弟子との最後の晩餐。ユダが裏切り者であることを明らかにする。ユダは姿を消す。
❸
最後の晩餐を終えたあと、ペトロ、ヨハネ、ヤコブを連れてゲツセマネの園へ。死を前にした自らの心情を父なる神にぶつける。
ゲツセマネ
オリーブ山
イエス
ベタニア
神殿
エルサレム

ゲツセマネでの嘆きとユダの裏切り

ゲツセマネでイエスはこれから待ち受ける運命を嘆く。そこに兵士を連れたユダがやってきて、イエスは捕らえられた。

かって、激しく苦悶《くもん》する自分の心情を吐露《とろ》したのである。死に向かうイエスの絶望ともいえる嘆きであった。

そんなイエスの苦悩とは裏腹に、3人の弟子たちは誘惑に負けて眠りこんでいた。そしてイエスが弟子たちを起こしているとき、ユダが剣や棒を手にした兵と群衆を伴って現われたのである。ユダがイエスに接吻したのを合図に、兵士たちが一斉にイエスに飛びかかった。

イエスは毅然《きぜん》とした態度で反抗もせずに、「これは聖書の言葉が実現されるためである」と後ろ手に鎖を掛けられ、引き立てられていった。それを見た弟子たちは、あろうことかひとり残らず逃げ出して姿を消したのだった。

マタイによる福音書ほか

神への冒涜として死罪判決を言い渡されたイエス

イエスの足跡 —エルサレム入城から死刑執行まで—

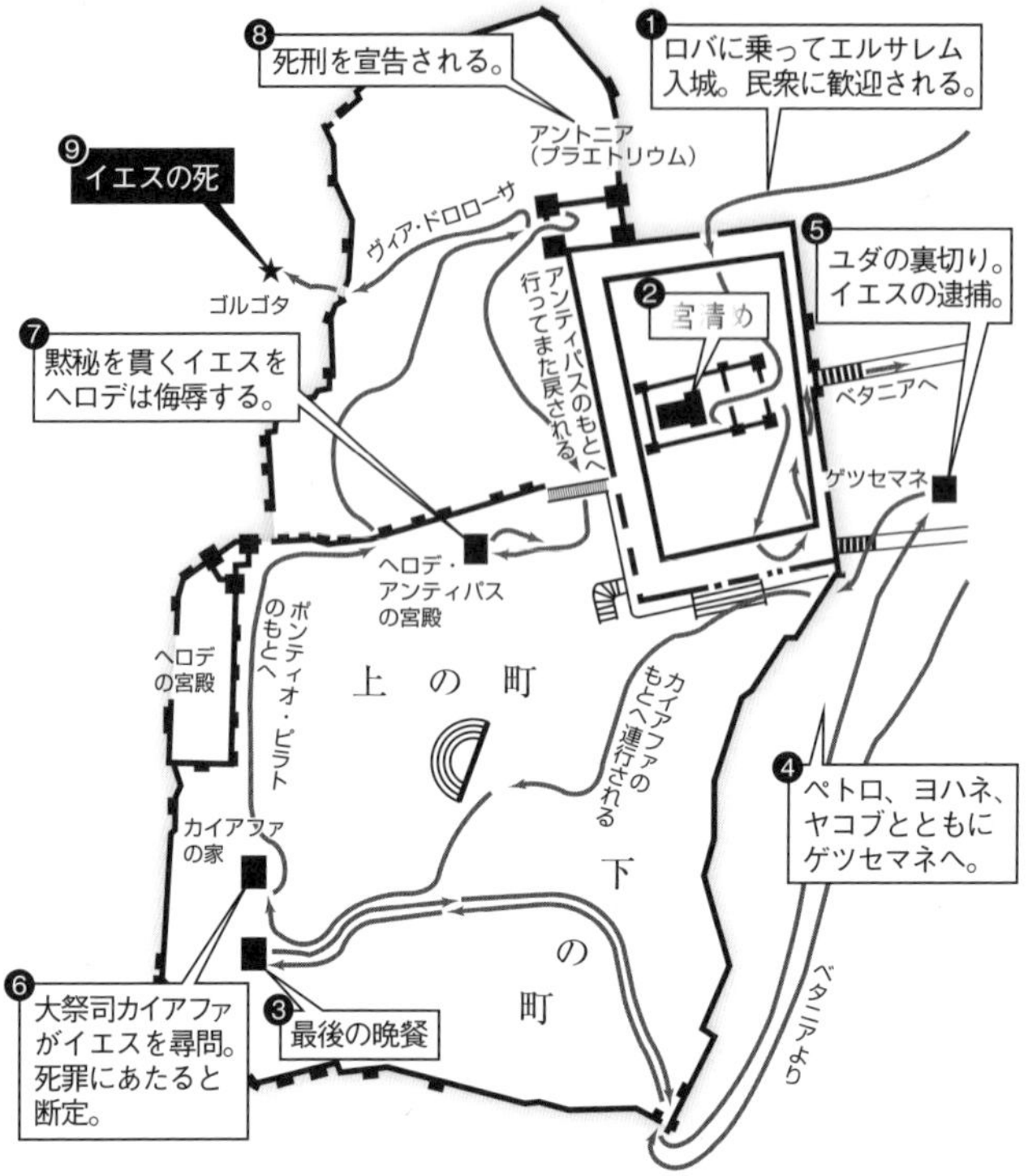

❶ロバに乗ってエルサレム入城。民衆に歓迎される。
❷宮清め
❸最後の晩餐
❹ペトロ、ヨハネ、ヤコブとともにゲツセマネへ。
❺ユダの裏切り。イエスの逮捕。
❻大祭司カイアファがイエスを尋問。死罪にあたると断定。
❼黙秘を貫くイエスをヘロデは侮辱する。
❽死刑を宣告される。
❾イエスの死
アントニア（プラエトリウム）
ヴィア・ドロローサ
ゴルゴタ
アンティパスのもとへ行ってまた戻される
ベタニアへ
ゲツセマネ
ヘロデ・アンティパスの宮殿
ポンティオ・ピラトのもとへ
ヘロデの宮殿
上の町
カイアファのもとへ連行される
カイアファの家
下の町
ベタニアより

イエスがどのようにして死に至ったのか、聖書は詳細を記している。

捕らえられたイエスは、ユダヤの祭司長、長老、律法学者らで構成される最高法院《さいこうほういん》で、尋問された。そこで、「おまえは神の子、メシアなのか」と問われたイエスは、「私がそうであるとあなたがたが言っている」と答えたのである。これを聞いた大祭司カイアファは、神への冒涜の言葉であると断定し、死刑判決を下したのであった。

しかし当時のユダヤ社会には、独自に死刑判決を下す権限を与えられていなかった。そのため祭司長らはイエスをローマ総督ピラトのもとに引き立てた。

イエスの裁判と十字架

最終的にイエスを十字架刑に処したのは、民衆だった。

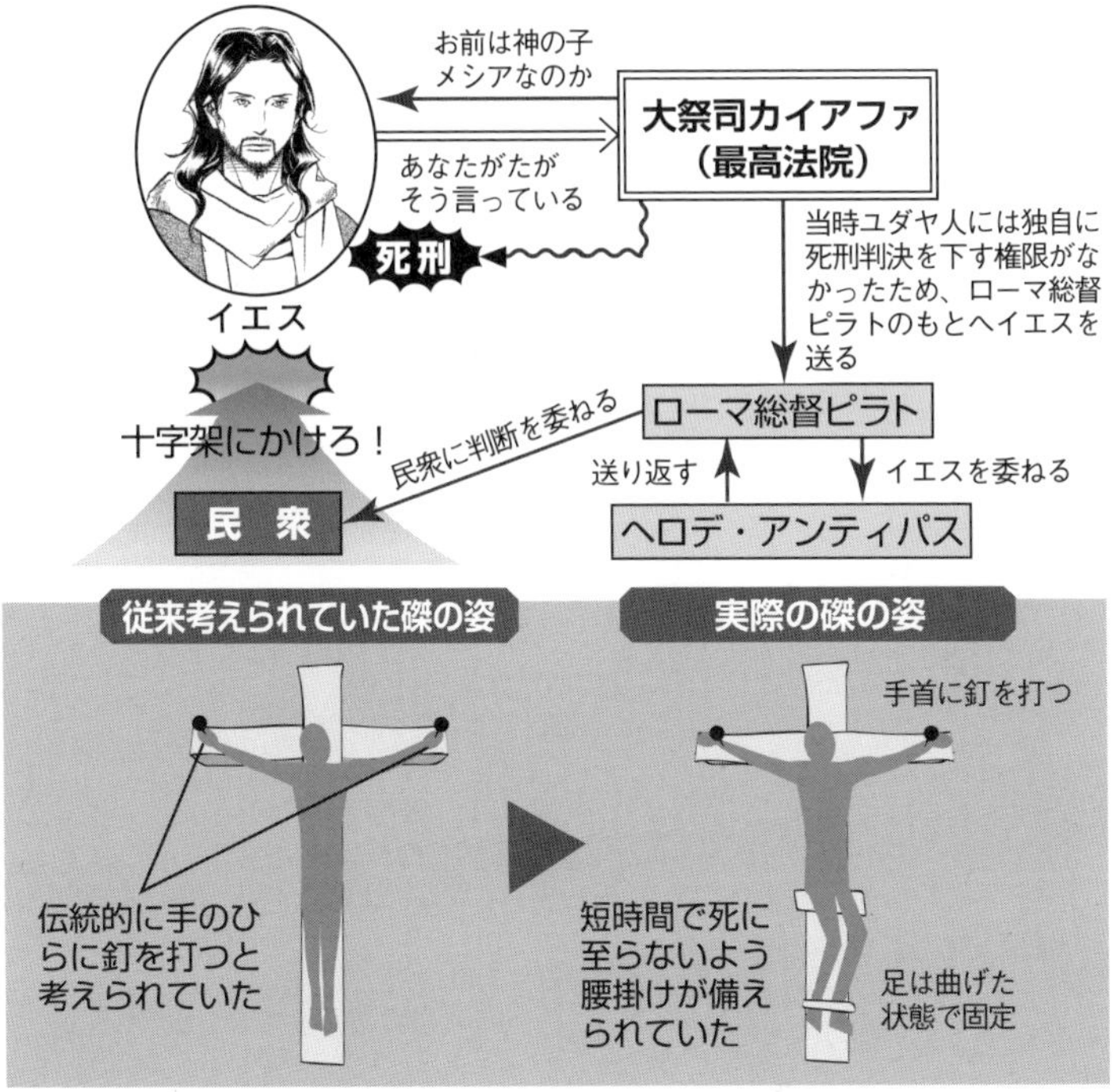
お前は神の子
メシアなのか
大祭司カイアファ
（最高法院）
あなたがたが
そう言っている
死刑
当時ユダヤ人には独自に死刑判決を下す権限がなかったため、ローマ総督ピラトのもとへイエスを送る
イエス
十字架にかけろ！
ローマ総督ピラト
民衆に判断を委ねる
送り返す
イエスを委ねる
民衆
ヘロデ・アンティパス
従来考えられていた磔の姿
実際の磔の姿
手首に釘を打つ
伝統的に手のひらに釘を打つと考えられていた
短時間で死に至らないよう腰掛けが備えられていた
足は曲げた状態で固定

神への冒涜の罪で十字架刑に処せられることになったイエスはいばらの冠をかぶせられ、ゴルゴタの丘へと連行された。

尋問の結果、イエスが無罪だという結論に達したピラトは、過越祭で囚人ひとりを放免できる慣習を利用し、民衆の力によってイエスを釈放させようと考える。そこで民衆に「殺人犯のバラバとメシアのイエス、どちらを釈放してほしいか」と判決を委ねた。

ところが民衆はバラバを釈放し、イエスを死刑にしろと訴える。もちろんこの結果は、祭司長らの働きかけによるものであるのは明らかだった。

しかし民衆の訴えがあまりにも強かったため、ついにピラトもイエスの釈放をあきらめ、イエスを兵士に引き渡したのだった。こうして民衆によって、イエスの処刑が確定したのである。

マタイによる福音書ほか

イエスに最期のときが訪れる

民衆によって死罪が確定となったイエスは、十字架にかけられるため、ゴルゴタの丘へと連行される。イエスが十字架にかけられた正午。突然辺り一面が暗闇に覆われた。イエスの左右にはふたりの罪人の十字架が立てられ、そしてイエスの頭上には「ユダヤ人の王ナザレ人イエス」と書かれた罪札が掲げられていた。

民衆はイエスをあざけり、自分は救えないのかと口々にののしる。これに対してイエスは「父よ、この者たちをお許しください。彼らは何をしているのか知らないのです」と言ったのだった。

午後3時。いまだ暗闇に覆われたなかで、突然大地が割れんばかりの地震が起き、神殿の垂れ幕が真っ二つに裂けた。そしてイエスは「わが神、あなたはなぜ私をお見捨てになったのですか」と叫び声をあげて絶命したのだった。

ただしイエスの最期の様子について『ルカ福音書』には、「父よ、私の霊を御手《みて》に委ねます」と神を信頼し、その死を受け入れて息を引き取った様子が描かれている。

イエスはこうして最期のときを迎えたのであるが、その瞬間を見届けたのは弟子たちではなく、イエスを慕う女性たちだった。マグダラのマリアは、イエスの遺体を引き取った弟子のアリマタヤのヨセフとともに、遺体を亜麻布に包んで、墓に埋葬した。

Episode エピソード

十字架刑

十字架刑は、おもにローマ人が征服先の人民支配に利用した残酷な刑罰だった。罪人は自ら横木を処刑場へと運び、それに両手首を釘で打ちつけられた。ところが多量の出血を伴わなかったため、死に至るまで何時間、ときには何日もかかることもあったという。

イエス、死す

ゴオオオ
父よ……
私の霊を
御手に委ねます

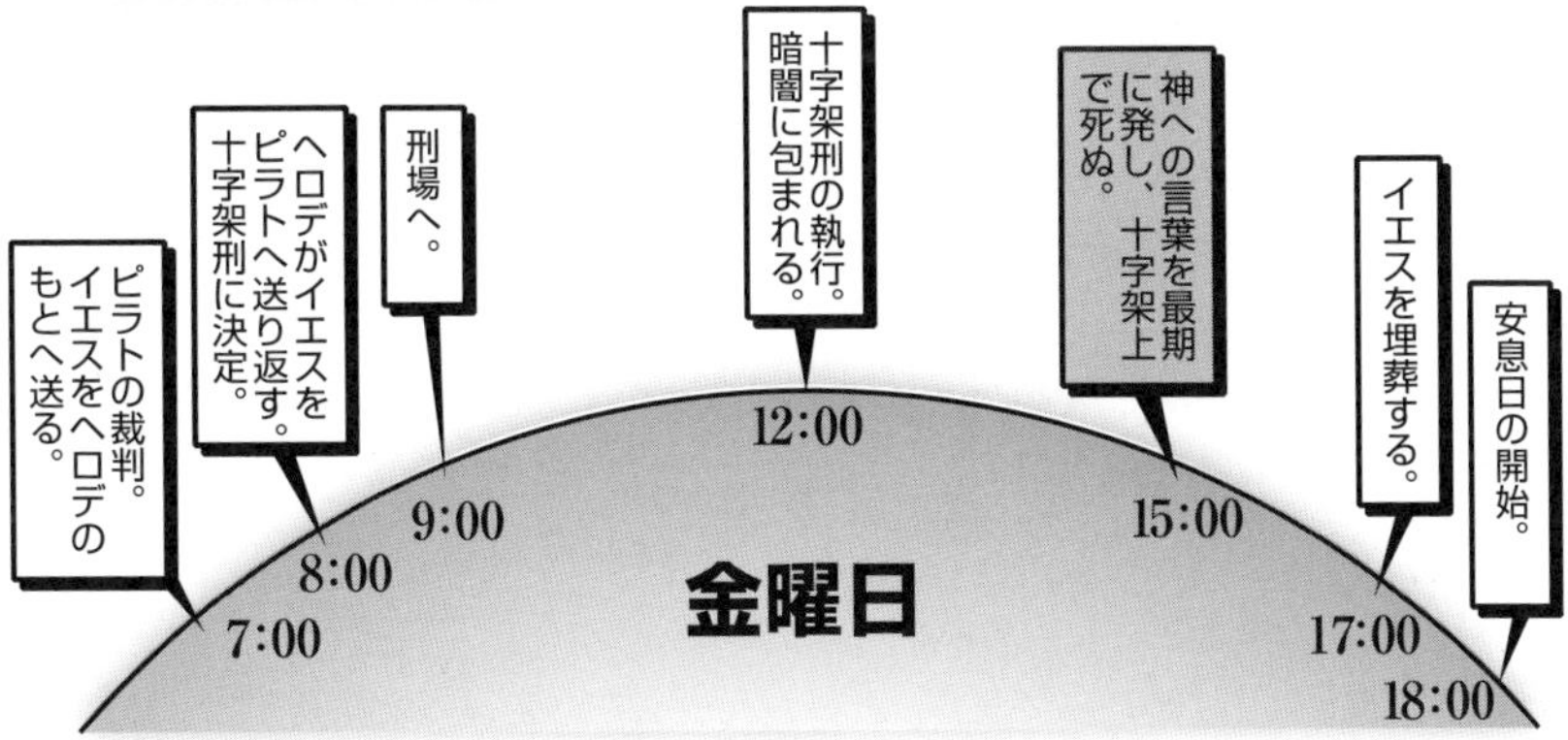
ピラトの裁判。イエスをヘロデのもとへ送る。
7:00
ヘロデがイエスをピラトへ送り返す。十字架刑に決定。
8:00
刑場へ。
9:00
十字架刑の執行。暗闇に包まれる。
12:00
神への言葉を最期に発し、十字架上で死ぬ。
15:00
イエスを埋葬する。
17:00
安息日の開始。
18:00
金曜日

イエスが十字架上で発した最期の言葉は、福音書によって異なっている。

マタイによる福音書ほか

イエスの死と復活によって人類と神との間で新たな契約が結ばれる

イエスは生前、「3日後に復活する」という言葉を残していた。そこでユダヤの指導者たちは、「3日後にイエスの弟子たちが亡きがらを盗み、イエスが蘇ったと民衆を惑わす」とピラトに訴え、墓の前に番人を置いたのだった。

しかしイエスの死から3日目の朝、マグダラのマリアたちが墓の様子を見に行くと、墓の入り口の岩が取り除かれており、そこには天使がいたのである。「あのかたは復活された。弟子たちにこのことを伝えなさい」。天使はマリアたちにこう告げた。

マリアは喜び勇んで弟子たちに伝えたが、誰も信じようとしない。しかししばらくするとイエスが彼女の前に現われ、劇的な再会を果たしたのだ。イエスが復活したことが証明された瞬間だった。

こうして蘇ったイエスだったが、弟子たちはその存在を信じることができず、亡霊かと恐れおののく始末だった。そのためイエスは身体を触れさせ、魚を食べてみせ、生身の身体であることを示す。ここでようやく、弟子たちもイエスが復活したことを理解して喜びの声をあげたのだった。

イエスは、「これからその名によって罪の許しを得させる悔い改めが始まり、救いの教えが宣《の》べ伝えられる。あなたがたはその証人である」と語り、あらゆる国の人々を弟子にして洗礼《せんれい》を授けるという使命を弟子たちに与えた。こうしてイエスは数々の復活のしるしを残し、復活から40日後、天に昇っていった。

ここに至り、人類の罪はイエスの死によって贖《あがな》われ、人は神と和解した。そしてイエスの復活によって、神と人との間に新しい愛の契約が成立したのである。

弟子に与えられた使命

宣教の旅をし、
あらゆる国の人々を
弟子としなさい。

彼らに父と子と
聖霊の名によって
洗礼を授けなさい。

あなたがたに命じた
一切のことを守るよう
に教えなさい。

イエスの教えは弟子に引き継がれ、弟子による布教活動が始まる。

あなたがたは行って すべての民を 弟子としなさい
私は、 いつもあなたがたと ともにいる

約束通り復活したイエスは、弟子たちに
最後の言葉を残し、天へ昇っていった。

イエスが埋葬されたとする墓

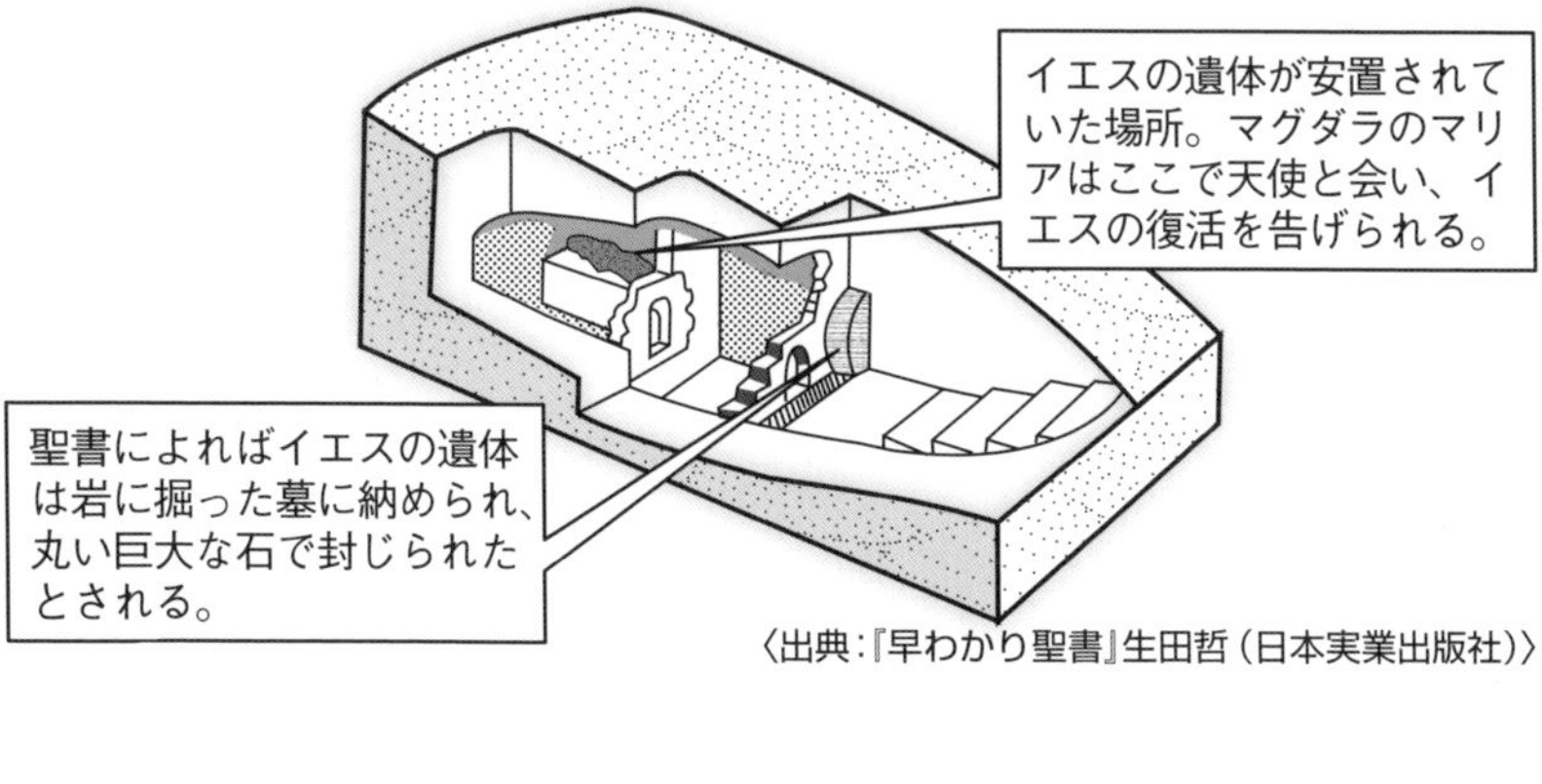
イエスの遺体が安置されていた場所。マグダラのマリアはここで天使と会い、イエスの復活を告げられる。
聖書によればイエスの遺体は岩に掘った墓に納められ、丸い巨大な石で封じられたとされる。

〈出典:『早わかり聖書』生田哲（日本実業出版社）〉

聖書の祭り⑦ 復活祭

イエスの復活を祝う祭りが、日本では春を彩るイベントに！

復活祭は、毎年3月22日から4月25日の間のいずれかの日曜日に祝われるキリスト教最大の祭りだ。その名の通り、イエスの復活を祝う祭りである。キリスト教会の伝統によれば、ちょうどこの時期にキリストの復活が起きたという。

キリストの死と復活はユダヤ教の過越祭の際に起こっているから、復活祭ももとをたどればこの祭りから生まれたといわれる。英語とドイツ語とポーランド語以外の復活祭の語源が、すべて過越祭を意味する「ペサハ」であることも、こうした起源を裏づけている。

一方、アメリカやイギリスでは「イースター」、ドイツでは「オーステルン」などと呼ばれている。これらはゲルマン民族の光と春の女神エオスターから派生しているとされ、このことから、もともとゲルマン民族の春を祝う祭りで、それが融合して復活祭となったとする説もある。美しく彩られた卵を贈り物とする、復活祭の風習・イースターエッグも、ゲルマン民族の風習だとされる。

キリスト教では、復活祭の前夜祭には夜を徹してキリストの復活を祝う。復活祭当日も、カトリックではバチカンをメイン会場として盛大な催しが行なわれる。

最近では、日本でも復活祭のイベントがあちらこちらで行なわれるようになっている。

たとえば東京ディズニーランドでは２０１０年に、イースターをテーマにした初のイベント「ディズニー・イースターワンダーランド」が開催された。イースター用に特別に飾られた帽子をかぶったキャラクターが登場するカラフルなパレードが行なわれ、多くの観客でにぎわった。

どうやら日本での復活祭は、キリストの復活というよりも、あくまでも春の魅力的なイベントとして、楽しむ人が増えているようである。

終章
キリスト教の広まり

使徒言行録
Acts of the Apostles

十二使徒のもとに聖霊が降り、弟子たちの伝道の旅が始まる

イエスの死と復活により、キリスト教は世界的な広がりを見せるようになる。それに貢献したのが、イエスから伝道《でんどう》の使命を与えられた使徒《しと》たちだった。彼らはまず自殺したユダの代わりにくじ引きでマティアを選び、新たに十二使徒を構築する。

そんな彼らに異変が起こったのは過越祭《すぎこしまつり》から50日目の五旬祭《ごじゅんさい》の日だった。ペトロを始めとする一同がひとつの部屋に集まっていると、突然激しい風の音が響き渡り、めらめらと燃える舌のようなものが、使徒一人ひとりの頭の上に留

弟子たちに聖霊が降る

ゴッ
!!
あっ……
パァァァ
あれは……っ!?
神から聖霊を注がれた十二使徒は
イエスの教えを各地へ広める伝道者として活躍する

イエスの昇天後、エルサレムに集まっていた十二使徒のもとに聖霊が降臨し、彼らはあらゆる国の言語を話せるようになった。

弟子たちの活動

十二使徒はあらゆる所でイエスの復活とその教えを民衆に説いていった。

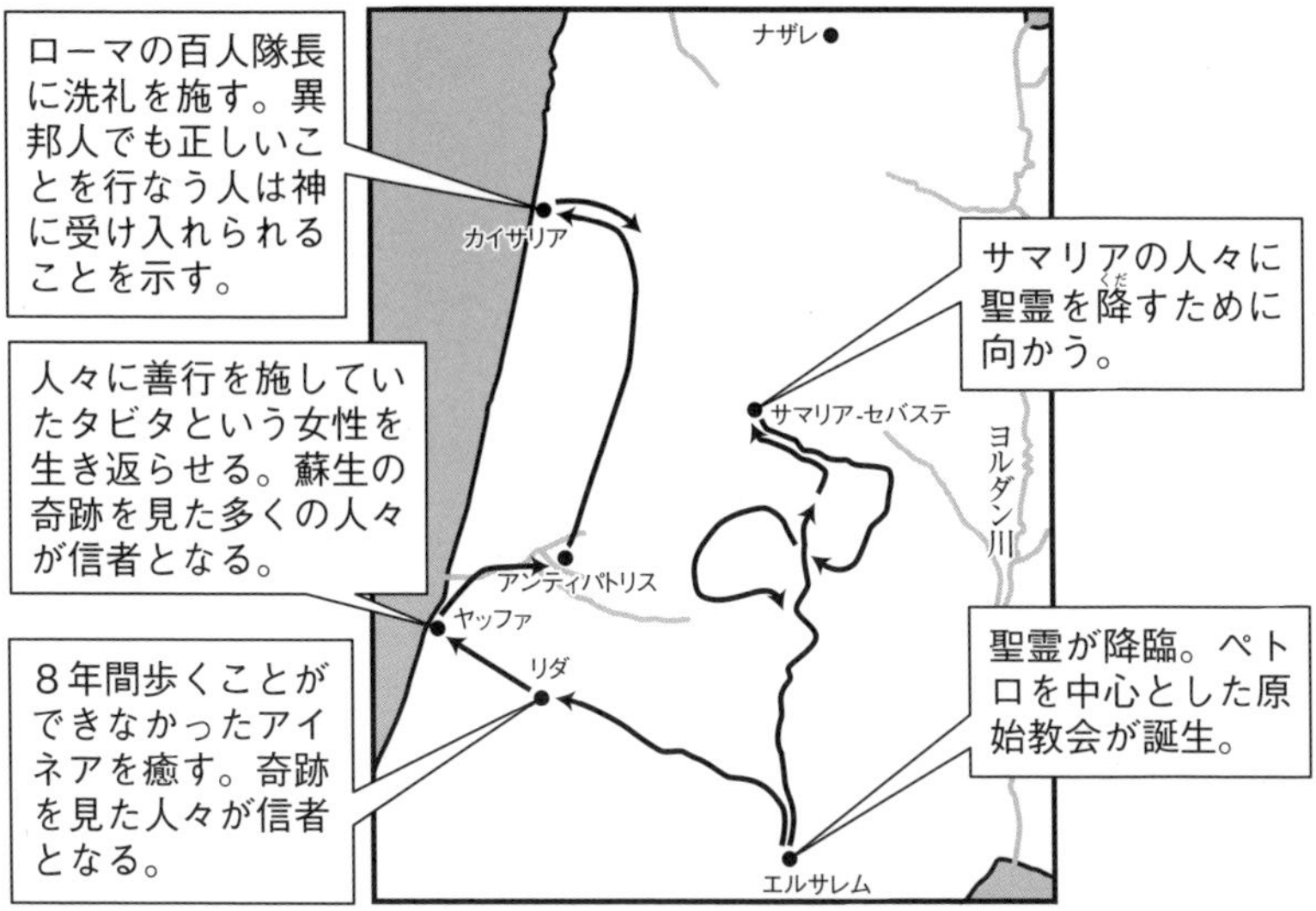

ローマの百人隊長に洗礼を施す。異邦人でも正しいことを行なう人は神に受け入れられることを示す。
人々に善行を施していたタビタという女性を生き返らせる。蘇生の奇跡を見た多くの人々が信者となる。
8年間歩くことができなかったアイネアを癒す。奇跡を見た人々が信者となる。
ナザレ
カイサリア
サマリアの人々に聖霊を降《くだ》すために向かう。
サマリア-セバステ
ヨルダン川
アンティパトリス
ヤッファ
リダ
聖霊が降臨。ペトロを中心とした原始教会が誕生。
エルサレム

聖書の謎 The Bible Episode

奇跡の鎖

　ローマ・カトリックで最初の教皇とされるペトロは、ローマのネロ帝の時代に逆さ磔《はりつけ》にされて殉教《じゅんきょう》したと伝えられる。そんなローマには、彼を拘束したという鎖が不思議な伝承とともに残されている。それによると、紀元41年、鎖につながれたペトロの前に天使を連れたキリストが現われ、ペトロを起こすと鎖が外れたという。

まったのだ。すると不思議なことに、彼らは知らないはずの様々な国の言葉を話すことができるようになった。ここから彼らの本格的な宣教《せんきょう》活動が始まる。

　大きな物音に驚いて集まった民衆に対して、ペトロは「わたしたちは、イエス・キリストの死と復活の証人である。イエス・キリストの名によって悔《く》い改めよ」と力強い説教を行ない、人々の心を突き動かす。その日のうちに3000人もの人が洗礼を受け、キリストを信仰するようになった。

　これが、ペトロを中心にした原始キリスト教会誕生の瞬間だった。当初、信者たちは共同生活を送り、一切のものを共有し、分かちあって生活していたという。

使徒言行録
Acts of the Apostles

キリスト教徒への激しい弾圧で世界に広がったキリスト教の教え

使徒、初の殉教者

主イエスよ！
私の霊を
お受けください！
主よ！
この罪を彼らに
負わせないで
くださいっ……!!

律法を軽んじたという罪で逮捕されたステファノは、キリスト教の最初の殉教者となった。

↓

このことを契機に迫害が強まったため、信者はエルサレムから逃亡

↓

逃亡先での宣教活動でキリスト教が世界に広がり始めることに!

キリスト教が勢力を強めるにつれ、ユダヤ教徒との軋轢《あつれき》が生じた。ユダヤ教徒たちは、キリスト教の教えがユダヤ教内部にまで浸透し始めたことに危機感を抱いたのだ。

じつはこの頃、キリスト教会の内部でも対立が生じるようになっていた。その対立を調整するため選ばれたのが7人の執事《しつじ》である。

そのひとりのステファノは、精力的に伝道を行なっていた。ところが、ユダヤ教の神殿と律法《りっぽう》を軽んじたという罪で投獄される。ステファノは議会で身の潔白を証言したが、「イスラエル人が不信仰

逃亡したフィリポの宣教の旅

ステファノの死を見て逃亡したフィリポは、ユダヤ人と敵対していたサマリア人、異邦人へとキリストの教えを広めた。

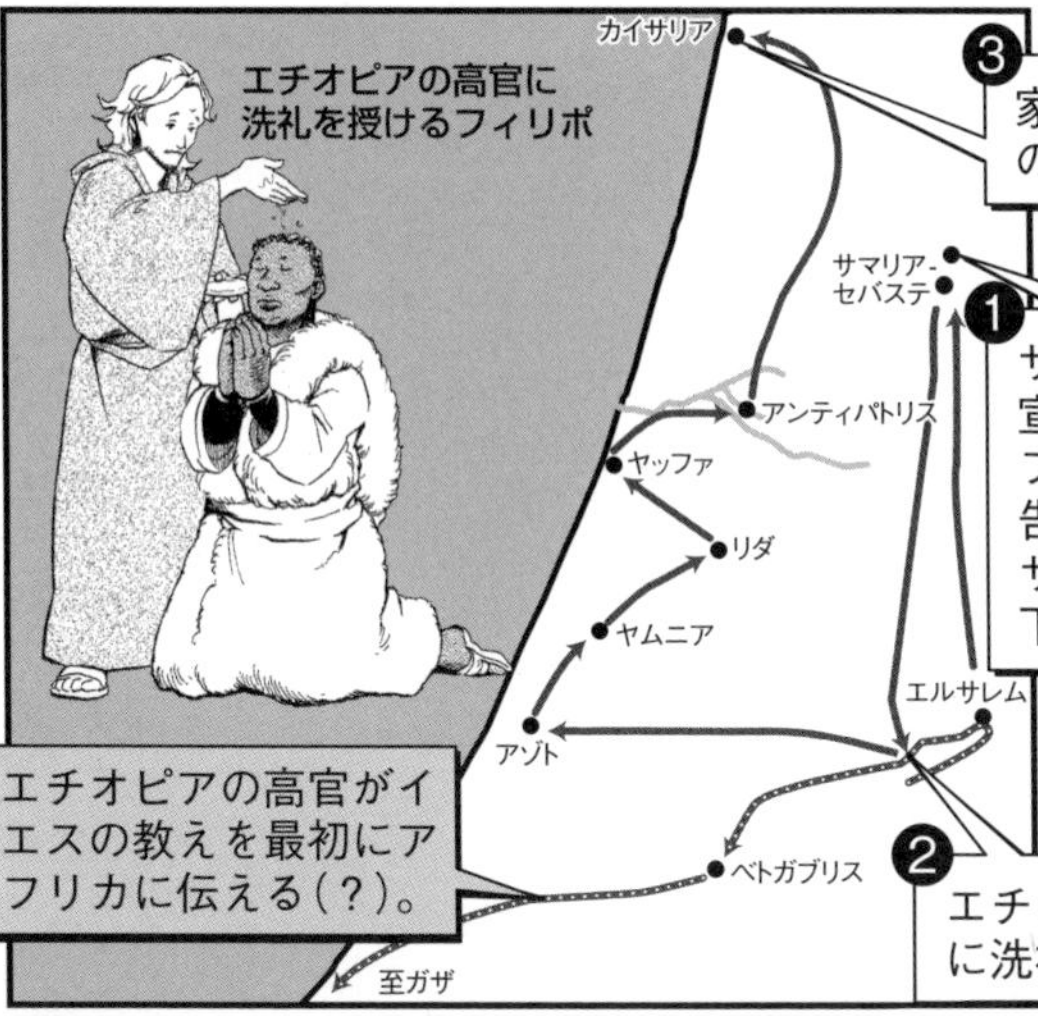
エチオピアの高官に洗礼を授けるフィリポ
カイサリア
3
家庭を持ち、福音の伝道を行なう。
サマリア-セバステ
1
サマリアに逃亡し、宣教をしていたフィリポは神のお告げを受け、エルサレムからガザへ下る道へ向かう。
アンティパトリス
ヤッファ
リダ
ヤムニア
アゾト
エルサレム
エチオピアの高官がイエスの教えを最初にアフリカに伝える(?)。
ベトガブリス
2
エチオピアの高官に洗礼を授ける。
至ガザ

聖書の謎 The Bible Episode

キリスト教会内での対立

当時のキリスト教会は、同じユダヤ人でもヘブライ語を話すユダヤ出身のヘブライオイと、ギリシア語を話す外国生まれのヘレニスタイが対立していた。この背景には、ヘブライオイは伝統的で保守的だったのに対し、ヘレニスタイは革新的な考えを持っていたという思想や信仰に基づいた根深い対立もあったようだ。

で、「預言者《よげんしゃ》たちを殺害してきた」という言葉に、裁判を聞いていたユダヤ人たちが逆上。ステファノを外へ引きずりだし、彼に石を投げつけて殺してしまう。

その状況を見ていたひとりにサウロ（のちの使徒パウロ）がいた。この頃の彼は、キリスト教の迫害者として知られた熱心なユダヤ教の信者だった。

ステファノの殉教《じゅんきょう》をきっかけに、激しい迫害がキリスト教徒全体に及んだ。信者たちは、十二使徒だけをエルサレムへ残して、サマリアやダマスコなどに逃亡する。ところがその行った先々で彼らが教えを伝えていったので、キリスト教の信仰はエルサレムを越えて世界へ広がることとなった。

使徒言行録

Acts of the Apostles

迫害者サウロがキリスト教の最大の伝道者パウロとなる

　キリスト教徒の迫害の中心人物だったサウロは、信者を迫害するために行った旅の途中、「復活のキリスト」と出会い、天からの光を受けて目が見えなくなってしまった。しかしそこへ訪れてきたキリストの弟子・アナニアによって癒されると、目から鱗《うろこ》のようなものが落ちて、何と目が見えるようになったのである。

　キリストの偉大さに感銘を受けたサウロは、回心《かいしん》。そして13年に及ぶ修行の末、パウロと名を改め、キリスト教の熱心な伝道者となったのだった。

　パウロはローマ市民権を持っていて、ローマ帝国内を自由に旅することができたため、約30年、3回にわたって帝国中を旅し、世界にキリスト教を広める大役を果たした。パウロはローマ帝国内の30の都市に教会を設立し、組織的なやり方でその教えを広めていく。

　さらにパウロがローマ帝国で飛躍的に信者を増やすことができた背景には、パウロの教えが従来の教えとは一線を画していたことが大きい。パウロは律法《りっぽう》よりも神への愛や信頼が大切だと主張し、キリスト教徒になるために律法をすべて行なう必要はないと説いたのである。当時の律法の規定には、ユダヤ人以外にはなじめないものが多く、それが異邦人のキリスト教信仰の障害となっていたのだ。割礼《かつれい》もそのひとつである。しかしパウロがそれを緩和したため、異邦人もキリスト教を受け入れやすくなったのである。

　こうしてパウロは、ユダヤ教の一派だったキリスト教を、ユダヤ人の宗教から、すべての民の宗教へと昇華《しょうか》させた。広く門戸《もんこ》が開かれたキリスト教は、世界中に広まっていく。

パウロの宣教の旅

パウロは３回にわたってローマ帝国中を旅し、各地に教会を建設。そこを拠点としてキリスト教を広めていった。

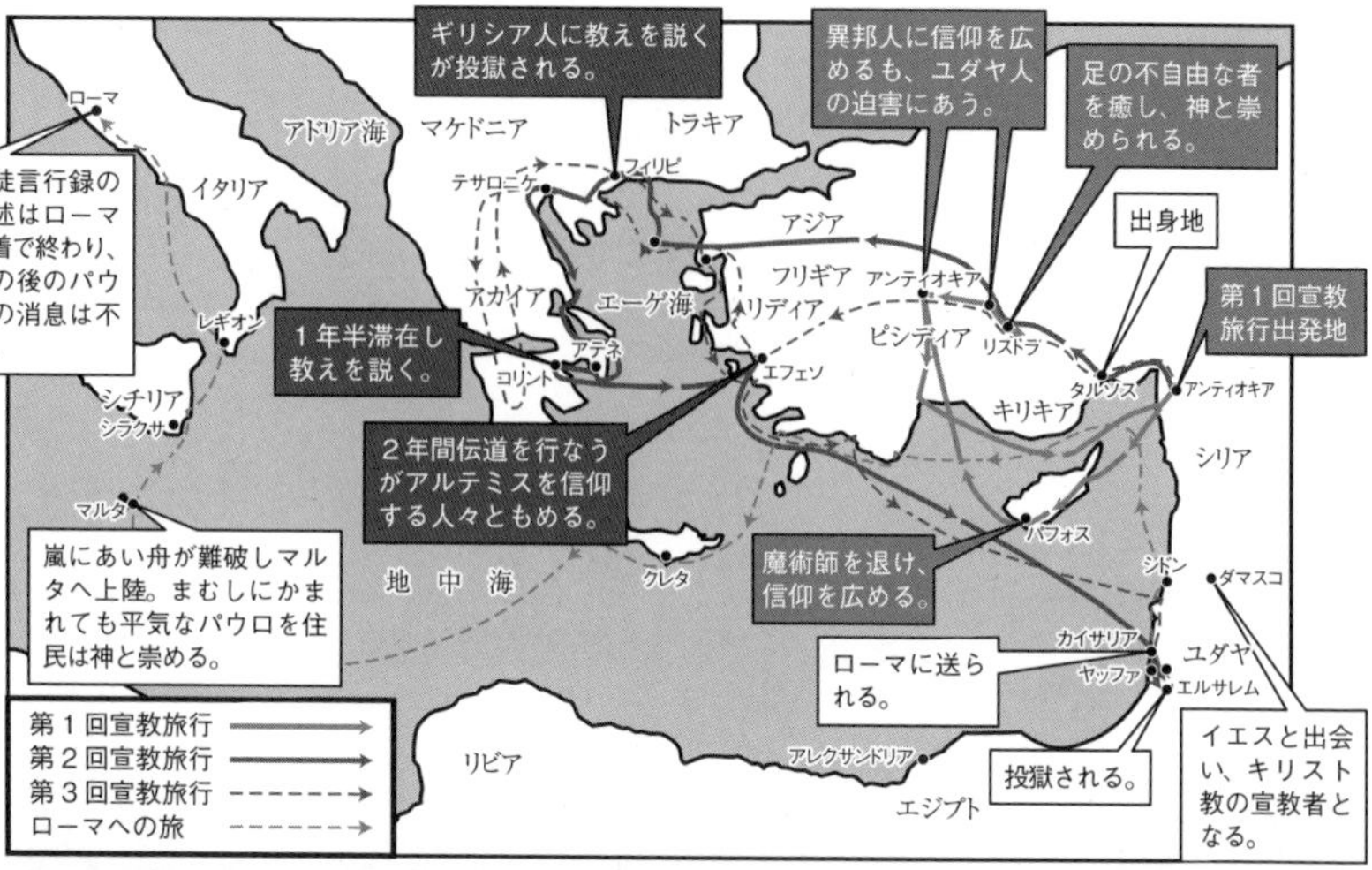

ギリシア人に教えを説くが投獄される。
異邦人に信仰を広めるも、ユダヤ人の迫害にあう。
足の不自由な者を癒し、神と崇められる。
出身地
第１回宣教旅行出発地
ローマ
使徒言行録の記述はローマ到着で終わり、その後のパウロの消息は不明。
アドリア海
マケドニア
トラキア
フィリピ
テサロニケ
イタリア
アジア
フリギア
アンティオキア
アカイア
エーゲ海
リディア
ピシディア
リストラ
レギオン
１年半滞在し教えを説く。
アテネ
コリント
エフェソ
タルソス
アンティオキア
シチリア
シラクサ
キリキア
シリア
２年間伝道を行なうがアルテミスを信仰する人々ともめる。
マルタ
パフォス
嵐にあい舟が難破しマルタへ上陸。まむしにかまれても平気なパウロを住民は神と崇める。
地中海
クレタ
魔術師を退け、信仰を広める。
シドン
ダマスコ
カイサリア
ユダヤ
ローマに送られる。
ヤッファ
エルサレム
第１回宣教旅行
第２回宣教旅行
第３回宣教旅行
ローマへの旅
リビア
アレクサンドリア
投獄される。
イエスと出会い、キリスト教の宣教者となる。
エジプト

パウロのものとして伝わる手紙

新約聖書中に、『パウロからの手紙』は13巻あり、そのうちパウロ自身の直筆と認められているのは７巻である。

パウロの直筆として認められている

ローマの信徒への手紙

ローマの異邦人教会に送ったとされる。自分の信仰のあり方と考えを書きつづる。キリスト教の根本思想が提示されている。

コリントの信徒への手紙１

ギリシアのコリント教会にあてたもの。日常生活の送り方や礼拝のあり方などについて教える。

コリントの信徒への手紙２

第１の手紙を送った後に書いた警告。異説への反論。コリントの信者を再び引き戻そうとする。

フィリピの信徒への手紙

ローマで囚人だったときに書かれる。喜びと感謝の大切さを教える。

ガラテヤの信徒への手紙

パウロが建てたガラテヤの教会にあてたもの。律法主義に再び戻ろうとする動きへの反論。

テサロニケの信徒への手紙１

新約聖書中最古の文書といわれる。キリスト再臨への期待を記す。

フィレモンへの手紙

個人にあてたもの。キリスト教徒の奴隷を解放するよう伝える。

迫害されたキリスト教徒を勇気づけた預言書『ヨハネの黙示録』

『ヨハネの黙示録』の構成

第1部	
1章	序ー天上のキリスト
2〜3章	小アジアの7つの教会への手紙
第2部	
4〜5章	天上の礼拝、「屠られた子羊」としてのキリスト
6章1節〜8章5節	7つの封印ー戦乱と天変地異
8章6節〜11章	7つのラッパとさらなる天変地異
12章	女（神の民、教会）と竜（サタン）の寓意
13章	2匹の獣（ローマ帝国と皇帝礼拝を強要する勢力）の寓意
14章	救いの告知 14万4千人の救われる人々
15〜16章	7つの怒りの鉢-さらなる天変地異
17〜18章	大淫婦、「バビロン」（ローマ帝国）の滅び
第3部	
19章	「子羊」の勝利と婚宴
20章	千年王国とサタンの最終的敗北、最後の審判
21章	新しい天と新しい地、新しいエルサレム
22章	結び ーキリスト再臨の約束

第1の封印	戦いの災い
第2の封印	殺し合いの災い
第3の封印	貪欲
第4の封印	剣と飢饉と死の災い
第5の封印	復讐の災い
第6の封印	大地震の災い
第7の封印	7人の天使に7つのラッパが与えられる

第1の鉢	偶像崇拝をする者に悪性の腫れ物ができる
第2の鉢	海の生き物がすべて死ぬ
第3の鉢	水が血に変わる
第4の鉢	人間が太陽に焼かれる
第5の鉢	偶像崇拝をする国が闇に包まれる
第6の鉢	大いなる日の戦いに備えて王たちが集められる
第7の鉢	大地震が地上を襲い、すべての山とすべての島が消える

『ヨハネの黙示録』は、1世紀末にローマ帝国皇帝によって大規模なキリスト教徒の迫害が行なわれた時代に書かれた。

パウロの活動を契機として、キリスト教はローマ帝国各地で飛躍的に発展を遂げ、着実に根づいていった。ところがそれに伴いローマ人からの反発を受けるようになってしまう。そのおもな原因は、キリスト教徒がローマの神々を崇拝しなかったからといわれている。

紀元54年にネロがローマ皇帝として即位すると、キリスト教に対する本格的な迫害が始まった。64年に起きたローマの大火《たいか》を一方的にキリスト教徒の仕業《しわざ》と決めつけ、虐殺したのは有名な話である。そこに居合わせたペトロやパウロも、

大帝国バビロンの崩壊

ズズーン
ゴオオオォ
聖なる者たちよ、喜べ
神はあなたがたのためにこの都を裁かれた
『ヨハネの黙示録』では、地上に天変地異が起こったあと、人々を惑わしたとされるバビロン（ローマ帝国）が滅びる。

その犠牲になったとされる。

さらにドミティアヌス帝の時代には、キリスト教徒が皇帝礼拝を拒否したため、反ローマ分子として激しい迫害にさらされた。まさにキリスト教徒にとっては受難《じゅなん》の時代が訪れたのである。

新約聖書の巻末を飾る『ヨハネの黙示録《もくしろく》』は、ドミティアヌス帝時代の激しい迫害を反映して書かれたものとされる。そのためこの書は、迫害に苦しむキリスト教徒のもとに、やがてイエスが再臨《さいりん》し、希望が訪れることを説いて、彼らを勇気づけるメッセージが込められたものとなっている。

迫害されていたキリスト教徒にとっては何よりの希望のともし火となったことだろう。

神に選ばれた正しき者には永遠の命が与えられる

『ヨハネの黙示録』によると、最後の反撃を試みたサタンが敗れて火の池に投げ込まれたあと、今度は一度死んだ者が生前の行ないによって神の裁《さば》きを受けると記されている。これが「最後《さいご》の審判《しんぱん》」だ。神に選ばれた正しき者は「命《いのち》の書《しょ》」に名が記されており、新しいエルサレムで神とともに生きることができる。

一方、記されなかった悪しき者はサタン同様火の池に落とされ、未来永劫《えいごう》、地獄で苦しみ続けるのである。

では天国ともいえる新しいエルサレムとはどのような様子の都なのだろうか。黙示録によると、破壊された地上に天から降りてきた新エルサレムは高い城壁をめぐらし、12の門があり、12の御使《みつか》いが守る都である。水晶のように輝くいのちの水の川が都の中央を流れ、その両側にあるいのちの木には毎月、実ができる。そしてそこにはもはや夜はなく、ともし火の光も太陽の光も必要がない。苦しみも悲しみもなく、愛、喜び、平和に満ちた世界なのである。

正しき者はここで永遠の命を与えられ、神とともに生きていくことが許されるのだ。

黙示録の最後には「私はすぐに来る」というイエスの力強い言葉が記されている。そしてイエスの再臨を待ち望み、新約聖書はその幕を閉じるのである。

Episode エピソード

受肉

のちにキリストは、人間「イエス」として存在する前から、神的存在として天に存在していたという考えが生まれた。そして、神に等しい存在だったキリストが人を救うために肉体を持つ人、イエスとなったというのである。これを「受肉《じゅにく》」という。

永遠のエルサレムの誕生

事は
成就した
神に従い、神の教えを正しく守った者たちには永遠の命が与えられ
神とともに生きていく

この世の終末に、死者は生前の行ないによって裁かれ（最後の審判）、神に選ばれた者は神とともに新しいエルサレムで永遠の時を生きる。

天国と地獄と「煉獄」

最後の審判によって、人は天国か地獄のどちらかに送られる。

神による選別

天　国
黄金の大通りが走り、水晶のように輝く川が流れ、神とともに生きる美しい都。

煉《れん》　獄《ごく》
天国に行く前に、生前の罪を取り除く場所。カトリックの伝統にあるものであるが、プロテスタントではこの考え方を否定している。

地　獄
炎の海が燃えたぎり、永遠に拷問が繰り返される。

旧約聖書 歴史年表

年代	旧約聖書の流れ	オリエント世界	
BC7000年頃	エリコに最古の都市文明が生まれる	BC3500年頃	エジプト先王朝時代
		BC3000年頃	シュメール人の都市文明出現 エジプト古王国時代
		BC2350年頃	アッカド王国サルゴン一世即位
BC1900～1700年頃	アブラハムの旅始まる ヤコブ一家がエジプト移住	BC1792年	バビロン第一王朝ハンムラビ王即位
BC1250年頃	出エジプト。モーセに率いられた民がカナンを目指す	BC1290年頃	エジプト第一九王朝ラムセス二世即位
BC1200～200年頃	士師がイスラエルの民を救う	BC1286年	カデシュの戦い
BC1020年頃	サウルがイスラエルの初代王となる		
BC1005年頃	ダビデが二代目王となり、エルサレムを首都とする		
BC965年頃	ソロモン王が即位。イスラエル全盛期を築く		
BC926年頃	ソロモンの死後、王国が南北に分裂 (北：イスラエル王国、南：ユダ王国)	BC925年頃	シシャク一世、ユダ王国侵攻
BC931年	イスラエル王国でヤロブアム、ユダ王国でレハブアムが即位		

年代	旧約聖書の流れ	オリエント世界	
BC874年頃	イスラエル王国でアハブ王即位 預言者エリヤ、エリシャが活躍		
BC722年頃	アッシリア王サルゴン二世により、イスラエル王国が滅亡する		
BC701年	ユダ王ヒゼキヤのアッシリアへの反乱失敗		
BC640年	ユダ王国でヨシヤ王即位。宗教改革を行なう		
		BC625年	新バビロニア王国建国
BC609年	ヨシヤ、エジプト軍との戦いのなかで死亡	BC605年	新バビロニア王国、イスラエル進出
BC597年	ネブカドネザル二世がエルサレムを包囲 (第一次バビロン捕囚)		新バビロニア王国のネブカドネザル二世、カルケミシュの戦いでエジプト軍を破る
BC586年	ネブカドネザル二世によりユダ王国滅亡 (第二次バビロン捕囚)		
BC582年	第三次バビロン捕囚	BC539年	ペルシア王キュロスが新バビロニア王国を滅ぼす
BC538年	ペルシア王キュロスによって、イスラエルの民が捕囚から解放される		
BC515年	エルサレムの神殿が再建される(第二神殿)	BC333年	マケドニアのアレクサンドロス大王、ペルシア帝国を滅ぼす
BC445年頃	ユダヤ総督ネヘミヤがエルサレムの城壁を修復		
BC398年頃	エズラがエルサレムに帰還し、宗教改革を行なう	BC306年	プトレマイオス朝エジプト成立
BC333年頃	アレクサンドロス大王によって、ユダヤが征服される		

新約聖書　歴史年表

年代	新約聖書の流れ	ローマ世界	
BC167年頃	セレウコス朝シリアのアンティオコス四世、ユダヤ教弾圧		
BC166年	マカバイの乱		
BC142年頃	ハスモン朝が成立し、ユダヤが独立 ユダヤ教、ファリサイ派とサドカイ派にわかれる		
BC130年頃	エッセネ派の成立		
BC63年	ローマによりユダヤが征服される		
BC37年頃	ヘロデがローマの傀儡としてユダヤを支配	BC44年	カエサル、暗殺される
BC20年頃	ヘロデ、エルサレム神殿を再建	BC30年頃	オクタヴィアヌス、プトレマイオス朝エジプトを滅ぼす
BC6年頃	イエスが誕生（ベツレヘム？　ナザレ？）	BC27年	ローマで帝政が敷かれる。初代皇帝としてアウグストゥスが即位
BC4年頃	ヘロデ死去		
AD6年頃	ユダヤ、ローマの属州となる		
26年	ポンティオ・ピラトがローマ総督に就任		
28年頃	ヨハネが洗礼活動を始める イエス、ヨハネから洗礼を受ける（宣教活動の開始）		

年代	新約聖書の流れ	ローマ世界	
30年頃	イエス、ゴルゴタの丘で処刑される エルサレムに原始教会が誕生		
37年頃	パウロが回心（キリスト教の迫害者から宣教者へ）		
41年	ヘロデ・アグリッパ一世が台頭。キリスト教を弾圧		
47年	パウロ、第一回宣教旅行		
49～52年	パウロ、第二回宣教旅行。ギリシア地方に教会が成立		
53～56年	パウロの第三回宣教旅行	54年頃	ネロがローマ皇帝として即位
58年頃	パウロ、上訴によりローマに護送される		
		64年	ネロ帝、ローマの大火の犯人をキリスト教徒として、大弾圧を加える
66～70年	第一次ユダヤ戦争		
70年頃	マルコ福音書成立		
70年	ローマによってエルサレム神殿が破壊される		
80年頃	ルカ福音書成立		
85年頃	マタイ福音書成立		
90年	旧約聖書成立		
95～96年頃	ヨハネの黙示録成立		
135年	第二次ユダヤ戦争終結。エルサレムからユダヤ人追放		
313年	ミラノ勅令によりキリスト教が公認される		

参考文献 下記の文献などを参考にさせていただきました。

『聖書ガイドブック』S．ヘルマン・W．クライバー、『発掘された聖書』I.フィンケルシュタイン・N.A.シルバーマン、『聖書人名事典』ピーター・カルヴォコレッシ（以上、教文館）／『メソポタミア文明』ジャン・ボッテロ ・マリ＝ジョゼフ・ステーヴ、『心に響く聖書のことば』佐伯晴郎・森雅彦、『旧約聖書の王歴代誌』ジョン・ロジャーソン、『聖書の世界』船本弘毅、『聖書の名句』マイケル・マクローン、『聖書人物記』R.P.ネッテルホルスト（以上、創元社）／『図説イエス・キリスト』河谷龍彦、『図説聖書考古学　旧約篇』杉本智俊、『図説聖書物語　旧約篇』山形孝夫（以上、河出書房新社）／『聖書の謎と真実』小滝透、『聖書』山我哲雄（以上、PHP研究所）／『ユダヤ教の誕生』荒井章三、『聖書の常識』山本七平、『聖書の謎 聖書の疑問』J.スティーヴン・ラング、『聖書物語』木崎さと子、『総説・図説旧約聖書大全』ジョン・ドレイン（以上、講談社）／『イエスと現代』八木誠一、『聖書のことば』森一弘（以上、平凡社）／『イスラエルに見る聖書の世界　新約聖書編』『イスラエルに見る聖書の世界　旧約聖書編』ミルトス編集部（ミルトス）／『世界の歴史４　オリエント世界の発展』小川英雄・山本由美子、『聖書神話の解読』西山清（以上、中央公論社）／『キリストの教え』鈴木崇巨（春秋社）／『聖書物語』山室静、『聖書物語　旧約篇』パール・バック（以上、社会思想社）／『旧約聖書４　諸書』旧約聖書翻訳委員会（岩波書店）／『考古学でたどる旧約聖書の世界』関谷定夫（丸善）／『旧約聖書の世界』池田裕、『聖書百科全書』ジョン・ボウカー（以上、三省堂）／『早わかり聖書』生田哲（日本実業出版社）／『旧約聖書の世界への旅』エティエンヌ・シャルパンティエ（サンパウロ）／『旧約聖書の誕生』加藤隆（筑摩書房）／『旧約聖書の預言者たち』雨宮慧（日本放送出版協会）／『古代イスラエルの預言者たち』木田献一（清水書院）／『神・キリスト・聖霊』松尾勲（関西図書出版）／『聖書の世界』白川義員（新潮社）／『名場面で読む聖書』中見利男（ベストセラーズ）／『聖書の中の殺人』白取春彦（飛鳥新社）／『聖書の謎を解く』三田誠広（ネスコ）／『聖書の世界・総解説』木田献一（自由国民社）

大島力（おおしま　ちから）
1953年生まれ。東北大学文学部史学科卒、東京神学大学大学院博士課程後期修了、神学博士。現在、青山学院大学教授。おもな著書に『イザヤ書は一冊の書物か?』（教文館）、『旧約聖書と現代』（日本放送出版協会）、『聖書は何を語るか』『預言者の信仰』（以上、日本基督教団出版局）などがある。

装幀　石川直美（カメガイ デザイン オフィス）
本文マンガ・イラスト　菅洋子　日本マンガ塾
本文デザイン　パノラマ・デザイン　片上健一
編集　鈴木恵美（幻冬舎）

知識ゼロからの聖書入門

2011年6月10日　第1刷発行

監修者　大島　力
発行人　見城　徹
編集人　福島広司

発行所　株式会社 幻冬舎
〒151-0051　東京都渋谷区千駄ヶ谷4-9-7
電話　03-5411-6211（編集）　03-5411-6222（営業）
振替　00120-8-767643
印刷・製本所　図書印刷株式会社

検印廃止

ISBN978-4-344-90224-4 C2076
Printed in Japan
幻冬舎ホームページアドレス　http://www.gentosha.co.jp/
この本に関するご意見・ご感想をメールでお寄せいただく場合は、comment@gentosha.co.jpまで。